**rowohlts monographien
begründet von Kurt Kusenberg
herausgegeben
von Wolfgang Müller**

Georg Christoph Lichtenberg

mit Selbstzeugnissen
und Bilddokumenten
dargestellt von
Wolfgang Promies

bildmono ro ro ro graphien

Rowohlt

Dieser Band wurde eigens für «rowohlts monographien» geschrieben
Den Anhang besorgte der Autor
Herausgeber: Klaus Schröter
Mitarbeit: Uwe Naumann
Assistenz: Erika Ahlers
Umschlaggestaltung: Werner Rebhuhn
Vorderseite: Lichtenberg. Kopie des Darmstädter Hofmalers
Johann Ludwig Strecker nach dem Pastell (1780) von Ernst August Abel.
Heute im Städtischen Museum Göttingen
Rückseite: Die Göttinger Bibliothek. Zeitgenössischer Kupferstich

Veröffentlicht im Rowohlt Taschenbuch Verlag GmbH,
Reinbek bei Hamburg, Februar 1964
Copyright © 1964 by Rowohlt Taschenbuch Verlag GmbH,
Reinbek bei Hamburg
Alle Rechte an dieser Ausgabe vorbehalten
Satz Times (Linotron 202)
Gesamtherstellung Clausen & Bosse, Leck
Printed in Germany
1090-ISBN 3 499 50090 6

4. Auflage. 29.–31. Tausend Dezember 1992

Inhalt

Anschlagzettel
im Namen von Lichtenberg

«Man wird zu allem geboren, warum nicht auch zum Reinmenschlichen? Gewiß, es gibt geborene Menschen, wie es geborene Poeten gibt.» Ernst von Feuchtersleben[1]*

Er war, als er 1799 starb, älter, als man meinte. Das hat seinen seltsamen Grund in ihm selbst. *Lion* – Lichtenberg auf dem Papier – *Gibt sich wahrscheinlich 2 Jahr geringer an*[2], merkte er sich zwischendurch in seinen Heften. Nicht ganz ein Jahr nach seinem Tod bat daher sein Bruder den amtierenden Pfarrer zu Ober-Ramstadt, einer zwei Stunden südöstlich von Darmstadt gelegenen Ortschaft, um Jahr und Stunde der Geburt. Und Pfarrer Klein stellte am 16. Januar 1800 richtig fest: Georg Christoph Lichtenberg wurde den 1. Juli 1742 nachmittags um fünf Uhr geboren.[3] Die Geburt fiel übrigens auf einen Sonntag. Er wäre nicht Lichtenberg, hätte ihm das nicht zu schreiben Anlaß gegeben: *Ein rechtes Sonntagskind in Einfällen.*[4] Seinem Kopfe wurde alles leicht zu Spielzeug: Fakten, Realien, Namen. *Ich heiße eigentlich Georgius Christophorus*, schrieb er 1788 einem Freund[5], *habe es aber in der Georgik ebenso wenig weit gebracht als in der Christophorie.* Das gaukelt eine Welt der frohen Laune und Gesundheit. Aber sein Vater, der Pfarrer Johann Conrad Lichtenberg, schrieb in das Kirchenbuch: «Söhnlein sogleich wegen Schwachheit von mir getauft». Die Schwächlichkeit des Leibes ging weit vor der Witzigkeit seines Kopfes. Danach gingen sie lange überein. Zuletzt ist man versucht, das eine aus dem andern zu erklären.

Seit früher Jugend litt Lichtenberg unter einer Verkrümmung des Rückgrats, die sich zum Höcker auswuchs. Die Ursache ist unsicher und einigermaßen belanglos, ob er von Geburt an darunter litt oder erst infolge eines Sturzes, den er durch die Unachtsamkeit einer Wärterin im achten Lebensjahr tat. Mißgestalt wird er für uns erst in dem Augenblick, da er sich selbst so beschreibt. Das ist mit 27 Jahren und in der dritten

* Die hochgestellten Ziffern verweisen auf die Anmerkungen S. 160f.

Vase mit Lichtenbergs Bildnis von Frederik Christian Camradt (1792). Königliche Porzellanmanufaktur Kopenhagen. Im Besitz von Dr. Georg Christoph Lichtenberg, Bad Vilbel

Das Pfarrhaus zu Ober-Ramstadt, wo Lichtenberg geboren wurde. Gemälde von August Lucas (1803–63). Im Besitz von Dr. Georg Christoph Lichtenberg, Bad Vilbel

Person. *Ihr Körper ist so beschaffen, daß ihn auch ein schlechter Zeichner im Dunkeln besser zeichnen würde, und stünde es in ihrem Vermögen, ihn zu ändern, so würde sie manchen Teilen weniger Relief geben.*[6] Das heißt behutsam angespielt, wo Zeitgenossen unverblümt aussprachen, daß Lichtenberg «ein unansehnlicher Mann, klein, höckericht, krumm an Füßen, mit einem sehr dicken Kopf» gewesen sei. *Seine eigene Figur lacht ihn aus,* konstatierte er 1775 selbst.[7] Verlachte Lichtenberg die eigene Figur? Chodowiecki bat er 1779, bei seinen Illustrationen für den von Lichtenberg herausgegebenen Kalender, *alle sogenannten Leibes-Gebrechen* zu vermeiden, *denn sie könnten sonst leicht jemand treffen, der mir sehr lieb wäre, oder gar mich selbst...*[8]

Man mißbilligt heute die Verquickung von Werk und privater Person. Zweifellos führt die Biographie eines Künstlers nicht unbedingt in das Werk ein. Sie verlebendigt seine Umwelt, ist so abgelöst vom Werke lesbar, wie das Werk sich von dem Datum löst, an dem es entstand. Lichtenbergs Biographie dagegen ist, recht verstanden, schon der ganze Lichtenberg: es ist seine Privatperson, die Epoche macht, und nicht dies und das Werk aus seiner Feder. Man ist neuerdings sehr delikat in Dingen, die an das Verhältnis von Körper und Geist rühren. Das 18. Jahrhundert dachte darin rücksichtsloser. Es gebührt ihm offenbar das heikle Verdienst, aus der bemerkten Zwiefalt des Menschen ein System von strikten Abhängigkeiten und Korrespondenzen ausgedacht zu haben. Seine Zeitgenossen sahen in Lichtenbergs Buckel gleichsam die Nötigung, von Natur wegen auf so bizarre Weise geistreich zu sein, wie er es war. Jean Paul, dem ein Freund Lichtenberg als «bucklichten Äsop»[9] geschildert hatte, stellte in der «Unsichtbaren Loge» Lichtenberg neben Pope, Scarron, Aisopos: Bucklige mit reichem Witz! War nicht das äußere Merkmal seiner Humoristen übrigens die körperliche Abnormität, ein Hinkebein Schoppe? Lichtenberg selbst gab jener somatozentrischen Denkweise nach, sonderbare geistige Organisation mit einer Asymmetrie der Leibesgestalt begründend. Er philosophierte über den Vorzug der Kleinen, Gebrechlichen, Verwachsenen vor den *gesundesten und schönsten, regelmäßigst ge-*

Karikatur Lichtenbergs, Georg Heinrich Wilhelm Blumenbach zugeschrieben

bauten Menschen, aber nannte auch die Kränklichkeit innere Verzerrung und klagte seinem Freund Forster, dessen Stil ihn *wie der Gang eines schönen Mädchens* entzückte, daß er selbst als Schreibender so gehen müsse, *wie mich leider! Gott geschaffen hat*[10].

Lichtenberg mußte unter Zwergenwuchs und Buckel leiden, Rationalist, der er war, das ist von jener Generation, die auf den Wohlstand sann und litt, wo er mangelte. Seine Schriften sind und suchen eine lebenslange Erklärung zu jenem Wesen, das halb von Hogarth und eigentlich von Gott ist, namens Mensch. Es wird berichtet, daß er seinen Höcker vor den Leuten, im Hörsaal und anderweitig, zu verbergen trachtete und eine erstaunliche Fertigkeit darin erlangt hatte, mit gestochener Schrift an die Tafel zu malen, ohne dem Auditorium den verwachsenen Rücken zuzukehren.[11] Unbeobachtet von den anderen handelte er genau umgekehrt: *Ich habe*, schrieb er 1777, *schon lange an einer Geschichte meines Geistes so wohl als elenden Körpers geschrieben, und das mit einer Aufrichtigkeit die vielleicht manchem eine Art von Mitscham erwecken* wird. Sie *soll mit größerer Aufrichtigkeit erzählt* werden, *als vielleicht irgend meiner Leser glauben wird. Es ist dieses ein noch ziemlich unbetrettner Weg zur Unsterblichkeit (nur von Kardinal de Retz). Nach meinem Tod wird es der bösen Welt wegen erst heraus kommen.*[12]

Kardinal Jean-François-Paul de Gondi, Baron von Retz, der 1613 geborene Gegenspieler Mazarins, dessen «Mémoires» 1717 – lange nach seinem 1679 erfolgten Tode – erschienen, ist der eine Name, den Lichtenberg in Zusammenhang mit seiner eigenen Lebensbeschreibung beschwört, der andere ist: Rousseau. Ihn, eine Generation früher geboren, hat er gleichfalls als Vorgänger nennen müssen. 1782, vier Jahre nach dem Tode Rousseaus, waren dessen «Confessions» erschienen, an denen er 1766 zu schreiben begonnen hatte. Aber 1780 war daraus bereits jene Jugendanekdote von dem Diebstahl des Rosenbandes ruchbar geworden und erregte die Gemüter der Zeitgenossen, ließ sie um Rousseaus willen an der Wahrheit, um des Menschen willen an Rousseau zweifeln. Lichtenberg war der Anlaß willkommen, seinen Standpunkt für sich selbst zu verdeutlichen. Unversehens wird ihm daraus ein die Geschichte der Autobiographie im 18. Jahrhundert anspielender Abriß: von der Pietisten schwelgerischer Selbstbezichtigung um Gott über die moralpsychologische Selbstkontrolle des frühen Rationalismus zu Rousseau und dem nicht geheuren Monster Mensch:

Es gibt eine Art enthusiastisch-bußfertiger Sünder, die schon in der Erzählung ihrer Missetaten mit Einschiebseln zu büßen anfangen und eine Beruhigung darin finden, sich anzuklagen. Rousseau könnte in diesem Falle gewesen sein; alle Verteidigungen sind zu früh – das muß aus dem Ganzen beurteilt werden. Es ist hiermit als wenn man einer Erfahrung nicht glauben wollte, weil sie einer lang angenommenen Theorie widerspräche. Ein Leben, so wie Rousseau, allem Ansehen nach, das seinige beschrieben hat, muß man nicht nach der moralischen Etiquette beurteilen wollen oder aus Leben, die nicht wie das Rousseausche beschrieben sind. So lange wir nicht unser Leben so beschreiben, wie es vor Gott erscheint, kann man nicht richten. Ich bin davon so sehr überzeugt aus dem, was ich von berühmten Männern gesehen habe, daß ich glaube, eine solche Lebensbeschreibung eines großen Mannes, wie ich sie mir denke, würde dem Etiquetten-Manne aussehen, als käme sie aus dem Monde. Wir kennen uns nur selbst, oder vielmehr, wir könnten uns kennen, wenn wir wollen, allein die andern kennen wir nur aus der Analogie, wie die Mondbürger. Man sehe nur zwei Leute an, die einander freundlich begegnen, einander mit Frau und Kind besuchen, wenn sie sich überwerfen, was da für Vorwürfe aussprudeln, Anekdoten etc. – alles das schlief vorher in ihnen, wie das Pulver in der Bombe, und wenn sie sich gegen einander bückten, so bückte es sich mit. So lange wir nicht unser Leben so beschreiben, alle Schwachheiten aufzeichnen, von denen des Ehrgeizes bis zum geheimsten Laster, so werden wir einander nie lieben lernen. Hiervon hoffe ich eine gänzliche Gleichheit. Je härter es wider den Strich geht, desto getreuer muß man gegen sich selbst sein . . . Es ist eine unbegreifliche Mode-Alfanzerei, daß wir den einzigen Gegenstand in der Natur, den wir recht kennen, ich meine unser moralisches Selbst, nur nach einem einfältigen philosophischen Polizei-Formular beschreiben, auf daß der Menge kein Schaden geschieht . . .[13]

Das ist in der Tat ein atemberaubendes Manifest. Dennoch hat weder die Geschichte der Psychologie noch die der Ästhetik von Lichtenberg groß Aufhebens gemacht. Es ist vielmehr ein Zeitgenosse, Karl Philipp Moritz, der den ersten deutschen «psychologischen Roman» schrieb und das erste deutsche Organ der Psychologie – unter dem Motto des «Erkenne dich selbst» – begründete. Lichtenberg dagegen ist mit seinem Leben nie zu Rande gekommen, geschweige mit seiner Beschreibung. Einzelbemerkungen an Stelle eines Romans und der Geschichte seiner selbst bescherten ihm endlich vertrackte Unsterblichkeit: sein Nachruhm macht sozusagen die Spannung zwischen jenen in sich vollendeten Fragmenten und einem Mann aus, der sich auf die Dauer immer unzusammenhängender mit sich selbst vorkam und alle ihm verbliebene Kraft zur *Selbstschaffung und Erhaltung*[14] anwenden mußte.

Weil die Person danach war, ist es wichtig, in ihrer Beschreibung auf das scheinbar Unerhebliche und Nichtige zu sehen. Ein Sandkorn, von Lichtenberg notiert, kann für seine Biographie von der größten Bedeutung sein. Notwendig muß der Biograph Lichtenbergs von dessen kleinen sprachlichen Kunstwerken, die man übereingekommen ist, Aphorismen zu nennen, einen Gebrauch machen, den Lichtenberg selbst von ihnen mehrfach machen wollte: sie als Material benutzen für sein Leben und nicht so sehr als einen Gegenstand der Stilkritik.

«Ich bin ein Darmstadinus von Geburt...»

Unser ganzes System von Leib und Seele können wir als ein Instrument ansehen, welches uns in die Hände gegeben ist, unsern Weg durch dieses Jammertal geschickt durchzufinden. Erziehung und andere äußere Umstände haben ihm schon eine gewisse Form gegeben, ehe wir es eigentlich zum rechten Gebrauch bekommen. Wir finden uns in Neigungen und Meinungen mitten inne, wenn wir so zu sagen aus dem tierischen Leben in das menschliche erwachen, wenn wir uns umsehen, da finden wir uns in einer ganzen Gesellschaft von Dingen.[15]

1769

Den Anfang macht ein listiges Gerücht: daß Johannes Lichtenberger zu Mainz, jener zwischen 1450 und 1490 vielgenannte Astronom und sonderbare Seher, mit dem ahnungsvollen Physiker verwandt wäre.[16] Die Urkunden sagen davon nichts. Nach ihnen ist Georg Christoph aus einem Geschlecht, das bürgerliches Selbstgefühl besaß, Kinder mehr als Geld, Wappen und Stammbaum. Zwischen Rhein und Main und Mosel spielte sich danach der Ahnen Leben ab, mit dem einen und anderen Grenzübertritt nach Frankreich, nach Holland, nach Brandenburg. Amtsverweser war Veit Lichtenberger, der 1635 gestorbene Stammvater, Amtsverweser sein ältester Sohn Christoph Martin, der 1668 starb. Amtsverweser wird, nach einem pikarischen Lebenslauf, auch dessen jüngstes Kind: der Großvater Georg Christophs. Er schuf den Namen, den der Enkel sich erst machen sollte. «Zu Worms war ein Bürger und Küfer, der hieß wie ich Johann Philipp Lichtenberger, dessen Vater aber ein Jud gewesen und in Frankfurt getauft worden. Zum Unterschied nun habe ich mich Lichtenberg geschrieben und wollte, daß sie sich nun alle so schreiben.» Seine Kinder sind dem nachgekommen. Er war so eigenmächtig im Handeln wie eigensinnig im Glauben, dem er schon mit jungen Jahren «durch fleißige Besuchung von Herrn Dr. Speners Collegia und Predigten» gewonnen wurde. Nach der Weise der Pietisten führt er ordentlich ein Hausbuch, das halb Familienchronik, halb fromme Aussprache ist und nicht literarischem Anspruch, sondern seinem Gott genügen wollte. Man muß die Seelengeschichte bemühen, um in jener Niederschrift und dem *Hausbuch* des Enkels ursprünglich ähnelnde Beweggründe festzustellen. Zuletzt dachte jener an das Jenseits und dieser an seine Nachwelt.

Der 1689 zu Darmstadt geborene Johann Conrad Lichtenberg war von seinen Eltern früh zum Geistlichen bestimmt worden. Ein tüchtiger Theologe, stieg er nach und nach vom Dorfprediger zur ersten geistlichen Würde im Lande auf, nämlich der des Superintendenten für den Sprengel Darmstadt. Nicht nur theologische und Kanzelgaben zeichneten ihn aus. Liebhaber der Musik und Poesie, schuf er neben Versen für seiner Oberen Geburtsfeste und Leichenbegängnisse Jahrzehnte hindurch den Text für die allsonntäglichen Kantaten in der Darmstädter Hofkirche. Die Musik dazu schrieb übrigens sein Schwager Christoph Graupner (1683–1760), Kuhnau-Schüler und verdienter Darmstädter Hofkapellmeister, der als Komponist von gleich staunenerregender Fruchtbarkeit war wie der Bruder seiner Frau als Dichter und – Architekt. Tatsächlich leitete Johann Conrad Lichtenberg, der Baulust seiner Landesväter Ernst Ludwig und Ludwig VIII. nacheifernd, den Bau zahlreicher Kirchen, Pfarr- und Schulwohnungen und setzte sich mit den Waisenhaus in Darmstadt, das später Gymnasium wurde, ein stattliches Monument. Sein Sohn erbte nichts von dem Talent.

Wichtiger für seinen Werdegang wurde eine andere Liebe des polytechnischen Pfarrers. Georg Christoph weiß von seinem Vater, den er schon mit neun Jahren verlor, immerhin, daß er für einen Geistlichen seiner Zeit *sehr gute mathematische und physikalische Kenntnisse hatte* und seinen Söhnen täglich Unterricht in der Naturlehre und Mathematik, über die Einrichtung des Weltgebäudes zu erteilen pflegte. Daß er 1744, eines seiner Kinder auf dem Schoß, den größten Kometen des Jahrhunderts betrachtete, wird überliefert, und berichtet, daß er seinen beiden jüngsten Söhnen 1749 einen für jene Zeit beträchtlichen physikalischen Apparat anschaffte. In dem Verzeichnis von physikalischen Geräten aus dem Besitz Georg Christoph Lichtenbergs findet sich ein Hinweis auf die Sammlung seines Vaters: *ein Mikroskopium von meinem seligen Vater.* So flößte er den Kindern früh *eine Prädilektion für Physik ein,* so daß Georg Christoph als Primaner *mehr von Astronomie wußte, als jetzt leider! von vielen von Universitäten zurückgebracht wird.* Der Gelehrte nannte später die seligsten Zeiten seines Lebens, als er manche Nächte im Freien zubrachte, um mit Hilfe eines Himmelsglobus in Taschenformat sich von der Bewegung des Himmels einen Begriff zu machen und aus Semlers «Astrognosie» sich in der Kenntnis der Sternbilder zu üben. Da war Astronomie noch nur ein erbauliches Spielzeug für den kindlichen Sterngucker. Aber Lichtenberg bewahrte zeit seines Lebens für den Dilettanten eine Schwäche, für den Vater, der *Naturlehre mit einer Art von Enthusiasmus liebte* und in einer Predigt auf dem Dorf Astronomie mit dem Erfolg auf die Kanzel brachte, daß seine Bauern Deputierte schickten, *ihn zu bitten, er möchte doch bald einmal wieder von den Sternen predigen*[17].

Der Vater:
Johann Conrad
Lichtenberg
(1689–1751).
Schloßkirche
Kranichstein
bei Darmstadt

Auf eine familiäre Weise vollzog in den Lichtenbergs die Aufklärung ihre Bahn: von dem Sternenprediger leichthin zu dem Naturkündiger, wie man während des Jahrhunderts lieber für den Forscher sagte. Sein Beruf hat zwar den Sohn von dem des Vaters entfernt, ihm die Überzeugung von einem weisen, die Welt lenkenden Wesen benommen: ...*notwendige Folge alles Studiums der Philosophie und der Natur. Man verliert zwar den Glauben an einen Gott nicht, aber es ist nicht mehr der hülfreiche Gott unsrer Kindheit; es ist ein Wesen, dessen Wege nicht unsere Wege und dessen Gedanken nicht unsere Gedanken sind.*[18] Das Studium der Theologie ist ihm gegenstandslos geworden. *Physik ist wahrlich das eigentliche Studium des Menschen. Theologie entbehrt man alsdann leicht... Kenntnis der Natur wird vermutlich auch im Himmel studiert,* schrieb er 1782 einem Freund.[19] Schon der Knabe dachte frei von der Religion, der Sechzehnjährige konnte sich nicht mehr bereden, *daß Christus Gottes Sohn sei.* Die Herkunft aus dem Pfarrhaus leugnete er darum nicht, suchte keine Ehre darin, *ein Freigeist zu sein,* hat seinen Vater nie verleugnet.[20] Er feierte seinen Todestag, obgleich er, kurios genug, nicht immer zu wissen

14

scheint, daß und ob er am 17. Juli 1751 starb. Es gibt ein Zeugnis von seiner Hand, das unvergleichlich jenen vielfältigen Lichtenberg entdeckt. Es ist die Schilderung eines Gewitters, dessen Studium zu den Obliegenheiten des Naturwissenschaftlers gehörte. Aber der Bericht von dem *fürchterlich schönen Donnerwetter* am 21. Juli 1783 ist anderer Natur, und Lichtenberg selbst, noch voll von diesem Schauspiel, empfindet es so:

Der Tag war erdrückend heiß und ich ganz ungewöhnlich empfindlich, außerdem ist dieses der Sterbetag meines Vaters, an dem ich mich gemeiniglich einschließe. Nichts in der Welt konnte mit meiner Empfindung mehr korrespondieren als ein solches Wetter. Als es einmal so tief donnerte, daß ich dachte, es wäre unter mir, so kann ich wohl sagen, habe ich niemals meine Nichtigkeit mehr gefühlt als in dem Augenblick. Wahrhaftig es kamen mir Tränen in die Augen bloß der Bewunderung und der innigsten Andacht. Es kann nichts Größeres und Majestätischeres sein. Ich weiß nicht, ich befinde mich jetzt ungewöhnlich leicht, es ist mir, als wenn ich eine große Schuld abgetragen hätte und als wenn sich der Geist meines Vaters freute, daß ich an seinem Sterbetage eine so ungeheuchelte Betstunde gehalten habe. Nun ists heraus und ich gehe nun wieder den gewöhnlichen Schritt[21] eines sachlichen Beobachters von Naturerscheinungen, eines spaßenden Aufgeklärten auch, der bemerkt, daß die Allmacht Gottes im Gewitter nur bewundert wird *zur Zeit, da keines ist, oder hintendrein beim Abzuge*[22]. Man möchte sagen, der Aufklärer, erwachsen geworden, überläßt sich für die Dauer eines Sterbetages und Gewitters und weislich hinter verschlossenen Türen jener frommen elterlichen Atmosphäre, die das Kind umgab. In solchen Augenblicken, die das Innere einmal nach außen kehren, verkehrt sich das üblich lächelnde Bild des Zeitgenossen, der bloß den Freund einweiht: *Solchen Gedanken nachzuhängen macht, was man auch davon denken mag, da man mich für lustig hält, sicherlich mein größtes Vergnügen aus, obgleich freilich dieses nicht das rechte Wort sein mag, diesen Genuß auszudrücken.*[23] Wo er bei sich geistliche Einkehr hielt, geschah es häufiger über die geistige Heimkehr zu den vortrefflichen Eltern: dem Vater und noch mehr der Mutter.

Man hat kein Bild von ihr, kann sich nach den Worten des Sohnes auch kein Bild von ihr machen, so verklärt steht sie in der Erinnerung. Lichtenberg bekennt, der Gedanke an sie und ihre Tugend sei ihm *gleichsam zum Cordial geworden, das ich immer mit dem besten Erfolg nehme, wenn ich irgend zum Bösen wankend werde*[24]. Henrike Catharine Lichtenberg, eines Pfarrers Eckhardt Tochter, verwirklichte offenbar jene Gestalt der Frau, die das bürgerliche 18. Jahrhundert heischte. Ihr Talent war das Haus, der kleine, befreundete Zirkel, waren die Kinder. Man liest von ihrem allzeit heiteren, sanften Gemüt, ihrer Neigung zu ausgesuchter Lektüre, Betrachtungen der Natur und stillen Blicken in den gestirnten Himmel, die für sie «Gottesverehrung» waren. Sie starb 1764, zu einer Zeit also, da Lichtenberg *den Verlust fühlen konnte*[25]. In seinem Tage-

Ein Bruder:
Ludwig Christian Lichtenberg
(1737–1812).
Im Besitz von
Dr. Georg Christoph Lichtenberg,
Bad Vilbel

buch der neunziger Jahre findet sich Jahr für Jahr eine Notiz, die an den
Sterbetag der Mutter gemahnt. Sie ist die ewig wiederkehrende Gestalt
seiner Träume, zählt zu den Eindrücken *längst abgeschiedener Ursachen*,
die noch in seinem Kopf leben, wird der Mittelpunkt eines Kultes, der
bald die Blasphemie, bald das Archaische zu streifen scheint. Er pflegt
den Tag ihres Todes *wie einen Heiligentag* zu begehen und spricht von
förmlicher Anbetung seiner *heiligen Mutter*, die ihn ein *verklärter Engel*[26]
dünkt. Liebe zu ihr verleitet ihn, für die Verstorbene zu beten, und er
deutet sich die Geste selbst als *die Vermenschung, Vermenschlichung alles*
dessen, wovon wir nichts wissen und nichts wissen können, die man überall
antrifft[27]. Was aber wäre dann jene Invokation der Mutter, die obenhin
die Parodie des Vaterunsers ist?[28] Lichtenbergs Gläubigkeit ist so sehr
säkularisierter Pietismus, daß sie beinahe schon wie ein ausgeschweiftes
Katholisieren anmutet, eigentlich aber der befremdende Ausdruck eines,
der nicht nur im Denken und Schreiben, sondern auch in seinem Glauben
die *stärkstindividualisierende Ausdrückung*[29] suchte und nicht einsah,
warum die Theologen über jenen schreien, der *sein eigener Priester sein*
will![30].

Auch in einer weiteren Qualität teilt die Mutter übrigens das Bild der
bürgerlichen Frau jener Epoche: in der exuberanten Mutterschaft. Sie
gebar siebzehn Kinder, von denen aber acht tot zur Welt gekommen und

vier früh verstorben waren. Da ist fast niemand aus der Familie, der ein gesegnetes Alter erreicht hätte. *Wir sind jetzt gottlob alle versorgt,* schreibt Lichtenberg 1783, *die mehrsten im Himmel, und die andern auf der Welt so, daß sie mit Recht nicht klagen können.*[31] Von der einzigen überlebenden Schwester, Clara Sophie, weiß man nur, daß sie geboren wurde, 1718, und unvermählt in Darmstadt 1780 starb. Gottlieb Christoph, der älteste unter den am Leben gebliebenen Brüdern, starb schon 1756 zweiunddreißigjährig als Hessen-Darmstädtischer Amtmann in Seeheim. In Lichtenbergs Heften bedeuten er und seine Frau mehr die Ferien, die *angenehmsten Tage meines Lebens*[32], die er als Knabe dort hat verbringen dürfen. Mit dessen Sohn Friedrich August (1755–1822) jedoch, dem *Vetter aus Rastatt,* der zuletzt als hessischer Staatsminister zu hohem Ansehen und Adelsprädikat gelangte, stand er später in dem freundschaftlichsten Briefwechsel. Ein anderer Bruder, Friedrich Christian (1734–90), brachte es zum Geheimen Tribunalrat in Darmstadt. Er ist ein Name mehr in der Legion von aufgeklärten Schriftstellern. Zwischen Georg Christoph und jenem Bruder hält endlich der 1737 geborene Ludwig Christian.

War der Darmstädter ein leichtsinniger Verschwender, so der andere der seltsamste Knauser, ein *Misanthrope,* der denn auch als knöcherner Junggeselle 1812 in Gotha stirbt, zugleich der ordentlichste Mensch von der Welt und pflichtgetreu, kurz: Herzoglich Sachsen-Gothaischer wirklicher geheimer Legationsrat. Ludwig Christian, der bisweilen wie die nur ungeniale Zweitfertigung des Göttinger Bruders wirkt, war auch Übersetzer, Rezensent an dem Nicolaischen Sammelwerk, Mitarbeiter an verschiedenen Periodica der Zeit. Seit 1781 gab er mehrere Jahre hindurch ein «Magazin für das Neueste aus der Physik und Naturgeschichte» heraus; 1786 wurde er korrespondierendes Mitglied der Göttinger Sozietät. Von den Brüdern war Ludwig Christian der einzige, den Lichtenberg nach Verlassen der Heimat noch hin und wieder sah, der wichtigste von allen, weil er, wenn schon nicht in des berühmten Bruders Leben, so doch in sein Nachleben eingriff.

Das ist ein loser Kontakt, der Georg Christoph in Leben und Geist mit den Brüdern verband. Sie geben einen guten Querschnitt durch den bürgerlichen Stand der Zeit: in seinen bemessenen Möglichkeiten aufzusteigen, nützlich zu sein, in engem Maßstab zu wirken, studierte Diener des Kleinstaats, Diener am Geiste der Zeit. *Es könnte gar wohl sein,* hat Lichtenberg einmal notiert, *daß eine gewisse Generation in linea recta ascendente et descendente ein Ganzes ausmachen könnte, das sich teils vervollkommnet teils verschlimmert.*[33] Er dachte dabei nicht an sich; man kann aber die Bemerkung füglich auf ihn und seine Familie wenden. Das Ganze macht dort das Pfarrhaus, machen die vielseitigen Talente des Vaters und die gemüthaften Gaben der Mutter; macht, in dem geräumigen Gebäude der Aufklärung, seiner Brüder tadellose Fähigkeit. Der Jüngstgeborene fügte endlich zu dem Ganzen jener Generation die Vervollkommnung: aber auf einem erschöpften Leib.

Die Erinnerungen zu der eigenen Person im Kindesalter und der Jugendzeit verstehen seinen Lebensgang in einer feinsinnigen Folgerichtigkeit. Danach bestürzt die frühe Fertigkeit des Knaben schon in vielem, was den Mann auszeichnen wird. Es handelt sich dann eigentlich nur noch um Verfeinerung der Werkzeuge. Mit drei Jahren hatte er den Geburtsort verlassen. Davon ist ihm nur die Gartentreppe noch erinnerlich. Er fühlt sich als Darmstädter, in Darmstadt – wohin sein Vater 1745 als Erster Stadtprediger berufen worden war – geboren, da in seinem Vaterland, zu Hause. Darmstadt war seinerzeit ein Ort von etwa neuntausend Einwohnern, Residenz wohl: Protestantismus und Barock ergaben das rationale Element in seiner Bauerscheinung, aber noch ohne die Witterung von den Genies, die Darmstadt unter der Landgräfin Karoline literaturfähig machten. Brav zu stricken lernte Georg Christoph, neben anderem, von den Hauslehrern, schön zu schreiben neben anderem auf der Stadtschule. In den Primus der Schule, einen Schneiderssohn namens Schmidt, verliebt sich der Zehnjährige. Er *hört von ihm gern erzählen und bringt alle Knaben auf eine Unterredung mit ihm, hat ihn nie selbst gesprochen, war ihm aber ein großes Vergnügen zu hören, daß der Knabe von ihm gesprochen habe. Kletterte nach der Schule auf eine Mauer, um ihn aus der Schule gehen zu sehen. Jetzt, da er sich seiner Physiognomie noch sehr deutlich erinnert, so war er nichts weniger als schön, eine Stumpfnase mit roten Backen.* Man scheut sich, in heutige Begriffe zu bringen, was, bei aller verwegenen seelischen Finesse, von einer unschuldigen Anmut ist. Lichtenberg war sich des Ungewöhnlichen der Aussage bewußt. *Es sollte mir leid sein, wenn ich durch dieses freie Bekenntnis das Mißtrauen gegen die Welt vermehren sollte, aber ich war ein Mensch, und das Glück der Welt, wenn sie es jemals erreicht, muß nicht durch Verhehlung gesucht werden, auf keine Weise, so wird nicht Festes entstehen können. Dauerndes Glück ist nur in Aufrichtigkeit zu finden.*[34] Das ist nicht von der Berühmtheit des Jean-Jacquesschen Rosenband-Diebstahls; es ist aber die gleiche Gesinnung, die dazu treibt, frei zu bekennen.

Im Herbst 1752 trat Lichtenberg in die Tertia des Pädagogiums ein, das schon sein Vater besucht hatte. Im gleichen Jahr war Johann Martin Wenck (1704–61) zum Rektor am *lateinischen Kloster* ernannt worden. Dem Hallenser Pietismus zwar nicht abhold, aber mit Wolff bekannt und von dem Philologen Gesner beeinflußt, gab er der Schule ein dem Anspruch der Aufklärung Mitte des Jahrhunderts entsprechendes Format. Sein Verdienst ist es, daß die Schulautoren nun um ihrer selbst willen gelesen, der «heut zu Tage so beliebten teutschen Dichtkunst» weiterer Raum gelassen, die Realien betont und der Unterricht in Mathematik verbessert wurden.

Aus den Schulakten geht Lichtenberg als ein begabter, hin und wieder

Das «Darmstädter Pädagog». Zeichnung von E. A. Schnittsprehn

mit Prämien belobigter Schüler hervor, «der einige Jahre durch Fleiß und Scharfsinn den ersten Platz rühmlich inne hatte». Mehrere Male tritt der Schüler der Selekta, einer den fähigsten Primanern vorbehaltenen Klasse, die als Übergang von der Schule zur Universität gedacht war und in der man außer Philosophie und Theologie besonders die Rede- und Disputierübung pflegte, vor der Öffentlichkeit in lateinischem und deutschem Vortrag als Redner auf. Von seinen Reden sind allein die Titel überliefert: nichtssagend, wo sie vorgeschrieben waren, aber von Aufschluß, wo Lichtenberg selbst sie gewählt hat. Das ist der Fall bei der Darlegung, wie sehr das Studium der Mathematik zur wahren Förderung der menschlichen Erkenntnis beiträgt. Das ist der Fall bei einer Lobrede auf Hugo Grotius, der sich Lichtenberg kurz vor seinem Tod entsinnt.[35] Thema seiner Wahl ist endlich ein lateinischer Aufsatz, in dem er *für den Selbstmord disputierte und ihn zu verteidigen suchte*, Gedanken entwickelnd, *die den gemein angenommenen in der Welt schnurstracks entge-*

genliefen. Aus seinem englisch geschriebenen Tagebuch weiß man selbst Geburtsort und Datum des Gedankens, den er seither nicht mehr abschüttelte: *Den ersten Gedanken, mich selbst zu töten, hatte ich zu Darmstadt in dem Winter 1758,* während er auf einem Tisch im Klassenzimmer stand und *einige Worte überlas, die auf eine schwarze Tafel geschrieben waren, was es war, erinnere ich mich jetzt nicht, aber ich glaube, es war über die Deklination von domus. Ich schrieb hernach etwas in Verteidigung des Selbstmordes, das ich unserem Rektor Wenck gab, der meinen Zweifeln gut genug entgegnete.*[36]

Es scheint nicht abwegig, jene angestrengte Versenkung in den Tod mit dem Sterben seines Vaters und ältesten Bruders zu verbinden. Bei Anlaß zu *sehr konkreten Todesbetrachtungen* wurde noch der Erwachsene *immer wieder ein Knabe unter solchen Dingen!*[37]. Übrigens wird auch ein Schuß Literatur und Zeitströmung seine winterlichen Gedanken gefördert haben. 1751 war Edward Youngs «The Complaints, or Night Thoughts» ins Deutsche übertragen worden, schwerblütige Grübeleien über Leben, Tod, Unsterblichkeit. Ihr Übersetzer Johann Arnold Ebert (1723–95) war ein Lehrer Lichtenbergs, der 1761 *halbe Nächte über Ihrem Young saß*[38]. Schließlich fällt aber diese Neigung zu dem eigenen, die allgemeine Meinung spottenden Denken zusammen mit den Zweifeln in einer Zeitspanne, während der die angestrengte Individuation gerade das landläufige Merkmal ist: nämlich, auf lichtenbergisch, in *die Zeit des ersten Barts*[39]!

Es gibt in der Kürze schwerlich eine anmutigere Umschreibung der Pubertät als aus seiner Feder: *Von Anfang war es ein Ding, das gar keine Richtung hatte, und er konnte nichts bemerken, als daß seine gewöhnlichen Begierden nicht so wohl besänftigt, als von etwas wenigstens eben so stark nicht mehr dahin sondern dorthin gezogen wurden, ein ärgerliches Gleichgewicht, man schüttelt und rüttelt und weiß nicht warum, nur um nicht still zu stehen, und wieder etwas anderem Überwucht zu geben, ein seltsamer Zustand, durch den wir Männer alle müssen, und ihr Mädgen, ja das weiß ich nicht. Glücklich ist der geschwind dadurch kommt oder schon vorher eine klare Einbildungskraft durch eine wohltätige Erziehung erhalten hat, daß dieser süße Tumult in der Seele ihm nichts als schöne Hoffnungen eingibt, und ihn über einen bezauberten Boden endlich zu der schönen Kreatur hinführt und entzückende Gewißheit mit reizender Ungewißheit vertauschet.*[40] Mit Sicherheit hatte Lichtenberg, als er dieses schrieb, schon entzückende Gewißheit erlangt: daher wohl die glückliche Ausgewogenheit. Er schrieb nicht immer so. Die Sinnlichkeit ist der große Faktor in seinem Leben, allerdings bei immer klarer Einbildungskraft: deutlich wohl, nie aber schlüpfrig.

Wo sich der Fortpflanzungstrieb regt, war Lichtenberg der *Trieb zum Bücherschreiben* nicht fern. Sein *erstes Jucken, wenn ich vom ersten Vers der Messiade zu zählen anfange, fiel in das 6te Jahr des deutschen Hexame-*

ters und ungefähr in das 14te, wenn ich mit meiner Geburt anfange. Es ist dieses eine etwas kützliche Zeit, und Eltern und Lehrer haben genau acht zu geben auf ihre Kinder... Ich fand die Sprache in unserer Familie etwas zu plan, ich vermißte hier und da die Beiwörter und fühlte mich so voll, wenn ich welche fand, zumal die ich selbst gemacht hatte pp.[41] Mit vierzehn Jahren also begann jener danach unablässige Versuch Lichtenbergs einer Individualisierung der Person durch die Sprache, die sie sich gibt, sucht, erschafft; so alt wäre demnach der Selbstgenuß, das Selbstgefühl des Wortfinders. 1751 waren die ersten fünf Gesänge des «Messias» erschienen. Gegen 1759 schrieb Lichtenberg in der Schule ein Gedicht in Hexametern, das er *damals für ebenso schön hielt als die Messiade, die ich mir zum Muster genommen hatte, ohnerachtet mein Gedicht nur die Beschreibung eines Küchengartens war...*[42] Schon auf dem Pädagog muß er im Ruf des glücklichen Versfinders gestanden haben, glaubt man einer Anekdote, nach der sich ein minder begabter Klassenkamerad, weil die Verfertigung eines Gedichts aufgegeben war, an Lichtenberg gewandt habe, der auch versprach, das Gedicht für ihn zu machen, wenn sich jener hartnäckig für den Verfasser ausgeben wolle. In einer der folgenden Stunden verlas der Lehrer die eingereichten Gedichte und gelangt auch zu dem von Lichtenberg verfertigten Gedicht, das begann:

> *Wenn in dem Nichts der Eitelkeiten*
> *Ein Fels umstürmt von allen Seiten –*

Überrascht von dem Pathos der Zeilen fragte der Lehrer den Schüler, dem er so etwas nicht zutraute, ob er das Gedicht gemacht habe. Der beteuerte es. Hierauf las der Lehrer das Gedicht bis zum Ende:

> *– auf Schlössern stolzer Fürsten ruht;*
> *dann wird man um den Staatsmann trauern*
> *und über den Planeten lauern*
> *und um des Helden Ochsenblut.*[43]

Die anfängliche Bewunderung löste sich in allgemeines Gelächter auf. Noch um 1800 sollen auf dem Pädagog sich Knabenspäße Lichtenbergs in lebendiger Überlieferung fortgepflanzt haben. Der «Musje Schorsch», wie ihn der Diener des Hauses genannt, war seiner Konstitution zum Trotz ein offenbar zu Scherzen wohl aufgelegter Knabe. *Sein Herz ist gut*, läßt er einem Schulfreund von ihm sagen, *aber wer hätte die Streiche hinter ihm suchen sollen, wenn er zu Darmstadt mit seinen Büchern am Adler vorbeiging; doch an den Augen kann man ihm etwas ansehen.*[44] Was wäre Lichtenberg ohne diese Augen, was denn könnte man nicht daraus lesen?

Lichtenberg liebt es in späteren Jahren, *mit geschlossenen Augen auf dem Canapee eine Reise in jene Zeit zurück zu tun*[45]. Wahrhaft Augenblicke gibt ihm die Erinnerung frei, Gesichter von Klassenkameraden, in der typischen Bewegung, kuriosen Handlung eingeprägt für immer:

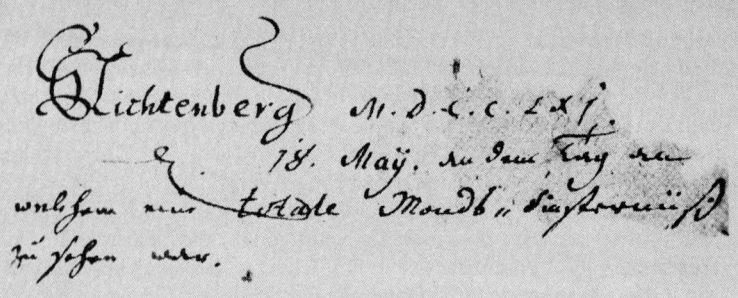

1761: die älteste erhaltene Handschrift Lichtenbergs. Eintragung in das Schulbuch
«Recueil de poésies» (1754)

... *den guten Hach mit dem Pferdehaar, wie der alte Rektor auf ihn und die*
Brezeln unter dem gespannten Mantel losfuhr, wie Jupiters Vogel auf ein
zartes Lamm; das Gesicht des Klassenzimmers: ... *die zerschnittenen und*
zerbrannten Tafeln ... wo mancher christliche Namen unter einem Galgen
paradierte, die äpfelbekleckstesten Wände, in denen meine Einbildungskraft
Medusen-Köpfe und Bataillen sah.[46] Lichtenberg hatte eine leichte Hand
und einen flinken Wortschatz, wo es um Verse ging. Seine Eigenwilligkeit
ist hierin die Eigenart der Epoche. Aber schöpferisch war seine Einbildungskraft viel mehr in Bildern und im Bilden: *Von meiner ersten Jugend*
an waren Gesichter und ihre Deutung eine meiner Lieblingsbeschäftigun-
gen. Ich habe mich und andere gezeichnet, ehe ich die geringste Absicht
sah. Ich habe nicht einzelne Blätter, sondern Dutzende von Bogen voll
Gesichter gekritzelt und ihre Bedeutung nach einem dunklen Gefühl dar-
unter geschrieben; oft mit einzelnen Worten und oft in Zeilen: Ö k o n o -
m i e ; n o c h z u r Z e i t n i c h t g e h e n k t und dergleichen. Sehr früh habe
ich mir Dinge unter Bildern gedacht, die sich andere entweder nicht unter
diesen Bildern denken oder wenigstens mit dem Bleistift auszudrücken
nicht in sich selbst erwacht genug sind. Daß die Distanz von eins bis hun-
dert in unserer Vorstellung größer ist als die von hundert bis fünfhundert,
habe ich sehr früh bemerkt und durch Linien und Flächen auszudrücken
versucht. Ich habe Bilder von Wochentagen gezeichnet, wozu mir Schul-
zwang und Schulfreiheit und vermutliche Beschaffenheit der Mittagskost
und, wo ich mich selbst verstehe, der Laut des Worts, die Striche hergaben.
Der Tisch wird noch in D. vorhanden sein, auf den ich, zu nicht geringem
Vergnügen meiner Spielgefährten ... das Bild mit Dinte zeichnete, das ich
mir von dem halbfreien, wochehalbierenden und zwischen Freiheit und
Zwang selbst wieder geteilten, wohltätigen Mittewochen machte.[47]
   Das zeugt von der wuchernden Einbildungskraft des Jünglings, die der
Erwachsene nicht verlor. Eigentlich Zeichner ist Lichtenberg in allem.
Auch wenn er schreibt, fügt er aus Worten Gedanken, die man vor ihm

nicht darunter verstand. Auch wo er schreibt, sucht er den charakterisierenden Strich. *Was sind aber unsre Gespräche und unsre Schriften anders als Beschreibungen von Bildchen auf unserer Retina oder falschen Bildchen in unserem Kopf?*[48] Lichtenbergs Einbildungskraft vermochte noch die sprödesten Gegenstände zum Einverständnis zu bringen. Er heimelte sich alles an, Mittwoche und Geometrie. Er machte aus baren Zweckdingen nichtgeheure Bezüge oder Spielwerk.

In sich selbst erwacht, obgleich noch nur einem dunklen Gefühl gehorchend, erscheint Lichtenberg schließlich in dem heimliche Bahnen gehenden und durchmessenden Jüngling. Der alte Mann gestand, es mache allemal einen sonderbaren Eindruck auf ihn, wenn er *einen großen Gelehrten oder sonst einen wichtigen und gesetzten Mann sehe, dabei zu denken, daß doch einmal eine Zeit war, da er den Maikäfern ein Liedchen sang, um sie zum Auffliegen zu ermuntern*[49]. Bei dem Gelehrten Lichtenberg macht es durchaus nicht den sonderbaren Eindruck. Er hat viel Kindlichkeit in seinem Tun und Lassen bewahrt. Es gibt allerdings Naivität, die beinah Einfalt ist; aber eine andere Naivität ist ein Geschenk Gottes und beinah genial. Das ist die Naivität, die sich übersetzt als Unvoreingenommenheit des Blickes, ein wissendes und immer wißbegieriges Entzücken über die Dinge. Lichtenberg, der meinte, daß Erwachsene *doch nur Kinder von mehreren Jahren*[50] sind, vermag sich noch als alternder Mann über eine Entdeckung Sömmerrings *ganz jugendlich, so wie ich zum erstenmal vom Ring des Saturns hörte*[51], zu freuen, läuft nach Empfang der Goetheschen Schrift zu den farbigen Schatten 1793 *den bunten Schatten* nach wie ehemals *als Knabe den Schmetterlingen*[52], fühlt bei Herschels Ansichten in den Sternenhimmel das Entzücken wieder, *das ich damals genoß, als ich die ersten richtigen Begriffe von der Einrichtung unseres Weltgebäudes erhielt*[53]. Andererseits übt schon das Kind, wie es Lichtenberg skizziert, seltsam vielsagende Dinge. So erinnert er sich *deutlich, daß ich in meiner ersten Jugend einmal ein Kalb wollte apportieren lernen, allein ob ich gleich merkte, daß ich merklich in den nötigen Fertigkeiten zunahm, so verstunden wir uns einander alle Tage weniger, und ich ließ es endlich ganz und habe es nachher nie wieder versucht.* Diese Eintragung ist ein frühes Exempel für den hartnäckigen Experimentator, so denkt man. Aber Lichtenberg benutzt das Kindheitserlebnis zu einer jähe Bezüge entdeckenden Folgerung, die dem Fakt erst Sinn gibt: *In jedes Menschen Charakter sitzt etwas, das sich nicht brechen läßt – das Knochengebäude des Charakters; und dieses ändern wollen, heißt immer, ein Schaf das Apportieren lehren.*[54]

Es war schon anfangs von jener offenbaren Folgerichtigkeit seines Werdegangs die Rede. Das glücklichste Zeugnis dafür ist wohl jener Beitrag Lichtenbergs zu seiner Heautobiographie, den er selbst für so bedeutend hielt, daß er ihn mit den Worten begann: *Nicht zu vergessen, daß ich einmal die Frage, was ist das Nordlicht? auf den Graupnerschen Boden mit*

Göttingen. Aquatintablatt von C. Beichling

einer Adresse an einen Engel hinlegte und ganz schüchtern am andern Morgen nach dem Zettel hinschlich. *O wäre da ein Schelm gewesen, der den Zettel beantwortet hätte!*[55] Es war aber weder Schelm noch Engel zu einer Antwort bereit. Etwas aufs Zettelchen ist, nicht nur 1773, seine Bitte an Gott.[56] Inzwischen füllt er es selbst aus, so gut es immer ging. Lichtenberg würde diese Frage wie so viele andere sein Leben lang beschäftigen. Aus Fragen sollte sein geplantes Physikbuch komponiert werden. Eine seiner letzten Eintragungen in dem letzten Sudelbuch ist eine *Frage: Was ist leicht und was ist schwer? Antwort: solche Fragen zu tun ist leicht; sie zu beantworten ist schwer.*[57] Er hat die Genugtuung, daß er seinerzeit Fragen stellte, die man teils bis heute nicht genügend hat beantworten können! Bisweilen machte er den Versuch einer vorläufigen Klärung, gab er *einen Wink,* wie: er glaube, *daß das Nordlicht durch Elektrizität erklärt werden könne*[58]

Am 16. September 1761 fand die Schulzeit für Lichtenberg ihr Ende. Auf der Entlassungsfeier hielt er vor einer ansehnlichen Versammlung «in teutschen Versen» die Schlußansprache. Sie handelte *Vom wahren Werte der Wissenschaften und der Dichtkunst.* Die Rede erhielt, nach Schlichtegroll, «allgemeinen und nicht leeren Beifall»[59]. Wenn sie ihm Gönner erwarb, dann doch eher auf lange Sicht. Denn anderthalb Jahre brachte er danach noch in Darmstadt zu, ehe er auf die Universität ging. Die Mutter konnte in ihrem «betrübten Witwenstande» nicht die Mittel für einen weiteren Studenten aufbringen: *Über dem Studieren meiner 3 Brüder ist unser ganzes väterliches Vermögen hingegangen, und ich habe davon nichts erhalten...*[60] gestand Lichtenberg in späteren Jahren. Sicher haben sie als Hinterbliebene des ranghöchsten Geistlichen nicht in Armut gelebt. Aber Lichtenberg berichtet auch, daß die Mutter unverschuldet den Verlust von 1200 Talern erlitt, eine Summe, *welche bei weitem den größten Teil unseres Vermögens* ausmachte und einen *Riß* bedeutete, *den wir sogar bis auf unsern allzeit mäßigen Tisch verspürten*[61]. Lichtenberg brachte die Zeit nutzvoll mit seinem besten Jugendfreund Christian Heinrich Zimmermann hin, der, nachmals Superintendent in Darmstadt, für die Literaturgeschichte der Aufklärung einiges Verdienst als Epigrammatiker hat. August 1762 reichte die Mutter ein Gesuch beim Landgrafen Ludwig VIII. ein. Man hat Grund, zu vermuten, daß es nicht allein von Lichtenberg geschrieben, sondern auch entworfen wurde: eine schöne Studie in dem Petitions-Barock der Zeit! Aus dem Brief geht übrigens hervor, daß Lichtenberg sich der Philosophie, «besonders aber der gemeinen und höheren Mathematik zu widmen» beabsichtige. Schon als Schüler hatte Lichtenberg einigen Freunden Vorlesungen über Kästners «Anfangsgründe der Mathematik» gehalten. Mathematiker war der kommende Beruf; gute Mathematiker mangelten an der Universität so gut wie beim Wasserbau-Vorhaben des Landgrafen am Rhein. Es verwundert darum nicht, daß das Konsistorium die Befürwortung des Gesuchs empfahl, da «dieses Subjecti große Fähigkeit und gutes Genie allerdings keinen Zweifel übrig lasse, es werde derselbe hiernächst in dem Stande seyn, dem Lande gute und ersprießliche Dienste leisten zu können». Im April des folgenden Jahres wurde dem Gesuch stattgegeben und bewilligt: 30 Gulden einmaliges Reisegeld und jährlich 200 Gulden «auf einige Jahre und solange er sich auf Universitäten aufhalten würde». Es spricht immerhin für eine Großzügigkeit des Landesvaters, daß dem Subjekte nicht untersagt wurde, an einer «ausländischen» Universität zu studieren. Anfang Mai 1763 verließ Lichtenberg seine Vaterstadt. Am 6. Mai traf er in Göttingen ein. Noch 1793 dachte er der Wiederkehr dieses Tages. Am 21. Mai schrieb er sich als *Mathematum et Physices Studiosus* ein. Er sah Darmstadt und die Mutter in seinem Leben nicht wieder.

Göttingen
oder Mettwürste und Kompendien

Seitdem mein Kutscher und mein Schicksal
Mich, Teuerster, aus deinem Blick stahl,
Leb ich in diesem Vaterstädtgen
Von hoher Weisheit in Traktätgen,
Berühmt in allerlei Bedeutung
Durch Würste, Bibliothek und Zeitung,
Durch Professorn, und schlechtes Wetter
Und breite Stein, und Wochenblätter.
Du kennst zwar schon aus einem Bändgen
Dies geistliche Schlaraffen-Ländgen.
Liebst du die gare Wahrheit, heißt es,
So öffne hier das Maul des Geistes:
Nur aufgesperrt, mein lieber Sohn,
Das andere gibt sich selber schon.
Hier trieft der Honig der Erkenntnis
Und dort die Sahne vom Verständnis.
Kommt, Jünglinge, die ihr gebessert
Sein wollt, und trinkt sie ungewässert.[62]

So beginnt die zweite Fassung eines burschikosen Spottgedichts von
Lichtenberg auf Göttingen und die Georgia Augusta. Wie man sieht, hat
der Student Heine nicht viel Neues zu dem Thema nacherzählt. Aber
Lichtenberg kam über Anfänge nicht hinaus. Im Mai 1769 begann er
die Satire; ein Jahr später war er würdiger Repräsentant der Hohen
Schule...

Auf Göttingen, die durch den Dreißigjährigen Krieg verelendete che-
malige Hansestadt, war 1734 die Wahl Georgs II. – in Personalunion Kur-
fürst von Hannover und britischer König – gefallen, als er sich entschloß,
an Stelle Helmstedts eine eigene Universität zu errichten, an welcher «Sr.
Königl. Maj. Unterthanen zu den ordentlichen kirchen- und weltlichen
Bedienungen nach Erheischung jetziger Umstände besser als anderswo
präpariert werden» könnten. Das war keine hohe Bildungsidee, aber ein
dem Zeitgeist naheliegender Gedanke. Seine Professoren verstanden
sich vollendet dazu. Pütter, der Vater des deutschen Reichsstaatsrechts,

Gerlach Adolf Freiherr
von Münchhausen
(1688–1770).
Gemälde von
Gottfried Boy, 1747

stellte 1765 seiner Geschichte der Göttinger Universität den Satz voran: «Der Hauptzweck einer Universität wird billig darinn gesetzt, zur Ehre Gottes und zum gemeinen Nutzen der Menschen die Aufnahme der Religion und Wissenschaften dadurch zu befördern, daß einem jeden hinlängliche Mittel verschafft werden, seine Ansichten und Sitten vollkommener und für die Kirche und das gemeine Wesen brauchbar zu machen.» Mit der Universität, die am 17. September 1737 offiziell eingeweiht wurde, kamen die Straßenlaternen nach Göttingen: die Beleuchtung für den Leib mit der Aufklärung des Geistes. Georg II. tat ein übriges, gab der Universität seinen Namen und den ersten Rektor in seiner Person. Ihr eigentlicher Schöpfer aber ist der Freiherr Gerlach Adolf von Münchhausen gewesen. Über eine Generation war der Leibniz-Schüler Kurator der Universität. Unter ihm wurde die Georgia Augusta der zu seiner lebendigsten Selbstdarstellung gebrachte deutsche Rationalismus. Toleranz hieß das Prinzip. Atheismus war da so verpönt wie «Enthusiasmus», das

Abraham Gotthelf Kästner (1719–1800).
Nach einem Gemälde von Ludwig Specht

ist pietistische Schwärmerei. Die Akademischen Gesetze von 1763 mahn-
ten die aus aller Herren Kleinstaaten kommenden Studenten, «vor allem
Anscheine des verbotenen Nationalismi sich zu hüten»![63] Die Professoren hatten die Freiheit der Lehre und des Druckes. Seit Haller waren
hier die Naturwissenschaften zu Hause, seit Mosheim die Geschichts-
schreibung, die Philologie seit Gesner, dessen Schüler Heyne war, der
Riese von Tätigkeit[64]. Hier stand auf deutschem Boden die Wiege der
positiven Forschung; alles war hier auf historischen und physikalischen
Realismus gestellt; hier arbeitete man die neuen, kritischen und exakten
Methoden aus.

Als Lichtenberg nach Göttingen ging, war das wie ein Besuch des nächsten beinah gleichaltrigen Verwandten. Seinen Fachstudien oblag er bei
Hollmann, dem *Greis letzter Band*[65]: er hielt 1734 seine erste Vorlesung
über Physik. Albrecht Ludwig Friedrich Meister, der sein Freund wurde,
unterwies ihn in praktischer Mathematik zur Bau- und Befestigungs-
kunst. Außerhalb seines Faches hörte er den Vater der Statistik, Achen-
wall, die Staatengeschichte vortragen, arbeitete er bei Gatterer und in
dessen 1764 begründeter «Historischen Akademie», die auf Bereiche-
rung aller historischen Wissenschaften mit besonderer Pflege der Heral-
dik, Numismatik und Diplomatik gerichtet war. Es ist ein sinnreicher Zufall, daß aus dem sogenannten Nebenfach die erste wissenschaftliche Arbeit Lichtenbergs überliefert wird: eine von drei Seminararbeiten, die er
in den Jahren 1765 und 1766 dort verlas und eine Idee auseinandersetz-
ten, *die ich mir damals von einer vollkommenen Schilderung eines Cha-*

rakters in einer Geschichts-Erzählung machte, mit einer Anwendung auf einige Charaktere des Sallust. Sie enthielten viel Physiognomisches und waren die hauptsächlichste Veranlassung, daß nachher, als Herrn Lavaters erster Entwurf im Hannöverschen Magazin erschien, ein Göttingischer Lehrer mich für den Verfasser dieses schön geschriebenen Aufsatzes hielt.[66]

Lehrling in mehreren Disziplinen der philosophischen Fakultät, war Lichtenberg doch eigentlich nur eines Mannes Schüler. In einem Rätsel gab er auf: *Er ward in Leipzig geboren, der Stolz eines Königs der Briten, und das Wunder Deutschlands. Wer ist dies? Auflösung. Unter den Toden war es Leibniz, unter den Lebendigen ist es Kästner.*[67] Seit 1756 war dieser in Göttingen Professor für Mathematik und Physik, 1764, nach Tobias Mayers Tod, auch Leiter der Sternwarte, einer der witzigsten Beiträger zur Aufklärungsliteratur. Er hat die Mathematik erst ins Bewußtsein der gebildeten Welt seiner Zeit eingeführt. Seine Lehrbücher fanden außerordentliche Verbreitung, seine sächsisch spitzen Epigramme waren gefürchtet. Lessing lobte 1755 Kästner als ein wahrhaftes Genie, in dessen Person sich der Gelehrte, der Philosoph, der Meßkünstler und der schöne Geist verbänden.[68] Meßkünstler – ein schönes Wort für Mathematiker – und Schöngeist: in beidem war der junge Lichtenberg sein folgsamer Schüler. Gleich Kästner – und nach Liscow – kühlt er in einem *Versuch einer natürlichen Geschichte der schlechten Dichter, hauptsächlich der Deutschen* sein Mütchen an der Spezies der elenden Skribenten deutscher Sprache. Aber die erste gedruckte Arbeit Lichtenbergs, die am 17. Mai 1766 in den «Gelehrten Beyträgen zu den Braunschweigischen Anzeigen»

Eigenhändige Eintragung Lichtenbergs in der Göttinger Studentenmatrikel vom 21. Mai 1763

erschien, ist nicht nur eine Art satirischen Sinngedichts in Prosa. Es into-
niert Jahre vor seinem unvollendet bleibenden Versuch in der großen Li-
teratursatire, dem *Parakletor*, schon Lichtenbergs triftiges Unbehagen an
dem zeitgenössischen Phänomen des bodenlosen Belletristen, der Tatsache, *daß täglich wenigstens 30000 reimende Seelen in Deutschland die gesunden Glieder ihres Körpers dem Staat entziehen, und Vernunft, Papier
und Geschmack auf die unerlaubteste Weise mißhandeln*[69]. Ein weiteres
Werkchen Lichtenbergs, das 1766 im «Hannöverschen Magazin» erschien, handelt, nicht weniger aufschlußreich, *Von dem Nutzen, den die
Mathematik einem Bel Esprit bringen kann.* Es ist eine Übung in eigenem
Stil, aber mehr noch eine Variation über ein Thema von Kästner, eine
Huldigung an den Lehrer. Ihr Verhältnis ist in der Folge nicht frei von
Spannungen geblieben, als aus dem Schüler der, genialere, Kollege geworden war. Ohne Zweifel hat sich aber Kästner des jungen Talents löb-
lich angenommen. Auf Lichtenbergs Bitte hin schrieb er 1764 an den Kurator der Universität Gießen, Freiherrn von Riedesel, ein Gutachten, in
dem er des Stipendiaten erstaunlichen Fleiß und seine vorteilhafte Verbindung gründlicher theoretischer Einsichten mit großen praktischen Geschicklichkeiten rühmte und hervorhob, «daß er, außer diesen tiefsinnigen und ernsthaften Beschäftigungen, in den schönen Wissenschaften,
den neueren Sprachen, der Dichtkunst viel Geschicklichkeiten besitzt,
welches ihn zu einem angenehmen Vortrage solcher Kenntnisse, die sonst
sehr trocken scheinen, fähig machen kann, und allezeit für einen Gelehrten ein sehr erwünschter Zierat ist. Ich habe mich desto eher für verbunden gehalten, Ew. Hochfreih. Excellenz diese unparteiische Abschilde-
rung vorzulegen, weil die Geschicklichkeiten dieses jungen Menschen
ihm leicht auch außer seinem Vaterlande Hoffnung zu einem anständigen
Glücke machen können.»[70] Mit dem letzten Satz war Lichtenberg schon
sozusagen designierter Professor an der Universität Göttingen.

In Kästners Gutachten war der Mathematiker Lichtenberg aller Rede
wert, den besonderen «Zierat» nicht zu vergessen. Dagegen hoben ein-
heimische und auswärtige Journale hin und wieder den Studenten der
Astronomie hervor, den aufmerksamen Himmelsbeobachter, einmal
auch den Erdbeobachter. 1767 brachten nämlich die «Göttinger Anzeigen
von gelehrten Sachen» den offenbar von Kästner aufgesetzten Bericht
über ein Erdbeben, in dem er sich auf die Beobachtungen Lichtenbergs
und seines Studienkollegen Erxleben bezog: «In der Nacht zwischen dem
12. und 13. April, etwa 20 Minuten nach 12 Uhr, bemerkte jeder in seiner
eigenen Wohnstube, an dem Tische, woran er las, eine Erschütterung:
Gläser mit Naturalien in einem Schranke schlugen gegeneinander; Mine-
ralien, die auf dem Tische lagen, rollten durcheinander... Hrn L. kam es
vor, wie die Erschütterung, die ein vorbeifahrender Wagen macht, dergleichen aber nirgends, so wenig als Wind, zu verspüren war.» Das nämlich war ein Göttinger Phänomen, daß, wie Lichtenberg wesentlich später

einem auswärtigen Freund schrieb, *in unsern hölzernen Häusern die Erd-*
beben, welche die Wagen und die Bewohner verursachen, so gar sehr emp-
findlich sind. Ich bin nicht im Stand in meinem Hause ein Glas Wasser stille
stehen zu machen.[71] In der Erdbebennacht also stand er, «sobald er die
Erschütterung bemerkt, auf und fand, daß sie noch heftiger worden und
endlich die Fensterscheiben mit großem Geräusche zu zittern anfingen.
Dieses dauerte ungefähr 6 Sekunden, darauf alles ruhig ward. Hr. E.
hat die Dauer etwas länger geschätzt, vielleicht weil er höher wohnt. Er
hat dabei nicht die geringste Übelkeit empfunden, dagegen Hr. L. nötig
hatte, sich solche durch etwas Wein zu vertreiben…» Der Zierat des jungen Gelehrten läßt sich danach um einen Titel vermehren, den Lichtenberg zeit seines Lebens nicht verlor: das Menschliche, auch das: Allzu-
menschliche bei dem wissenschaftlichsten Tun! Daß übrigens der Wein-
konsum in keinem Verhältnis zur Übelkeit, aber schon damals in schönem
Verhältnis zu Lichtenberg stand, geht aus seiner Verseintragung in Erxlebens Stammbuch, eine Woche nach dem Erdbeben, hervor, wo er den
Freund andichtet[72]:

> *Der, wenn die Erde bebt und alle Gläser sinken,*
> *Mich standhaft lehrt, den Wein aus Tassen trinken…*

Göttingen war aber nicht nur die modernste, sie war zugleich eine der
modischsten Hohen Schulen im Reich. Das erste Gebäude, das 1734 in
Betrieb genommen wurde, war die Reitschule, der Stallmeister ein geach-
tetes Mitglied der Universität. «Hunderttausend Goldlouisdor, die jedes
Jahr herbeiströmen, tun gut», hatte Münchhausen erklärt, «und die Regierung ist überzeugt, Samen ausgestreut zu haben, der bei den Söhnen
des Landes moralische und von Seiten der Fremden goldene Früchte tragen wird.» Das zielte auf den englischen, hannöverschen Adel, die Junker
aus den deutschen Kleinstaaten. Übrigens war die Professorenschaft aus-
nahmslos vom dritten Stand, teils ausgesprochen geringer Herkunft: Gatterer der Sohn eines Dragonerunteroffiziers, Heyne der eines armen
Chemnitzer Leinewebers. Lichtenberg hat aus seiner Abneigung gegenüber jenem landläufigen Purschen von Adel kein Hehl gemacht. Duelle
waren ihm ein Greuel, Verbindungen – Ordensgesellschaften sagte man
damals – zuwider. Kestner schilderte er 1766 den *Charakter eines Barons*
der neulich Göttingen verließ[73]:

> *Steif, unbesonnen, stolz auf seinen Federhut*
> *Und in der feigen Brust tief-adlig dummes Blut,*
> *Hochmut und Unverstand auf der frisierten Stirne,*
> *Im Beutel selten viel und nichts in dem Gehirne.*

Nie still am rechten Ort, gesprächig im Konzert,
Geboren für den Ball und das Philisterpferd
Vernünftigen verhaßt: Das heißt mit wenigen Worten,
Er war der würdigste von seinem ganzen Orden.

Aber war Lichtenbergs Hohn nicht auch ein wenig der des notwendig Abseitsstehenden? Er gehörte zu den nicht minder geläufigen bürgerlichen Hungerleidern auf der deutschen Universität des 18. Jahrhunderts. Zwei Jahre hatte er das Stipendium, drei Jahre hindurch einen Freitisch *und es kostete mich Mühe, durchzukommen. Ich bezahlte freilich alle meine Collegia, aber meine Mutter gab mir auch etwas unterweilen, und ich repetierte anfangs und gab endlich selbst mathematische Stunden und machte Verse auf die Prorektor-Wahlen, korrigierte für die Buchdrucker pp.*[74], schrieb Rezensionen. Im übrigen hinderte allein schon seine Konstitution, wo noch sein Sinn vielleicht nicht abgeneigt gewesen wäre. Es gibt, in Zusammenhang mit jenem Vers auf Göttingen 1768 notiert, da einen merkwürdigen Satz: *O Gott was ist doch der Pursch oder was ist der Mensch Heute gesund und morgen tot und noch trauriger, von 1 bis 2 bei Kästnern Philosoph, und von 8 bis 9 bei Wackern* (Gastwirt des damals ersten Gasthofes am Platze) *ein Narr. Meine Muse, obgleich in Harlekins Kleidern, wagt sich nicht in diese Zirkel, zufrieden, daß man sie nicht mit einem pereat segnet, auch flieht sie geschwind durch die Gassen, wo der dunkelste Platz zwischen zween Laternen zu vertraulichen Gesprächen Schatten hergibt, sie untersucht nicht wer spricht, denkt, es ist ein Soldat oder ein Handwerkspursche, und legt sich zur Ruhe.*[75]
Das ist ein zur seelischen Ausdeutung verlockendes Stück Prosa: ein von der Gesellschaft abgestoßenes Ich, die maskierte Empfindlichkeit, das Grimassieren Harlekins, Pose und Pein – man glaubt sich in dem Tagebuch eines früheren Romantikers. Zweifellos ist aber Lichtenberg nicht einsam, nicht durchaus unvergnügt gewesen. Die Verewigung in mehreren Stammbüchern sind dafür der heiterste Beweis. Munterkeit und gar Leichtsinn hat er sich selbst als Eigenschaften seiner Seele ins Buch geschrieben. Er hat Freunde besessen, Bekanntschaften geschlossen. Der Wetzlarer Goethe-Freund Johann Christian Kestner gehört dazu, der Graziendichter Johann Georg Jacobi; Karl Friedrich Hindenburg, der nachmalige Begründer der kombinatorischen Schule und der ersten ausschließlich mathematisch-physikalischen Zeitschrift in Deutschland; Johann Christian Polycarp Erxleben, da noch weniger durch sich selbst als durch seine Mutter merkwürdig – Dorothea Christine, geborene Leporin –, welche die erste Frau in Deutschland war, die den medizinischen Doktorhut getragen hat; schließlich der Schwede Jöns Mattias Ljungberg: Lichtenbergs intimster Freund in jenen Jahren. Er wurde Professor der Philosophie und Mathematik, dänischer Finanzrat am Ende.

Das Kollegienhaus in Göttingen. Dort waren die Auditorien, die Sammlungen und vor allem die Bibliothek untergebracht. Stich von Joel Paul Kaltenhofer, 1765

Lichtenberg war durchaus nicht ein ungeselliger Mensch. Aber er gab dem Worte Gesellschaft eine eigentümliche Zweideutigkeit und dem Worte Einsamkeit spezifisches Leben. *Der Mensch liebt die Gesellschaft, und sollte es auch nur die von einem brennenden Rauchkerzchen sein*[76], lautet sein oft zitierter Beitrag zu der das Jahrhundert tief bewegenden Debatte, wie und wo und wann der Mensch nur Mensch sei. Er hieß im Vordersatz die Meinung der Epoche gut, um sie im Nachsatz auf sich hin zu bessern. Man kennt von Lessing jene Anekdote, nach der die Freunde, sobald sie einen raschen Schritt auf der Treppe hörten, wußten und sagten: Lessing kommt. Der junge Lichtenberg sagt von sich selbst: *In dem Hause, wo ich wohnte, hatte ich den Klang und die Stimmung jeder Stufe einer alten hölzernen Treppe gelernt und zugleich den Takt, in welchem sie jeder meiner Freunde, der zu mir wollte, schlug, und ich muß gestehen, ich bebte allemal, wenn sie von einem Paar Füßen in einem mir unbekannten Ton heraufgespielt wurden.*[77] Besser kann der Abstand zwischen beiden, kann die Eigenart Lichtenbergs nicht bedeutet werden. Er ist seiner ganzen Natur nach der empfindliche Lauscher, der geheime Beobachtende; schon in jenen Jahren steht er lieber *hinter dem Fenster, den Kopf zwischen die zwo Hände gestützt, und wenn der Vorübergehende nichts als den melancholischen Kopfhencker* (!) *sieht, so tut er sich oft das stille Bekennt-*

Im Bild: *Artem qvavis terra alit*

Studentenbude anno 1775. Koloriertes Blatt aus einem Stammbuch

nis, daß er im Vergnügen wieder ausgeschweift hat[78], zur treuen Spielge-
fährtin die Einbildungskraft. Er ist fähig, acht Tage nicht außer Haus zu
gehen. Was er dafür einheimst ist ein beseligendes Gefühl innerer Freiheit, darüber hinaus das Gewahrwerden von Wohnung und Ding: *Ich
habe allezeit von einer Stube größere Begriffe gehabt als der gewöhnliche
Teil der Menschen. Ein großer Teil unserer Ideen hängt von ihrer Lage ab,
und man kann sie nur für eine Art von zweitem Körper ansehen.*[79] Bisweilen macht er allerdings den Eindruck, als trage er an zwei Körpern, wie er
an einer Seele nicht genug hat. Der Stubengelehrte wird durch ihn ein
Mystagog und verteufelt schrullig.

Zu der Stube und dem Licht der Kerze gesellt sich das Schattenbild des
bekanntesten Lichtenberg. Der mit feiner, sensibler Schrift in von ihm
angelegte kleine Hefte, in feste Bände später einträgt: Kurioses und
Krauses, Tiefwitziges und Leichtsinniges; vorläufige Satzbauten, Gedan-
kenschnitzel, Beobachtungssplitter; Entwürfe seiner selbst und zu der *ge-*

heimen Geschichte von Göttingen[80], Charakteristiken von Professoren und Freunden. Lichtenberg hat diese Hefte bis zu seinem Tod geführt. Sie haben beinah nichts mit Tagebüchern zu tun. Ein eigentliches Tagebuch hat er nur sporadisch, erst in den letzten Jahren seines Lebens regelmäßiger geschrieben. Man fühlt sich gedrängt, die Führung solcher Bücher, ja, den Gedanken ihrer Anlage ein Nebenprodukt aus dem ökonomischen Geiste des Bürgertums zu nennen. Lichtenberg gebrauchte selbst Begriffe aus der Sprache des Kaufmanns: *Die Kaufleute haben ihr Waste book (Sudelbuch, Klitterbuch glaube ich im Deutschen), darin tragen sie von Tag zu Tag alles ein was sie verkaufen und kaufen, alles durcheinander ohne Ordnung, aus diesem wird es in das Journal getragen, wo alles mehr systematisch steht, und endlich kommt es in den Leidger at double entrance nach der italienischen Art, Buch zu halten ... Dieses verdient von den Ge-*

Seite aus dem «Sudelbuch F» (1778)

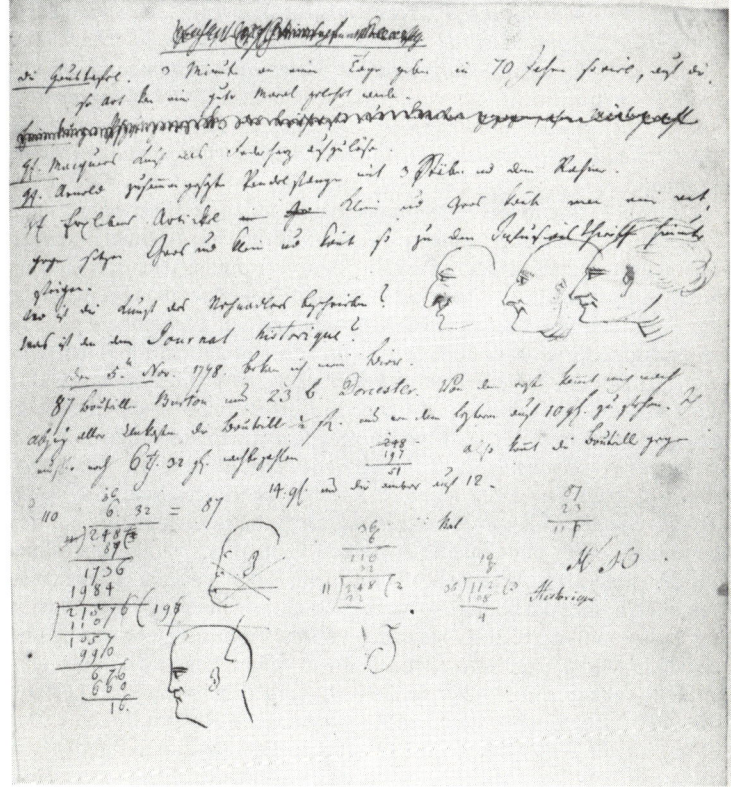

lehrten nachgeahmt zu werden. Erst ein Buch, worin ich alles einschreibe, so wie ich es sehe oder wie es mir meine Gedanken eingeben, alsdann kann dieses wieder in ein anderes getragen werden, wo die Materien mehr abgesondert und geordnet sind, und der L e i d g e r könnte dann die Verbindung und die daraus fließende Erläuterung der Sache in einem ordentlichen Ausdruck enthalten.[81]

Alles das hat von vornherein nichts mit Genie zu tun. Es ist im Gegenteil dem Fleißigen ein Nürnberger Trichter: wie man auf die Dauer ein Genie werden könnte. Gleich Lessing war auch Lichtenberg der Meinung, daß selbst der durchschnittliche Kopf wenigstens einmal im Jahr einen genialen Einfall habe. Um diese Sternsekunden war es zu tun. Darum: *Schmierbuch-Methode bestens zu empfehlen. Keine Wendung, keinen Ausdruck unaufgeschrieben zu lassen. Reichtum erwirbt man sich auch durch Ersparung der Pfennigs-Wahrheiten.*[82] Lichtenbergs Hinterlassenschaft ist nicht extrem umfangreich; aber offenbar zu seinem Leidwesen: *Man soll alle Menschen gewöhnen von Kindheit an in g r o ß e Bücher zu schreiben, alle ihre Exercitia in hartes Schweinsleder gebunden... Was für ein Vergnügen würde es mir sein, jetzt meine Schreibbücher alle zu übersehen! Seine eigne Naturgeschichte! Man sieht jetzt immer was man ist und sehr schwach was man war... Ich wüßte nicht, welches angenehmer und nützlicher wäre, die Bewegung aller Planeten zu kennen oder d i e s e Annalen einiger vorzüglicher Menschen. Die Welt würde dadurch sehr gewinnen.*[83]

Man hat Lichtenbergs *Bemerkungen* samt und sonders als Aphorismen bezeichnet. Er selbst gebrauchte diesen Ausdruck nur zweimal in seinem Leben und niemals für seine *Sudelbücher.*[84] Vermutlich dachte er nicht an ihre Veröffentlichung. Liest man seine Hefte, so erlebt man Werdegänge der Formulierung. Gibt es etwas, das reiner zu dem Lichtenberg paßt als jener doppelte Versuch über den Menschen, der abbricht und den Vermerk erhält: *Mehr verdaut und besser geordnet?*[85] Lichtenberg wußte auch um den Wert dessen, was noch nur ins Unreine geschrieben war: *Man fand in Sternes Nachlaß eine Menge flüchtiger Bemerkungen; sie wurden sogar trivial genannt; aber das waren Einfälle, die ihren Wert erst durch die Stelle erhielten. H i e r w e r d e n F a r b e n g e r i e b e n, hätte Sterne auf den Titel seiner Collectaneen setzen müssen*[86], hätte Lichtenberg auf den Umschlag seiner Sudelbücher schreiben können. Es ist aber errechnet worden, daß nach Abzug alles Unfertigen, Andersartigen, Gleichgültigen noch immer die bemerkenswerte Summe von über 2000 eigentlichen Aphorismen übrig bleibt. Der erste deutsche Aphorist steht würdig und gleichberechtigt in der erlesenen Schar von Aphoristen, unter denen man in Deutschland Schriftsteller versteht wie La Rochefoucauld und Chamfort – die Lichtenberg gelesen und geschätzt hat –, Rivarol, Joubert. Das ist fast immer der gleiche Typus, der solcher Art Satz-Bau treibt: der Einzelgänger, oft körperlich, auch sozial benachteiligt, dem der eigene

Mensch voransteht, im wahren Sinn des Wortes: häufig leiten Aphoristen ihre Sammlung durch ein Selbstporträt ein. Wenn der Aphorismus nicht nachgewiesenermaßen eine so alte Geschichte hätte, wäre man versucht, zu sagen, daß er die Erfindung des 18. Jahrhunderts gewesen sei. In einer Epoche, die dem Individuum nicht wohlwill, dem Barock abhold ist, der Einbildungskraft mißtraut, erscheinen Aphorismen als die Möglichkeit, einer strengen Doktrin geistreich zu entweichen: das Irrationalste rationaler Zeitalter, die nach Maßgabe der Epoche subjektivste Aussprache, aber gleichwohl kenntlich als Produkt des Rationalismus, der den Witz für das findige dichterische Vermögen erklärte. In dem Aphoristen wurde die Vernunft seherisch, nicht die Einbildungskraft visionär. Aphorismen sind niemals Urworte. Sie setzen immense Bildung voraus, eine lange Kultur; aber ihre Geschlossenheit und in sich vollkommene Gestalt täuscht darüber hinweg, daß sie eigentlich ein fehlendes System kompensieren: das Unvermögen ihres Schöpfers, sich eines umfassenden Weltbildes noch zu versichern. Daß Lichtenberg zwangsläufig zur Form des Aphorismus fand, betrifft die Geistesgeschichte, bevor er in die Geschichte der Literatur einging.

Im Frühjahr 1767 beendete Lichtenberg sein Studium. Im August des gleichen Jahres wurde er vom hessischen Landgrafen zum 2. Professor der Mathematik und öffentlichen Lehrer der englischen Sprache in Gießen ernannt. Er dankte untertänigst und bat zugleich, sich *noch einige Zeit ohne den Genuß einiger Besoldung hier aufhalten zu dürfen*[87]. Seit 1767 galt Lichtenberg denn auch in Göttingen als rechtmäßiger Träger des Professorentitels. Vor sich selbst scheint er erst zwei Jahre später das Gefühl zu haben, nicht mehr Student zu sein. Hält man sich an jenes scherzende *Testament eines Studiosi bei seinem Hintritt aus diesem Studenten-Leben*, in dem er äußerte: *Meine Füße wollen den Körper nicht mehr mit der Leichtigkeit tragen, die dem Studenten geziehmt, sondern fallen öfters, ohne daß ich es weiß, in den mehr abgemessenen säenden Tritt der höheren Geschäfte*, und dem Freund Ljungberg, so er will, die Bude, *meinen sehr rechtschaffenen Wirt, mein Barometer und 6 Landkarten, die ich an die Tapete geklebt habe*[88], vermachte. Aber schon im Juni 1767 hatte es bei ihm einen Wohnungswechsel gegeben. Er war in die Weender Straße zu dem Englischprofessor Tompson gezogen, in die «Englische Niederlassung», wie sie Hardenberg nannte, der ebenfalls dort wohnte und Lichtenbergs Freund wurde. Hier übte Lichtenberg die Tätigkeit eines Hofmeisters und Präzeptors dreier junger Engländer, die in Göttingen studierten: es handelte sich um den Admiralssohn Thomas Swanton, Lord Bostons Sohn Irby, den Baronet Francis Clerke. Sein Amt gab das nötige Geld, aber mehr noch lohnende Beziehungen zu dem Land, dessen Sprache und Denkgeist er längst beherrschte.

Astronomie und Physik war, was ihn in den Jahren privatisierender Gelehrtenexistenz beschäftigte. Den Winter von 1767 auf 1768 hat er *wegelektrisiert*[89], manche Nacht wegobserviert. Aber bedeutsamer als das von der wissenschaftlichen Welt mit Spannung verfolgte Himmelsereignis, der Durchgang der Venus durch die Sonne am 3. Juni 1769, den er unter Kästners Leitung beobachtete, vielsagender zumindest war die Beobachtung des Durchgangs von Frauenzimmern durch seine Studierstube, beträchtlicher der unbemerkte Durchgang ungezählter Bücher durch sein Gehirn, zahlloser Einfälle und Schreibpläne durch seinen Sinn: *Lesen und Schreiben ist für ihn so nötig als Essen und Trinken, und er hofft, es werde ihm nie an Büchern fehlen.*[90] In jene Jahre vor 1770 fallen wesentliche Stücke zur Heautobiographie, die sein Ich so klar, so distanziert auch zur Sprache bringen, daß er sich selbst wie einem anderen gegenüber stehen, den eigenen wie den *Charakter einer mir bekannten Person*[91] beschreiben kann. Hatten die Jahre 1765 und 1766 schon einmal die sein Leben in Zukunft kennzeichnende widersprüchlich gedrängte Stimmungsintensität ahnen machen – fast zur gleichen Zeit die überschwenglichste Lebenslust und eine durch dreimonatiges Krankenlager geförderte Niedergeschlagenheit, in der er den Tod dachte und in Stammbüchern ausmalte –, so stellte das Jahr 1769 den jungen Egotisten auf eine unerträgliche Zerreißprobe. In verliebter Exaltation raste er *gegen Ende des Februars 1769 da der Saft anfing, in die Bäume zu steigen*[92]. Aber im August des Jahres denkt er mehr als je vorher an Selbstmord, in gewissen Momenten sogar an Selbstverstümmelung! Wie auf der Schule denkt er Reden aus: *... eines Selbstmörders kurz vor der Tat aufgesetzt* oder eines Mannes, der sich selbst kastrieren will.[93] Man hat gleichwohl niemals um sein Leben oder seinen Kopf bangen müssen, solange der Gedanke an Vernichtung seiner selbst eine, wie er sagte, *geistige Wollust* für ihn war, wohl wissend um die eigentlich bedrohliche *melancholische nachteulenmäßige Betrachtungsliebe*[94]. Er konnte immerhin Verheerendes und Heikles denken: wenn er nur die Worte fand, es auszudrücken. So schrieb er endlich sehr beredt den Widerstreit von Geistigkeit und Geschlecht, Verstand und Einbildungskraft als ein Wesensgesetz seines Ichs nieder, November 1769: *Mein Verstand folgte heute den Gedanken des großen Newton durch das Weltgebäude nach, nicht ohne den Kitzel eines gewissen Stolzes, also bin ich doch auch von den nämlichen Stoff, wie jener große Mann, weil mir seine Gedanken nicht unbegreiflich sind und mein Gehirn Fibern hat die jenen Gedanken korrespondieren, und was Gott durch diesen Mann der Nachwelt zurufen ließ wird von mir gehört, da es über die Ohren von Millionen unvernommen hinschlüpft. An diesem Ende folge ich der ehrwürdigen Philosophie, während als am anderen Ende zwo Aufwärterinnen (die Stella mirabilis und der Planet) eben diesen Verstand, der sich so über die Erde zu schwingen glaubt, in einem Winkel nicht einmal für wichtig genug halten, allen ihren Witz gegen ihn zu gebrauchen, sondern, ohne ihn erst unter den focum desselben zu bringen, schon mit seinem gemeinen Licht schmelzen... So hänge ich in der Welt zwischen Philosophie* *und Aufwärterinnen-List, zwischen den geistigsten Aussichten und den sinnlichsten Empfindungen in der Mitte, taumelnd aus jenen in diese bis ich nach einem kurzen Kampf zur Ruhe meines beiderseitigen Ichs dereinst völlig geteilt hier faule und dort in reines Leben aufdunsten werde. Wir beide, Ich und mein Körper sind noch nie so sehr zwei gewesen als jetzo, zuweilen erkennen wir einander nicht einmal, dann laufen wir so wider einander daß wir beide nicht wissen wo wir sind.*[95] Mit dieser Eintragung setzen die Notizen für längere Zeit aus. Erst nach der Rückkehr aus England führte er sie fort.

Der physikalische Yorick

Montags den 10. Dec. 1770 setzte ich meinen Wahlspruch Whim fest.[96]

Wie man seinerzeit noch keine Reifezeugnisse bei Abschluß der Studien vergab, bedurfte Lichtenberg in der Philosophischen Fakultät nicht des Diploms, um ein Gelehrter zu heißen. Erst im Dezember 1778 hat die Fakultät ihn ehrenhalber zum Magister artium ernannt. Lichtenberg schrieb sich das Zeugnis seiner Reife selbst und womöglich kundiger: den bei Lebzeiten nicht veröffentlichten Aufsatz *Dienbare Betrachtungen für junge Gelehrte in Deutschland.* Er enthält neben anderem, Ironischem gar die Summe, welche er aus der Lehrzeit auf der Schule und der Universität zog: *Ich heiße eine Seele majorenn, nicht wenn der ihr zugegebene Leib sich dreimal die Woche rasieren läßt, sondern die mit einer bescheidenen Überzeugung, daß sie nun die Welt auch aus ihrem Standpunkt mit ihren Augen sehen und mit ihren Händen greifen könne, im Rat der Menschen über Wahrheit und Irrtum Sitz und Stimme nehmen kann...*[97] Was die Universität ihn lehren konnte, hatte er hastig gelernt. Was nicht auf Universitäten zu lernen war, obgleich es auch dafür Lehrer gab, bemühte er sich nunmehr zu erwerben: die durch Reisen erlangte natürliche Wissenschaft. *Bewahre Gott*, notierte er sich Jahre später, *daß der Mensch, dessen Lehrmeisterin die ganze Natur ist, ein Wachsklumpen werden soll, worin ein Professor sein erhabenes Bildnis abdruckt.*[98]

In den Osterferien 1770 brach Lichtenberg, seine Schützlinge zurückzuführen, zur ersten Reise nach England auf. Mitte Mai schon war er in Begleitung zweier neuer Zöglinge nach Göttingen zurückgekehrt: verwirrt, überwältigt von der ungeheuren Stadt London. Diese erste Reise war *für eine so eingezogene Seele* wie die seine, wie die jagende Projektion einzelner faszinierender Bilder gewesen, deren Inhalt er sich kurz notierte: *Ich habe die See, etliche Kriegsschiffe von 74 Kanonen, den König von England in seiner ganzen Herrlichkeit mit der Krone auf dem Haupt im Parlamentshaus, Westminsters Abtei mit den berühmten Gräbern, die Paulskirche, den Lord Mayor in einem großen Aufzug und unter dem Gedränge von vielen Tausenden, die alle huzza, God bless him, Wilkes and Liberty schrien, gesehen, und zwar alles in einer Woche.*[99] Das Tagebuch und die wenigen Briefe sind weniger ein Spiegelbild der Eindrücke, die er in sich aufnahm, als ein Zeugnis seines Unvermögens, mit der Fülle neuer Eindrücke zu Rande zu kommen: *... ich denke überhaupt, wenn man nicht lange hier bleiben kann, wie ich, so ist besser zu gucken als zu schreiben!*[100] Was Lichtenberg hier in bezug auf London, dieses Gleichnis einer Welt, meinte, ließe sich über ihn lebenslang sagen: er konnte beim besten Willen nicht so schnell schreiben, wie er zuschaute.

Den 22. April 1770 hat Lichtenberg vier Jahre später den *glücklichsten Tag seines Lebens* genannt. An diesem Tag empfängt der König von Großbritannien auf seiner Sternwarte in Richmond, begleitet von seinem Hofastronomen Demainbray und dem berühmten Londoner Instrumentenbauer Dollond, den deutschen Hofmeister. «Wir haben Lichtenberg als einen Mann von viel Geschicklichkeiten, in Sonderheit in den astronomischen Wissenschaften allhier kennengelernt», bemerkt Georg III. in einem persönlichen Schreiben an seine Räte in Hannover, in dem er die Ernennung Lichtenbergs zum außerordentlichen Professor bestätigte: es hat den Anschein, als habe der englische König an jenem ominösen 22. April 1770 begonnen, aus der Ferne Lichtenbergs akademische Zukunft an der Georgia Augusta günstig zu bestimmen.[101]

Am 31. Mai des Jahres war er auf Antrag Münchhausens zum außerordentlichen Professor ernannt worden: der letzte Göttinger Professor, den der greise Kurator noch berief, Lichtenberg verzichtete damit auf das doppelt so hoch dotierte Ordinariat in Gießen und nahm sogar in Kauf, daß Münchhausen zunächst mit seiner Ernennung beabsichtigte, den in Göttingen studierenden Engländern einen versierten Tutor zu geben, und in zweiter Linie erst der Fakultät einen klugen Mathematiker und Astronomen. Die Universität Gießen hat übrigens das begabte «Sujet» nur unter Protest an das Ausland abgetreten.

Ein die zeitgenössische Forschung bewegendes mathematisches Problem wählte Lichtenberg zum Gegenstand seiner Antrittsvorlesung: *Betrachtungen über einige Methoden, eine gewisse Schwierigkeit in der Berechnung der Wahrscheinlichkeit beym Spiel zu heben.*[102] Lichtenberg begegnete dem sogenannten Petersburger Problem nicht seinerseits mit mathematischer Erörterung, sondern als einziger und erstmalig mit dem Experiment! Praktische Versuche erübrigen in vielen Fällen ausschweifende theoretische Rechthabereien. Die Einleitung seines «Programms» ist sozusagen schon zugleich das programmatische Vorwort zu allem weiteren Tun als späterer Lehrer für Experimentalphysik! Vorlesungen über mathematische Fragen, vor einem zehnköpfigen Auditorium gelesen, astronomische Beobachtungen speziell der Kometenerscheinungen gaben den folgenden Semestern gewisse Kontinuierlichkeit. Da erreichte den jungen Dozenten ein wissenschaftlicher Auftrag, der ihn wiederum auf Reisen schickte. Der an Dingen der Astronomie ungemein interessierte englische König hatte für das Land Hannover Gradmessungen gewünscht. Lichtenberg wurde mit der Arbeit betraut, die ihn in den Jahren 1772 und

1773 von Hannover nach Osnabrück und Stade führte. Es ist hier nicht der Raum, auf den astronomischen Reisenden einzugehen: dazu ist der private Lichtenberg auf diesen Reisen zu bezaubernd. Jedenfalls zeichneten sich die Messungen Lichtenbergs, die er unter den größten Schwierigkeiten und fast ganz auf sich allein gestellt vornahm, durch ihre für die Zeit unerhörte Genauigkeit aus, ein wahrhaft wissenschaftliches Vorgehen, das erst durch Gauß im 19. Jahrhundert überboten wurde.

Von diesen Reisen an erfährt man Lichtenberg als jenen *Cäsar im Briefschreiben*, der zu sein er sich vor einem Freund 1783 scherzhaft rühmte, denn: *... wenn ich gleich nicht 3 zugleich diktieren konnte wie dieser, so konnte ich doch 10 hintereinander schreiben.*[103] Man hat die Fülle des von ihm für sich und gute Freunde Geschriebenen und erst nach seinem Tode Gedruckten als präexistente Literatur bezeichnet. Aber das Phänomen Lichtenberg ist, daß wir in ihm zugleich den fertig, den vollendet ausgebildeten Schreibenden zu Gesicht bekommen. Man könnte sagen: Lichtenberg absolviert in seinen Briefen privatim und höchst kurzweilig die Geschichte der Zeitung, von dem Korrespondenten intimer Berichte an intime Freunde zum Feuilletonisten von Beruf, zum Kalendermacher. In jedem Falle kannte er sein Publikum. In Göttingen unter anderem Boie, den wichtigen Literaten, der mit den Gründungen von Zeitschriften ein Forum junger Talente bildete; Dieterich sodann, den von der Regierung nach Göttingen gerufenen Buchhändler und Verleger, der bald Lichtenbergs Freund und, wichtiger, der Verleger seiner Werke wurde. Das wurde eine bis zu Lichtenbergs Tod während fruchtbare Verbindung. Lichtenberg besaß das große Talent, Freunde zu gewinnen. Die Geschichte der Aufklärung ist überhaupt die der Begegnungen: niemals war man so interessiert am Nächsten, so teilnehmend und neugierig. In Hannover fand er einen Zirkel fein gebildeter Regierungsräte und adeliger Honoratioren vor. Auf dem Weg nach Osnabrück, in Bückeburg, stieß er auf Herder. In Osnabrück selbst machte er die bedeutende Bekanntschaft Justus Mösers: ein Vorbild aufgeklärten Denkens, Handelns und Schreibens. Der feine Stilist Sturz war es in Stade, in Hamburg Klopstock, die von sich aus Lichtenberg aufsuchten.

Treffend nannte Grisebach Lichtenbergs Reise-Briefe an Dieterich und dessen Frau ein selbständiges humoristisches Werk.[104] Wie steht es aber mit dem Humoristen selbst? *O Gevatter wenn er sähe wie ich hier sitze und schreibe. Meine beiden Füße unter mein Sybillchen gesteckt, neben mir einen Stuhl, auf dem ich schreibe, wegen Mangel an Raum auf dem Stuhl steht das Dintenfaß auch unter Sybillchen, in der Linken halte ich (da hätte er in einem Haar gelegen:) einen brandheißen gebratenen Apfel an dem ich sauge. Die Rechte oszilliert vom Brief nach dem Dintenfaß und vom Dintenfaß nach dem Brief, und der Kopf (hiermit meine ich mich:) bekümmert sich nicht eine Landbibliothek drum, was sie da macht. Warm sitze ich*

Betrachtungen
über
einige Methoden,
eine gewisse Schwierigkeit
in der
Berechnung der Wahrscheinlichkeit
beym Spiel zu heben,

von

Georg Christoph Lichtenberg,
Professor der Philosophie,

nebst
einer Anzeige seiner Vorlesungen.

Göttingen, 1772.

*allemal. Wenn doch die Steinkohlen auch so in Göttingen zu haben wären,
ein Steinkohlen-Ofen ist eine wahre Gesellschaft, weil mich das Öfchen
warm hält, Geld kostet und ich immer etwas daran zu stirren und zu störren
finde, so habe ich eine Art von Freundschaft auf das Ding geworfen und
ihm den Namen Sybillchen gegeben. Sieh doch, Sieh doch, was wollte ich
gleich sagen und habe es vergessen!*[105] Dieser Brief offenbart die Gebär-
dung Lichtenbergs in jenen Jahren: wer seine Briefe liest, sieht ihm zu,
wie er sie schreibt; seine, bewußte, Stilhaltung: die anheimelnde, kraus
assoziierende Plauderei etwa über den Verlust eines Hosenknopfes. Herr
Ljungberg, sagt Lichtenberg, könnte einen Brief unter dem Titel veröffentlichen – der eigentlich für alle paßt: ... *geheime und öffentliche Geschichte des Professor Lichtenbergs, enthaltend allerlei Beobachtungen
von Menschen, Mädchen, Sternen und Insekten, nebst einer Menge teils
artiger teils unartiger Reflexionen und Spindisationen über alle viere, von
ihm selbst entworfen.*[106] Es war schon die Rede von dem gleichsam berufs-
mäßigen Feuilletonisten und seinem Publikum. In der Tat ist hier das
Private ein literarisches Etikett, die Fülle des spielend verplauderten
Stoffes eine vorbedachte Erwerbung. Man erfährt den absichtsvollen

Spaziergänger, der hofft, *etwas zu sehen oder zu denken zu bekommen, das ich in mein Tagebuch tragen könnte* [107] und von da auf das Briefpapier. Beim Betreten eines interessanten Schauplatzes ist das erste, worauf er denkt, *ein schicklicher Platz zum Observieren* [108]. Bisweilen muß der Zweck das Mittel heiligen, entschuldigt seine Laune eine unschickliche Neugier wie in Hannover, wo er durch einen englischen Tubus *in einem entlegenen Haus die Zärtlichkeit eines Kammermädchens und eines Bedienten beobachtet* [109]! Bevor er seine Seefahrt nach Helgoland antritt, weiß er als sicher: *Da wird es Reise-Anmerkungen setzen*, und er näht sich vorsorglich ein Buch, *das so dick ist, daß, glaube ich, mein ganzes Leben hinein ginge* [110]. Er sucht das Sehenswerte und findet es. Schau-lustig ist die auf sein Naturell zutreffende Vokabel, redselig die andere. *Heute will ich Sie einmal ein wenig in den Speisesaal der Königin von Dänemark zu Celle gucken lassen*, kündigt er an und schildert den Frauenzimmern seiner Bekanntschaft die Begegnung mit der hohen Dame, die durch ihre Liebesaffäre mit Struensee eben Geschichte gemacht hat. *Die Königin war ziemlich hoch mit Geschmack frisiert und hatte um den Hals, der übrigens konventionsmäßig bloß war, einen sehr simpeln Schmuck und war... in blaue Seide gekleidet. Um ihre Arme, die von sündlicher Schönheit sind, hatte sie ebenfalls etwas gebunden. An dem Halsschmuck muß an dem Tage etwas versehen worden sein, denn die eine Hand war öfters bemüht, in jener Gegend etwas zu redressieren, schien aber nichts ausrichten zu können... Sie lächelte öfters und lachte einmal ganz laut, wobei sie die ganze Tischgesellschaft und auch uns ansah. Wir Knechte und Mägde lachten auch mit, ich indem ich mich hinter den Tölpel zurückzog; denn weil ich mich etwas dabei schämte, so war mir das Mädchen zum Schutz nicht groß genug... Die Königin ist wahrscheinlicherweise, denn stehen habe ich sie nicht gesehen, nicht sehr groß, allein stark von Person. Ihre Gesichtsfarbe ist gesund, meliert, aber doch mehr weiß als rot. Ihre Augen zwar nicht lebhaft, aber durchdringend und verraten Nachdruck, Feuer und Geist.* [111] Der Vergleich mit einem Medaillon Karoline Mathildes beweist die Präzision seiner Beobachtung.

Diese Präzision ist es zum einen auch, was ihn von dem durch die Literatur längst vorgebildeten Typus des vazierenden Humoristen, Land und Leute betrachtenden Sonderlings unterscheidet. Unschwer läßt sich Lichtenberg in jene Geschichte einer Gestalt einreihen, die mit Addison Epoche machte, als er den «Spectator» zum Zeitungsberichterstatter bestellte: die deutschen moralischen Wochenschriften sind seine matten Kopien. Inzwischen war mit dem Yorick Sternes eine Figur geschaffen, die begabt war, den deutschen Roman bis Jean Paul hin mit einer Vielzahl weinerlicher Lächler auszustatten. Lichtenberg spielt selber oft genug auf Yorick an; nie aber erinnert er an die sentimentalischen «Yoricksaffen», wie man sie rief. Er nennt sich selbst den *leichtsinnigen, mutwilligen Lacher* [112], der voller Teufel und Kobolde steckt. Was ihn von dem Briten

Königin Karoline Mathilde
(1751–75).
Miniaturbildnis aus
ihrer letzten Lebenszeit

vorteilhaft trennt ist der schärfere Blick, der weitere Horizont; der Physiker führt dem Enthusiasten in ihm stets die Feder. Die Seefahrt nach Helgoland ist ein entzückendes Beispiel. Auf dieser Reise, die übrigens für die Zeit sensationell ist – Lichtenbergs Begeisterung für das Meer, eine frühe Entdeckung der durch Heine erst literaturfähig gemachten Nordsee, war seinerzeit etwas Unerhörtes –, erlebte Lichtenberg das *Leuchten des Seewassers, das ich noch nie gesehen hatte. Es waren nicht etwa einzelne Funken oder schnell vorübergehende schwache Blitze, sondern der Schaum der Wellen schien völlig zu glühen, welches, da dieser Wellen unzählig waren, ein Feuerwerk vorstellte...*[113]

Im Januar 1774 hatte Lichtenberg seine Gradmessungen beendet und dem Kuratorium einen Bericht übergeben. Der Göttinger Sozietät, deren Mitglied er im gleichen Jahr geworden war, las er erst 1776 eine Abhandlung darüber vor, die 1778 in den Novi Commentarii der Universität veröffentlicht wurde. Lichtenbergs Wanderjahre waren aber noch durchaus nicht abgeschlossen. Schon im Herbst 1773 hatte ihn sein großer Wohltäter Lord Boston abermals nach England eingeladen. Was ihn, ungeduldig, noch in Göttingen festhielt, war eine neue Aufgabe, die so ehrenvoll wie langwierig war. Die hannöversche Regierung hatte ihm nämlich den Nachlaß des bedeutenden Göttinger Astronomen Tobias Mayer zur Edition übergeben. Der erste Band mußte gründlich vorbereitet, von Dieterich vorzüglich gedruckt werden, denn er war als Gabe an den englischen König gedacht. Am 29. August 1774 reiste Lichtenberg endlich mit einem Reisezuschuß der Regierung versehen nach England ab und traf Ende September in London ein: nach dem ersten Augenschein ein deutscher England-Reisender wie viele andere vor und nach ihm.

Mit der zweiten Hälfte des 17. Jahrhunderts setzte die aktive Periode der England-Reisen ein. Im Jahre 1697 pries der Tübinger Professor Hochstetter in einer lateinischen Rede ihren Nutzen, und zwar wegen Englands vorbildlicher Wissenschaft und mehr noch wegen seines antirömischen Glaubens. «London ist, was Paris gewesen», konnte 1754 Uz

Lord Bostons Haus in Lower Grosvenor Street,
wo Lichtenberg gewohnt hat.
Zeichnung Lichtenbergs im «Reise-Tagebuch» 1774

konstatieren. Unter den bedeutenden Besuchern der Insel waren Haller, Hamann, Sturz, Moritz. Was sie suchten war das Land ihrer bürgerlichen Träume, eine Kunstgesinnung, die der Regelmäßigkeit des französischen Gartens aufgekündigt hatte, eine Menschenauffassung, die dessen Singularität entdeckte. Es gab Reisende, die dort einen religiösen Durchbruch erfuhren, andere, die das zeitgenössische England zum Baedeker ausschrieben. Lichtenberg aber fuhr nach England, um, wie er sagte, *deutsch schreiben zu lernen* [114]. Wollte man ihn beim Wort nehmen, könnte man sagen, daß er nach den zerstreuten Stilübungen in Norddeutschland, in Hamburg zumal, jetzt zu dem Land in die Lehre ging, das die größte Mannigfaltigkeit der Sujets besaß. Lichtenberg wurde da kaum ein Landschaftsmaler, aber der lebensechte Porträtmaler Englands. Er war zu guter Stunde gekommen. Es war das vorrevolutionäre England, das sich ihm erschloß mit seiner Geistigkeit, seiner ungebändigten, oft an Roheit grenzenden Kraft und den trotz aller staatlichen Selbstsicherheit unverkennbaren Sturmzeichen bevorstehender Umwälzungen in Gesellschaft und Politik. Er war der atemlose Zuhörer einer Oberhaussitzung im Parlament, in der das Für und Wider der Neuengland-Staaten diskutiert wurde: im April 1775 begann der amerikanische Unabhängigkeitskrieg. Er mischte sich unter die Volksmassen, die Wilkes zujubelten, der den Sieg der Demokratie über adeliges Willkürregiment verkörperte. Er war endlich Gast des englischen Königs auf dessen Landsitz Kew, geht in St. James aus und ein. Georg III. regierte beinahe zwei Menschenalter diesen Koloß England, den glücklich in die Zukunft, die sich da und dort ankündigte, zu leiten ein größerer Staatsmann erforderlich gewesen wäre. So überdauert er vielmehr als das anständige Vorbild bürgerlichen Lebenswandels: Vater vieler Kinder, fromm, sittsam, den kleinen Zirkel liebend. Lichtenberg fand darin Aufnahme. Er dinierte im engsten Kreis der königlichen Familie, machte Konversation, observierte mit dem König, beredete die Politik des Tages, hörte am Hofe ein Kammerkonzert, das neben anderen von Johann Christian Bach und Karl Friedrich Abel ausgeführt wird. Die Auszeichnung, die ihm durch den König zuteil wird, ist so ungewöhnlich, daß in Göttingen das Gerücht kursiert, Lichtenberg sei der illegitime Sohn Georgs II.! [115]

Von der Beschaulichkeit des Hoflebens reist Lichtenberg in den Geburtsort der industriellen Revolution: Birmingham. In Boltons System von Manufakturen, *wo täglich 700 Menschen Knöpfe, Uhrenketten, Stahlschnallen, Degengefäße, Etuis, alle Arten von Silberarbeiten, Uhren, alle nur ersinnlichen Zieraten aus Silber, Tombak und anderen Kompositionen, Dosen pp. machen*, erlebt er die Anfänge von Rationalisierung und Fließband: *Jeder Arbeiter hat da nur ein ganz kleines Feld vor sich, daß er also gar nicht nötig hat, Stellung und Werkzeuge zu verändern, wodurch eine unglaubliche Menge Zeit gewonnen wird. Jeder Knopf, der z. B. aus Buchsbaum oder Elfenbein oder sonst etwas aufgekittet ist, geht durch we-*

nigstens zehn Hände. [116] Staunend betrachtet er die neuesten Modelle von Dampfmaschinen und Dampfpumpen, und er begreift, warum die Fabrikerzeugnisse so wohlfeil gekauft werden können. Begegnet er hier der Vision des Maschinenmenschen, so in Bath und Margate dem Abbild des Naturmenschen, der Meerbäder frequentiert, wobei er in Badekarren und Zelt Schwimmbewegungen macht, zu Lichtenbergs großem Vergnügen.

Handelte es sich hierbei nurmehr um Ausschnitte des Lebens, da und dort unterwegs durch England von Lichtenberg rasch erfaßt, so bot ihm London selbst das Kolossalgemälde rastlos pulsierenden Lebens. Was ihn 1770 noch überwältigt hatte, fordert ihn jetzt zu einer Bewältigung durch die Sprache heraus. Am 10. Januar 1775 stellt er sich – wenn auch um des Bekannten in Göttingen wegen – die genaue Aufgabe, ein Herzstück Londons nach dem Leben zu schildern: Cheapside und Fleet Street abends kurz vor acht Uhr!

Stellen Sie sich eine Straße vor etwa so breit als die Weender (in Göttingen), *aber, wenn ich alles zusammen nehme, wohl auf 6 mal so lang. Auf beiden Seiten hohe Häuser mit Fenstern von Spiegelglas. Die untern Etagen bestehen aus Boutiquen und scheinen ganz von Glas zu sein; viele Tausende von Lichtern erleuchten da Silberläden, Kupferstichläden, Bücherläden, Uhren, Glas, Zinn, Gemälde, Frauenzimmer-Putz und Unputz, Gold, Edelgesteine, Stahl-Arbeit, Kaffeezimmer und Lottery Offices ohne Ende. Die Straße läßt, wie zu einem Jubelfeste illuminiert, die Apotheker und Materialisten stellen Gläser, worin sich Dieterichs Kammerhusar baden könnte, mit bunten Spiritibus aus und überziehen ganze Quadratruten mit purpurrotem, gelbem, grünspangrünem und himmelblauem Licht. Die Zuckerbäcker blenden mit ihren Kronleuchtern die Augen und kitzeln mit ihren Aufsätzen die Nasen, für weiter keine Mühe und Kosten, als daß man beide nach ihren Häusern kehrt; da hängen Festons von spanischen Trauben, mit Ananas abwechselnd, um Pyramiden von Äpfeln und Orangen, dazwischen schlupfen bewachende und, was den Teufel gar los macht, oft nicht bewachte weißarmigte Nymphen mit seidenen Hütchen und seidenen Schlenderchen. Sie werden von ihren Herrn den Pasteten und Torten weislich zugesellt, um auch den gesättigten Magen lüstern zu machen und dem armen Geldbeutel seinen zweitletzten Schilling zu rauben, denn Hungrige und Reiche zu reizen, wären die Pasteten mit ihrer Atmosphäre allein hinreichend. Dem ungewöhnten Auge scheint dieses alles ein Zauber; desto mehr Vorsicht ist nötig, alles gehörig zu betrachten; denn kaum stehen Sie still, bums! läuft ein Packträger wider Sie an und ruft By your leave! wenn Sie schon auf der Erde liegen. In der Mitte der Straße rollt Chaise hinter Chaise, Wagen hinter Wagen und Karrn hinter Karrn. Durch dieses Getöse und das Sumsen und Geräusch von Tausenden von Zungen und Füßen hören Sie das Geläute von Kirchtürmen, die Glocken der Postbedienten, die Orgeln, Geigen, Leiern und Tamburinen englischer Savoyar-*

Georg III. (1738–1820), König von England, mit seiner Familie.
Gemälde von Johann Zoffany

den und das Heulen derer, die an den Ecken der Gasse unter freiem Him-
mel Kaltes und Warmes feilhaben. Dann sehen Sie ein Lustfeuer von Ho-
belspänen etagenhoch auflodern in einem Kreis von jubilierenden Bettel-
jungen, Matrosen und Spitzbuben. Auf einmal ruft einer, dem man sein
Schnupftuch genommen: Stop, thief! *und alles rennt und drückt und*
drängt sich, viele, nicht um den Dieb zu haschen, sondern selbst vielleicht
eine Uhr oder einen Geldbeutel zu erwischen. Ehe Sie es sich versehen,
nimmt Sie ein schönes, niedlich angekleidetes Mädchen bei der Hand:
come, My Lord, come along, let us drink a glass together, or I'll go with you
if you please. Dann passiert ein Unglück 40 Schritte vor Ihnen; God bless
me! rufen einige, poor creature! ein anderer; da stockt's und alle Taschen
müssen gewahrt werden, alles scheint Anteil an dem Unglück des Elends zu
nehmen, auf einmal lachen alle wieder, weil einer sich aus Versehen in die
Gosse gelegt hat; look there, damn me! *sagt ein Dritter, und dann geht*
der Zug weiter. Zwischendurch hören Sie vielleicht einmal ein Geschrei von
Hunderten auf einmal, als wenn das Feuer auskäme oder ein Haus einfiele
oder ein Patriot zum Fenster herausguckte. In Göttingen geht man hin und

Der Südsee-Insulaner Omai aus Otaheite (Tahiti). Holzschnitt nach einem Gemälde von Joshua Reynolds

sieht wenigstens von 40 Schritten her an, was es gibt. Hier ist man (hauptsächlich nachts und in diesem Teile der Stadt, the city) froh, wenn man mit heiler Haut in einem Nebengäßchen den Sturm auswarten kann. Wo es breiter wird, da läuft alles, niemand sieht aus, als wenn er spazieren ginge oder observierte, sondern alles scheint zu einem Sterbenden gerufen. Das ist Cheapside und Fleetstreet an einem Dezemberabend.[117]

Was Lichtenberg hier, dem faszinierenden Tumult der Verkehrsschlagader bewußt mit der Sprache folgend, wiedergab, ist die erste Großstadtschilderung in der deutschen Literatur![118] Wiederum hat er darin erst mit Heine einen Nachfolger gefunden, der 1828 genau denselben Straßenkomplex beschrieb, und zwar so ähnlich, daß man das Gefühl hat, es habe sich in den 53 Jahren dazwischen kaum etwas am Straßenbild geändert. Von Garrick behauptete Lichtenberg andernorts, er habe die Schule besucht, in welche Shakespeare ging: *London meine ich, wo ein Mann mit solchem Talent zur Beobachtung seinen Erfahrungssätzen in einem Jahre leicht eine Richtigkeit geben kann, wozu kaum in einem Städtchen, wo alles einerlei hofft und fürchtet, einerlei bewundert und einerlei erzählt, und wo sich alles reimt, ein ganzes Leben hinreichend wäre.*[119] Die Weltstadt London demnach als ein realistischer Kunsterzieher. Man hat das Empfinden, als habe Lichtenberg unter anderem in jenem Brief für sich selbst den Beweis von der Richtigkeit dieses Gedankens erschreiben wollen. Daß das wahre Studium des Menschen der Mensch sei, hat das ganze Jahrhundert gern und oft Pope nachgesprochen. Wirklich nachgekommen ist diesem Wort nur Lichtenberg. Es gehört zu seinem Studium der menschlichen Natur, wenn er der Hinrichtung von fünf Verbrechern in Tyburn beiwohnt, bemüht sich schaudernd auch zu der zerrütteten Menschheit in Bedlam, dem berüchtigten Londoner Irrenhaus, das Swift in die Literatur eingeführt hat. Aber er hat zugleich Umgang mit der zeitgenössischen Elite des englischen Geistes. Er nimmt an einer Sitzung der königlichen Sozietät der Wissenschaften teil, besucht das Britische Museum, trifft den berühmten Physiker Priestley, der seinetwegen Versuche vorführt, hört eine Vorlesung von Ferguson. In der Umgebung des Königs hatte er die Bekanntschaft des merkwürdigen Schweizers Deluc gemacht, der Geologe, Meteorologe, ein persönlicher Freund Rousseaus war: Vor allem aber lernt er Mitglieder der Expedition kennen, die unter Cooks Leitung soeben von der Weltreise zurückgekehrt waren. Welche Perspektiven für den in kleinstädtischen Grenzen befangenen deutschen Geist! Man spürt Lichtenbergs Glücksgefühl, wenigstens Augenzeugen dieser Entdecker-großtat des 18. Jahrhunderts sprechen zu können wie die beiden Forster, den Südsee-Insulaner Omai auch: *Es war mir nicht unangenehm, meine rechte Hand in einer andern zu sehen, die gerade vom entgegengesetzten Ende der Erde kam.*[120] Wir haben in einem Satz den Lichtenberg jener Jahre: im Anschluß an Schilderungen, die der ältere Forster gab, den Lichtenberg übrigens da noch bedeutender fand als den Sohn Georg, fragte er ihn, *ob er wohl glaubte, daß ich eine Reise um die Welt aushalten könnte? Darauf sah er mich an, tat einige Fragen an mich und dann sagte er: o, wie nichts! Ich habe den Mann schon lieb bloß deswegen.*[121]

Urteilt man nach dem aus den Briefen der englischen Jahre redenden Lebensgefühl, wird man zu dem gleichen Schluß wie Forster kommen. Niemals vorher und nachher ist Lichtenberg so kühn, so kraftvoll, so geradwüchsig gewesen. Von geringerem Belang sind da seine Alltagsleiden wie Zahnweh, Augenbeschwerden. Man meint Lichtenberg mit der Fülle des Erlebten nur desto belebter werden zu sehen. Was Lichtenberg in England und London insbesondere erlebte ist eigentlich ein Theater in Permanenz. Er ist der perfekteste Zuschauer und bisweilen auch ein munterer Akteur. Die Straßen, die Räume: Szenen über Szenen. Lichtenberg sagt einmal ähnliches: *Vorige Woche habe ich 2 Trauerspiele von sehr verschiedener Art an einem Tage angesehen*[122], die Hinrichtung von fünf Delinquenten und ein Stück im Theater. Das ist es: wie London ihm das Gleichnis eines Welttheaters ist, ist das Londoner Theater das realistische Abbild eines vielgesichtigen London. So wird Lichtenberg zu dem eifrigsten Theaterbesucher, der Covent Garden und Drurylane und Haymarket – dort sieht er die unverwüstliche «Beggar's Opera» – und Sadler's

David Garrich als Hamlet, der den Geist seines Vaters erblickt. Schabkunstblatt von McArdell, 1754

Wells Theatre besucht und immer wieder Garrick, den größten englischen Schauspieler der Zeit in seinen reifsten Rollen bewundern und studieren geht: ein Jahr, bevor er sich von der Bühne zurückzog. Lichtenberg hatte das Vergnügen, den Schauspieler persönlich kennenzulernen. Dem deutschen Lesepublikum seiner Zeit vermittelte er aber die Bekanntschaft Garricks in drei *Briefen aus England*, die, an Boie gerichtet, 1776 und 1778 in dessen «Deutschem Museum» erschienen. Der Vergleich mit den Briefen an Freunde, dem Tagebuch zeigt, daß die veröffentlichten Briefe sorgsam gearbeitet, stilisiert worden sind. Um einen Eindruck dessen zu haben, was Lichtenberg bezweckte, genügt seine Wiedergabe der Szene, wo Garrick/Hamlet den Geist erwartet. Am 2. Dezember 1774 hatte Lichtenberg den Schauspieler diese Rolle zum erstenmal spielen sehen. Das Programm klebte er sich in sein Tagebuch: Horatio hat eben Hamlet auf das Erscheinen des Geistes hingewiesen. *Garrick, auf diese Worte, wirft sich plötzlich herum und stürzt in demselben Augenblick zwei bis drei Schritte mit zusammenbrechenden Knieen zurück, sein Hut fällt auf die Erde, die beiden Arme, hauptsächlich der linke, sind fast ausgestreckt, die Hand so hoch als der Kopf, der rechte Arm ist mehr gebogen und die Hand niedriger, die Finger stehen auseinander und der Mund offen, so bleibt er in einem großen aber anständigen Schritt, wie erstarrt, stehen, unterstützt von seinen Freunden, die mit der Erscheinung bekannter sind, und fürchten, er würde niederfallen; in seiner Miene ist das Entsetzen so ausgedrückt, daß mich, noch ehe er zu sprechen anfing, ein wiederholtes Grausen anwandelte. Die fast fürchterliche Stille der Versammlung, die vor diesem Auftritt vorherging und machte, daß man sich kaum sicher glaubte, trug vermutlich nicht wenig dazu bei. So spricht er endlich, nicht mit dem Anfange, sondern mit dem Ende eines Atemzugs und bebender Stimme: Angels and ministers of grace defend us! Worte, die alles vollenden, was dieser Szene noch fehlen könnte, sie zu einer der größten und schrecklichsten zu machen, deren vielleicht der Schauplatz fähig ist.*[123] Die Theater-Briefe fanden den verdienten Beifall. Übersetzt erschienen sie sogar 1776 in Schweden. Sie schufen für das spezielle Gebiet des englischen Theaters eine Norm wie Lessings Dramaturgie. Man hat ihren Einfluß bis in den Hamlet-Part des «Wilhelm Meister» verfolgen zu können geglaubt. Fest steht, daß Schröder bei seiner ersten Hamlet-Darstellung durch die Briefe ermutigt wurde und Hamlets Entsetzen nach dem Buchstaben spielte. Heute, da die Darstellungsweise Garricks Theaterhistorie geworden und, wie Lichtenberg sie nachzeichnete, eher Lachen als Schauder erwecken würde – Phänomen der transistorischen Kunst –, bleibt die bewunderungswürdige Kunst Lichtenbergs, das psychologisch feine Beziehungssystem zwischen Publikum und Schauspieler in Worte zu fassen, nicht Shakespeare nur und Garrick, sondern sich selbst in der psychologischen Studie des Menschen finden zu lassen.

Am 7. Dezember 1775 reiste Lichtenberg in Begleitung von drei jungen

Engländern aus London ab. Was er aus England heimtrug waren *zween großse Koffer voll Zeug, Kupferstiche, Bücher und Lumpen, englische und deutsche*[124]. Er vergaß zu erwähnen, was ihm in England durch den Kopf und zu Herzen gegangen war: die englische Pädagogik, die zur Selbständigkeit im Denken erzog und nicht wie die deutsche zur *Superklugheit*[125] abrichtete; die auf Erfahrung sich gründende Philosophie; die Bemerkung, daß nirgends der Mensch so gewürdigt werde wie in England.

Am 31. Dezember 1775 traf Lichtenberg in Göttingen ein.

Lichtenbergs Sterne

Bemühe dich, nicht unter deiner Zeit zu sein.[126]

Die Rückkehr von der Themse an die *Lein-Gosse*[127] hieß Lichtenberg sich wiederum in einen Ort von, Ende des Jahrhunderts, noch nicht achttausend Seelen finden, nachdem er das Schauspiel einer Stadt gewöhnt worden war, die deren achthunderttausend hatte. Mit Anfang des Jahres 1776 begann seine lebenslange Festsetzung in Göttingen, die immer seltener durch kurze Abstecher – wie noch im Oktober des Jahres zu den Freunden in Hannover – unterbrochen wurde. Verbriefter Bürger der Stadt Göttingen ist er darum nicht geworden. Er brachte es im Leben nicht zum Hausbesitzer. In *Schmahlens Laden*[128], das ist Dieterichs Residenz, hatte Lichtenberg als einer unter rund vierzig, siebzig gar am Ende, sein ständiges Quartier: wenige Quadratmeter zu dem Leben, der Sammlung physikalischer Geräte, dem Vortrag. Eine Pforte nur trennte den privaten Lichtenberg von dem öffentlichen Lehrer.

Vor der engen Gleichförmigkeit der göttingischen Welt suchte er in jenen Jahren lieber den Kontakt zu anderen als den Rückzug auf sich selbst. 1776 ist es Kästner, der von sich schreibt, daß er hier «ziemlich einsiedlerisch»[129] lebe. Man liest von Kegelpartien, die Lichtenberg besucht und selbst als *Kegel-Wirt*[130] veranstaltet. Man erfährt ihn als Konzertgast und Zuschauer von Kunstreiterkünsten, von Studententheateraufführungen, beispielsweise des «Clavigo» Anfang 1777. Er liebte es, offenbar nach einer Mode der Zeit und Gesellschaft, den Bekannten brieflich Rätsel, die er selbst erfunden, aufzugeben. Sogar an Bällen nimmt Lichtenberg teil, in Heynes und anderer Häuser, läßt sich zu Soupers laden und lädt stolz selber ein, als sein Freund Deluc im Oktober 1776 nach Göttingen kommt. Und *recht vergnügt*[131] begrüßte er in den ersten Novembertagen 1776 die Eröffnung eines kleinen Disputier- und Dinierklubs, zu dem sich allwöchentlich einige Professoren zusammenfanden. Lichtenberg hielt dort Vorträge unter anderem über die beste Form von Stadttoren und trug durch spektakuläre Versuche zur *Ergötzlichkeit* bei. Eines der Mitglieder war der junge Naturforscher Johann Friedrich Blumenbach, Begründer der modernen Anthropologie, der Goethe später als ein «wahrer Repräsentant der großen Gelehrtenanstalt» wert wurde. Lichtenberg verbanden bald enge wissenschaftliche und freundschaftliche Beziehungen mit dem Jüngeren.

England aber wurde mehr und mehr zu einer kostbaren Metapher und zurückbleibenden Vergangenheit. Eine späterhin erhoffte dritte *Wallfahrt*[132] kam niemals zustande. Ein zufälliges Gespräch über London wirkt in Zeiten mangelnder Munterkeit heilkräftige Wunder. Was ihn noch leibhaftig mit England verband waren die ihm zur Obhut anvertrauten *drei Söhne*[133], deren Zahl bis Ende des Jahres 1776 auf vierzehn anwuchs. Das Aufsichtsamt ist auf Dauer eher lästig als eitel Freude. 1796 klagte Lichtenberg, er habe *die 10 schönsten Jahre meines Lebens mit der Zähmung von Engländern verloren!*[134], unter denen übrigens ein außerordentlicher Kopf nicht anzutreffen ist. Geldaffären sind zu regeln, Krankheiten zu kurieren; Ausschweifungen einiger seiner Schützlinge machen die Verwendung beim Prorektor erforderlich. Darum fühlt er sich wie neugeboren, wenn er sie einen Tag von sich hat. Zu Pfingsten 1778 sind es sogar ein paar Wochen. Lichtenberg nutzt die Ferien, um mit dem sechsundsechzigjährigen Dieterich eine Reise nach Hamburg zu machen.

Glücklich, lustig[135] sind die Anfangsworte seines ersten Briefes von dort. Was gibt es nicht alles zu sehen: nach den Feiertagen die Ackermann im Theater, am Sonntag in Wandsbek statt des abwesenden Claudius ein Donnerwetter, das unter Lichtenbergs Feder zum burlesken Epos wird, den Besuch einer Predigt Goezes und als Höhepunkt der drei Wochen eine Meerfahrt nach Helgoland hinaus. Seine sechste Reise zur See brachte dem Enthusiasten Lichtenberg eine der expressivsten Marinen des 18. Jahrhunderts zu Gesicht, die er noch 1786 einem binnenländischen Freund beschwört: *Das Meer schlug hohe Wellen, muschelförmige tiefe Ausschnitte, die leicht 30 bis 40 Fuß in die Länge haben mochten; darauf schwebte unser Schifflein sicher, aber wie ein Strohhalm.* Und während in der Kajüte Leute lagen, die glaubten, es ginge zu Ende, stand der kleine dreiste Professor auf dem Verdeck und hatte sich mit einem Strick an dem Hauptmast festgemacht. *Etwas Größeres habe ich nie gesehen. Das Unaufhaltsame im ganzen, die menschliche Verwegenheit und der Geist, der sich hierin zeigt, verbunden mit dem Donner der Wogen, denn es ist ein wahrer Donner, was man aus der Ferne hört, haben mir in Wahrheit Tränen, ich weiß nicht, wie ich sie nennen soll, der Andacht, des Entzückens oder der Demütigung vor dem großen Urheber ausgepreßt.*[136] Es ist der Zauber Lichtenbergs durch sein ganzes Leben, ständig so durchaus in dem zu sein, was er eben lebt und schaut, daß er, ohne Selbstbetrug, jedes neue Schauspiel spontan als das bewegendste der Welt erfährt und preist. Zu mehreren Malen in seinem Leben konstatiert er entzückt, es sei das erste Mal, daß er sehe: ein Gewitter in England, den Stapellauf eines Schiffes, eine Wasserhose, eine Wolkenformation. Und seine Beschreibung macht es auch dem Leser zu dem erstmaligen Anblick. Um so bedauerlicher, daß sein Körper und auch seine Stellung ihm Grenzen setzen: engere von Jahr zu Jahr.

Mit Anfang des Jahres 1776 begann das nie mehr gelöste Dienstverhältnis zu der *Königin der Universitäten*[137]. Noch in England hatte ihn 1775 die Nachricht von seiner Ernennung zum ordentlichen Professor der Philosophie erreicht. 1776 wurde er ein ordentliches Mitglied der Göttinger Sozietät der Wissenschaften. Zu Ostern hatte er nach jahrelanger Unterbrechung sein Kolleg wieder aufgenommen. Obgleich sein fachliches Interesse mittlerweile von der Mathematik und Astronomie nach der Physik ging, verwies ihn die Rücksichtnahme auf Kästner und den nunmehrigen Kollegen Erxleben noch vorläufig in seinem Kolleg auf physikalische Nebenstunden. Seine leidige Unpäßlichkeit hindert ihn am 3. Mai, vor der Sozietät von einer Entdeckung zu berichten, die ihm ein günstiger Zufall, *der Vater so vieler herrlicher Erfindungen*[138], zu machen erlaubt hatte. Statt seiner verlas Kästner das ihm von Lichtenberg übergebene Promemoria.

Überzeugt, physikalische Versuche insbesondere zur Elektrizität mit großen Apparaten zu machen sei *ebensoviel als die Erscheinungen, die sie darbieten, unter das Vergrößerungsglas bringen*[139], hatte Lichtenberg die Ausmaße seines, eigentlich voltaschen, Elektrophors, der erst im Frühjahr 1777 fertiggestellt worden war, außerordentlich groß gewählt. Der beim Abhobeln des ersten Kuchens entstandene Staub hatte sich nun im ganzen Raum abgesetzt und flog bei der kleinsten Erschütterung umher. Einmal blieb aus Versehen der Elektrophordeckel längere Zeit abgehoben, der Harzkuchen lag dem Staub also frei, *und da geschah es, daß er sich hier nicht, wie vorher auf dem Deckel, gleichförmig anlegte, sondern an mehren Stellen zu meinem großen Vergnügen kleine Sternchen bildete, die zwar anfangs matt und schlecht zu erkennen waren, als ich aber den Staub mit Fleiß stärker aufstreute, sehr deutlich und schön wurden, und hier und da erhabener Arbeit glichen. Es zeigten sich bisweilen unzählige kleine Sterne, ganze Milchstraßen und größere Sonnen; die Bogen waren von der hohlen Seite matt, von der erhabenen aber mit Strahlen geziert; ferner sehr niedliche kleine Ästchen, denen nicht unähnlich, welche die Kälte an den Fensterscheiben erzeugt; kleine Wolken von mannigfaltiger Gestalt und Schattierung: endlich noch mancherlei Figuren von besonderer Gestalt.*[140]

Jene kuriosen Figuren halten nunmehr wenigstens den Namen Lichtenbergs in den Physikbüchern fest; seinerzeit erregten sie in der Gelehrtenwelt bedeutendes Aufsehen. «Ihre Sterne», schrieb Deluc an den Entdecker, «werden dereinst noch in der Nacht der Elektrizität leuchten.»[141] Den ersten offiziellen Bericht vor der Sozietät gab Lichtenberg am 21. Februar 1778; der Kommentar darüber erschien noch in dem Band für 1777. Der abschließende Bericht – Vortrag und Kommentar – trägt das Datum des 19. Dezember 1778. Wenngleich Lichtenberg die Prophe-

Lichtenbergsche Figuren (oder Sterne).
Abgebildet in den Kommentaren der Göttinger Sozietät der Wissenschaften, 1778

zeiung Delucs *mehr witzig vielleicht als wahr* nannte, dachte er doch, er *tappe an etwas sehr Großem nahe herum*, machte zuweilen von morgens bis in die Nacht Versuche und hoffte wenigstens, mit ihnen *einen ganz neuen Weg eröffnet zu haben, die Beschaffenheit und Bewegung der elektrischen Materie zu untersuchen*[142]. Seine zuversichtliche Hoffnung ist kennzeichnend für den wahren Zustand der zeitgenössischen Erkenntnisse auf dem Gebiet der Elektrizität.

«Diese Wissenschaft gehört unter die Theile der Naturlehre, welche erst in den neueren Zeiten bearbeitet und noch nicht lange zu einem gewissen Grad der Vollkommenheit gebracht wurden.» So beginnt 1783 die von einer Gesellschaft Gelehrter verfaßte «Deutsche Encyclopädie» den

Artikel. Gewiß konnte Lichtenberg in jenen siebziger Jahren zu dem Phänomen, der Perfektibilität nicht nur des Menschen, sondern seiner Zeit bemerken, daß nun ein Achtzehnjähriger die Weisheit ganzer Zeitalter in sich zu fassen vermöge: *Wenn ich den Satz lerne: Die Kraft, die im geriebenen Bernstein zieht, ist dieselbe, die in den Wolken donnert, welches sehr bald geschehen kann, so habe ich etwas gelernt, dessen Erfindung den Menschen einige tausend Jahre gekostet hat.*[143] Mit einer gewissen Berechtigung aber läßt sich sagen, daß die Epoche vielmehr die Elektrizität in der Natur entdeckte als die Natur der Elektrizität. Man wies die Elektrizität der Katzen, Hunde und anderer behaarter Tiere nach. *Bei kleinen Versuchen*, informierte Lichtenberg einen Freund 1780, *bediene ich mich jetzt meiner Katze mit großem Vorteil, ich lege sie auf einen Tisch und reibe sie etwas, alsdann bringe ich den Teller eines kleinen Elektrophors auf sie, dieser gibt oft ¾ Zoll lange Funken, ich feuere die Elektrische Pistole damit ab, zünde Spiritus vini und lade Flaschen damit.*[144] Man erkannte den Zusammenhang von Gewitterentladung und Elektrizität, die Luftelektrizität überhaupt. Weniger begabt, wenngleich üppig erscheint das Jahrhundert in den Theorien. Aus der Unzahl schälen sich bekanntlich die Theorie Nollets, der den unitarischen Charakter der Materie, die Auffassung, daß nur die positive Elektrizität wirklich vorhanden sei, vertrat, und die Franklinsche Theorie, die den Dualismus behauptete. Wichtiger für eine Betrachtung des Zeitalters ist aber, daß die Entdeckungen, die man oft genug zufällig machte, vor der Theorie gingen und darum so unerhört dünkten, daß der wissenschaftliche Wert einer Entdeckung über dem so faszinierenden wie schrecklichen Schauspiel, das sie bot, gern von den Zeitgenossen vergessen wurde. Die aufsehenerregenden Phänomene der Elektrizität, die mit Hilfe der Leidener Flasche – eigentlich von Ewald Jürgen von Kleist 1745 in Cammin erfunden – und mächtiger Reibungsmaschinen gezeigt werden konnten, bleiben so die großen wissenschaftlichen Wunder des Zeitalters.

Lichtenbergs gepriesene Sterne sind eigentlich nichts anderes als ein schöner Fund. Man kann den Ertrag der Betrachtungen Lichtenbergs auf das entdeckte Phänomen gering nennen, muß sich aber hüten, sie selbst abschätzig zu beurteilen. Das 19. Jahrhundert ist über den Stand seiner Erkenntnis in keinem Punkt wesentlich hinausgekommen. *Die wunderbare Entstehung dieser negativen Figuren scheint einen wesentlichen Unterschied zwischen der positiven und negativen Elektrizität anzuzeigen*[145], hatte Lichtenberg als Verdacht ausgesprochen. Was er seinerzeit nur ahnen konnte, wurde erst jetzt bestätigt, nachdem das Elektron und positive Ion entdeckt waren und zur Erklärung dieses Phänomens herangezogen werden konnten. Lichtenberg hatte wenigstens einen passablen Ausweg aus den zu nichts führenden Ansprüchen der Theorien vorgeschlagen. Nicht Unitarier und im Grunde auch nicht Dualist, gebrauchte er in seiner Arbeit nicht mehr die Wörter negativ und positiv, sondern Plus- und Mi-

Lichtenberg. Silhouette aus Esmarchs Stammbuch, 1777. «Hier schicke ich Ew. Wohlgeboren meine Silhouette, sie ist mit vieler Sorgfalt gemacht. Daß man sie nicht gleich erkennt, rührt daher, weil bey meinem Gesicht das Charakteristische nicht im Umriß des Profils liegt.» (Lichtenberg an Schernhagen, 15. Februar 1778)

nuszeichen, denn diese konnte man nach zwei Seiten deuten: als ein zu Viel und zu Wenig eines einzigen elektrischen Fluidums oder als die Symbole für zwei Fluida. Lichtenberg hatte mit den Zeitgenossen sich in der Tragweite seiner Entdeckung getäuscht. Lediglich Chladni verdankte Lichtenbergs Anregung seine beiden Hauptentdeckungen, die Klangfiguren von 1787 und die Feuermeteore von 1794, und er nannte ihn geradezu den «Geburtshelfer» seiner Ideen. Es ist immer tragikomisch, daß sich Lichtenberg im Mai 1776 einen Gedanken zur Elektrizität notierte, der, in die Tat umgesetzt, ihn immerhin als Nutzanwender jener befremdlichen Materie berühmt gemacht hätte: eine Vorschau auf die Signalübermittlung vermöge der Elektrizität![146]

Was bleibt, ist die Ehrlichkeit des wissenschaftlichen Verfahrens, die Lichtenberg da zum erstenmal ausgiebig übte, ist seine ehrliche Freude an dem Schauspiel dieser Sterne, ist sein unbändiger Spieltrieb. Die «Deutsche Encyclopädie» widmete eine ganze Passage den vermittels der Elektrizität ersonnenen Spielwerken. Lichtenberg gab selbst einen hübschen Hinweis, wie seine Entdeckung zu gebrauchen: *Kästners Namen, nämlich nur das K mit einem Kranz durch Elektrizität geschrieben, habe ich ihm hinter Glas in einem goldenen Rahmen geschenkt, er war ganz außer sich darüber!*[147]

Mit seinen Untersuchungen über die elektrischen Figuren begab sich Lichtenberg auf das Gebiet der Experimentalphysik als Forscher; bald danach als Dozent. Wieder kam ein Zufall ihm dabei zu Hilfe. Am 19. August 1777 war der Göttinger Ordinarius für «Physik, Chemie und Naturgeschichte der sogenannten Reiche», sein Freund Erxleben, gestorben. Kästner hatte anfangs dessen Hauptkolleg übernommen, ließ es aber schon für das Sommersemester 1778 zu, daß Lichtenberg über ausgewählte Lehren der Physik öffentlich zweistündig las. Im Sommer 1780 wurde daraus ein vierstündiges Kolleg und mit dem Winter 1781 übernahm Lichtenberg ganz die Nachfolge Erxlebens in Physik an Kästners Statt. Er hat darum doch seine ehemaligen Interessengebiete nie ganz aufgegeben. Pütter meldet 1788 in seiner Universitätsgeschichte, daß Lichtenberg in seinen Lehrstunden alle halbe Jahre die Experimentalphysik vortrage, außerdem aber Astronomie, mathematische Geographie, Theorie der Erde und Meteorologie; daneben in unbestimmten Stunden bald reine Mathematik, bald Algebra. Das ist getreu nach der Lichtenbergschen Maxime, daß wer nichts als Chemie versteht, auch die nicht verstehe.[148] Dem Fortschritt der Astronomie leiht er ein waches Auge und bisweilen seine Feder. Er ist einer der begeistertsten Zuschauer von Herschels unerhörten Entdeckungen am Sternenhimmel, stolz, einer der ersten in Deutschland gewesen zu sein, der den 1781 von Herschel entdeckten Planeten Uranus beobachtete. Schließlich sorgte die zunächst noch nur schriftliche Verbindung mit Herschel selbst dafür, daß Lichtenberg mit neuen, gleichsam dessen Teleskops-Augen den gestirnten Himmel anzusehen lernte. So wenig wie die Astronomie vernachlässigte Lichtenberg auch die Mathematik. Nachdem er einundzwanzigmal Experimentalphysik gelesen, ist es ihm, wie er 1788 Heyne schrieb, *ein wahres Kurtrinken*, vor acht Hörern eine Stunde reine Mathematik zu geben und *bloß mit dem Compendio in der Hand in den Hörsal zu gehen*[149].

Bewußt aber hielt er sein Kolleg über Experimentalphysik von Mathematik frei. Kästner hat es ihm noch in der Totenrede verargt und gemeint, Lichtenberg habe «beim Unterricht in der Physik vielen, welche kamen,

England, 1753: Versuch, Pflanzen und Tiere durch Elektrisieren im Wachstum zu beeinflussen. Die Pflanzen gediehen, die Katze nahm ab

um Experimente zu sehen», nachgegeben: «wegen der Härte ihres Kopfs».[150] Über diesen Punkt gibt es keine Diskussion. Lichtenberg bezweifelt, ob *unter der sogenannten studierenden Jugend die Summe leerer Köpfe je größer gewesen ist als jetzt* und verheimlicht seinen Freunden nicht: ... *wenn ich nur 10 Minuten rechne oder geometrisiere, so schläft ¾ derselben sanft ein.*[151] Scheinbar in Übereinstimmung damit hört man von ehemaligen Schülern, Lichtenbergs Vortrag sei nicht für Anfänger, sondern vielmehr für den, der schon einen guten Grund in der Physik gelegt hat.

Um der Exaktheit seiner Versuche willen bestellte Lichtenberg die neuesten Geräte bei den Besten jenes neumodischen Berufs, der im Zeitalter der Erfahrungswissenschaften – dem Rokoko – zu raschem Ruhm gelangt war: der Beruf des Mechanikers. Das Vaterland Bacons war auf diesem Gebiet lange Zeit führend. James Watt, den Lichtenberg genialer als Priestley nannte, war anfangs Feinmechaniker. Bei dem berühmten Engländer Nairne verschrieb sich Lichtenberg für 450 Taler – mehr als sein Jahresgehalt betrug – eine Luftpumpe: die erste in ganz Deutschland. Aber es gab bald auch versierte deutsche «Mechanici», deren Beruf ein Lehramt an der Universität wurde. Am bedeutendsten war jener Philipp Matthäus Hahn: Pietist und zugleich ein begnadetes mechanisches Genie. Für Lichtenberg selbst wurde ein Mann bedeutend, den er zuerst zur Mechanik gebracht hat: Klindworth, ein ehemaliger Uhrmacher, Kolleghörer, danach Lichtenbergs Assistent, der alle die Experimente macht, die *einige Anstrengung des Körpers erfodern...*[152]. Lichtenberg pries ihn als denjenigen deutschen Handwerker, der den Vergleich mit den Engländern nicht zu scheuen brauchte. Lediglich durch Verbesserungen von Apparaten, durch Neubauten auch hat sich Lichtenberg schon in der zeitgenössischen Geschichte der Naturwissenschaft einen bedeutenden Namen gemacht: die Spalten der «Deutschen Encyclopädie» bezeugen es wiederholt. Dabei ist auch hier vor den Apparaturen Lichtenbergs hübschestes Merkmal das Private und Anheimelnde. Er lebte in seinen Geräten: das heißt, sie teilten seine Wohnung. Der einen Ofen Sybillchen nannte, ist von Sinnen, als ein Apparat beschädigt ankommt, und hebt ihn aus der Kiste, *wie ein Vater sein ertrunkenes Kind aus dem Bach*[153]. Eine natürliche Neigung zur Sorgfalt sowie eine offenbar musische Gabe, auf der mechanischen Klaviatur die schwierigsten Versuche zu spielen, gaben ihm den Rang vor den Fachkollegen seiner Zeit. Die Begegnung mit Volta im Jahre 1784 berichtet davon. Wie man weiß, gehören Voltas Hauptentdeckungen dem 19. Jahrhundert an. Als er Lichtenberg besuchte, war er der gerühmte Konstrukteur eines Elektrophors, eines Elektroskops und Kondensators. Die beiden Gelehrten maßen sich in Diskussionen: über Unitarismus und Dualismus, in Witz bei Tische: *Ich fragte ihn, ob er das leichteste Verfahren kenne, ein Glas ohne Luftpumpe luftleer zu machen. Als er sagte: Nein, so nahm ich ein Weinglas, das voll*

Luft war wie alle leere Weingläser und goß es voll Wein. Er gestund nun ein, daß es luftleer sei, und dann zeigte ich ihm das beste Verfahren, die Luft ohne Gewalt wieder zuzulassen, und trank es aus. Der Versuch mißlingt selten, wenn er gut angestellt wird. Es freute ihn nicht wenig, und er wurde von uns allen mehrmals angestellt. [154] Man maß sich vor allem in ernstlichen Versuchen an Lichtenbergs Geräten. Voltas Instrumente bezeichnete er als *Schlosser-Arbeit*. Volta wollte beweisen, daß die Dünste positive Elektrizität wegschleppen. *Er isolierte ein Feuerbecken mit wenigen schwach glühenden Kohlen; benetzte einen Linnenlappen und warf ihn auf die Kohlen, von dem Feuerbecken ab hatte er einen Draht nach einem sehr empfindlichen Elektrometer geleitet. Es erschien aber nichts, er fluchte französisch und italiänisch. Da aber bekanntlich die Flüche bei solcher Gelegenheit wenig oder nichts helfen, so ging es nicht besser. Den Nachmittag wiederholte i c h die Versuche mit der Aeopila und dann mit Äther und sie gingen vortrefflich. Ich erhielt zum Dank doch wenigstens ein Voyez Vous.* [155]

Ruhmredigkeit paßt in Lichtenbergs Charakter nicht. Es ist ein einziges Mal, daß er *zur Steuer der Wahrheit* gesteht, jedermann versichere ihm, *auf keiner deutschen Universität werde Physik so gelesen* wie in Göttingen. [156] Sein Ruhm schlug sich in den Stammbüchern zahlreicher Studenten nieder, in die er Devisen und Silhouetten liefern muß. «Welcher gewöhnliche Handlanger in der exp. Physik hat noch nicht den Namen Lichtenbergs gehört und gelesen», lautet der bezeichnende Anfang eines im Nachlaß befindlichen Briefes, den ein Namenloser 1792 aus Zürich schrieb. Die Hörerzahlen sind beredt genug: über hundert in jedem Fall, bisweilen sogar 130; er muß Studenten abweisen, weil sein Auditorium zu beengt ist. Um sich einen guten Platz zu sichern, gibt es Studenten, die sich bereits im August für das Wintersemester bei ihm einschreiben. Aber Lichtenberg besaß auch die Leidenschaft des Lehrenden. Es ist beinahe nicht glaublich, wieviel Kraft in dem schwächlichen Körper steckte. Sechs Stunden täglich las er schon im Winter 1776; vollends sieben Stunden an einem Tag in der Woche im Winter 1781. Aber er muß selbst erkennen, welchen Raubbau er mit seinen Kräften trieb; er wird krank und resümiert: *Ich weiß nicht, ob die Leute klug geworden sind, die bei mir gehört haben; allein das weiß ich, ich wäre fast toll geworden!* [157] Die Urteile der Hörer über die Art seines Vortrags beleuchten nicht nur den wissenschaftlichen Lehrer, sondern Lichtenbergs menschliche und geistige Substanz. Von seinem Witz reden alle. Damit ist zunächst nur das Vermögen gemeint, das Abstrakteste sinnlich zu machen: im zweideutigen Sinn des Wortes. Lichtenberg ist selten ein so harmloser Anspieler auf das Geschlechtliche wie dort, wo er von den gleichnamigen Polen des Magneten redet und dazu bemerkt, *daß dies Naturgesetz gemeiner sei, als man glaube, denn Personen, die vorhero als ungleichnamig sich sehr stark einander angezogen hätten, stießen einander heftig ab, sobald sie gleichnamig geworden wären* [158]. Zum anderen meint sein Witz die heillose Fähigkeit, alles mit allem zu assoziieren. «Der Mann ist zu reich an Ideen», urteilt ein Hörer. «Kaum hat er angefangen, eine zu entwickeln, so drängt sich ihm schon wieder eine Menge anderer Ideen zusammen, die fast alle zu gleicher Zeit entwickelt sein wollen...» Lichtenberg empfand diese Überfülle der ihm zuströmenden Einfälle selbst hilflos genug, wünschte Kanäle durch sein Gehirn, einen Engel zum Ordnen, sagte von sich: *Er war so witzig, daß jedes Ding ihm gut genug war zu einem Mittelbegriff jedes Paar andere Dinge mit einander zu vergleichen.*[159] Zugleich in Lichtenbergs Naturell und die Eigenheit seiner Epoche führt vollends die Beobachtung ein, die ein weiterer Hörer machte: «Wenn man ihn von den tiefsinnigen Erfindungen Keplers oder Newtons reden hört, so fühlt man sich ziemlich geneigt, alle diese hohen Schlüsse der tiefsten Vernunft für artige, allerliebste Einfälle zu halten.» Das ist von vornherein Lichtenbergs Gesinnung: das Gedankengut anderer sich so anzueignen, so auf sich hin zu individualisieren, daß es endlich zur eigenen geistigen Haushaltung gehört. Das Resultat war das Rokoko auf dem akademischen Katheder; Zeitgeist und persönliche Eigenart machten in Lichtenberg eine heitere Einheit.

Göttinger Studenten huldigen einem Professor.
Koloriertes Blatt aus einem Stammbuch von 1766

Die ganze Epoche hielt es mit der fröhlichen Wissenschaft. Der Pedant galt seit Thomasius als die Karikatur des aufgeklärten Weltweisen. Wenn das Tändelnde die Gefahr solcher Lehrweise war, der Witz der Lehrerpersönlichkeit der Sachbehandlung abträglich, so hatte doch der Begriff des Spielenden eine löbliche Qualität. Lichtenberg erklärte sich dazu vor Freunden: *In Collegiis über die Experimentalphysik muß man etwas spielen; der Schläfrige wird dadurch erweckt und der wachende Vernünftige sieht Spielereien als Gelegenheiten an, die Sache unter einem neuen Gesichtspunkte zu betrachten.*[160] Was hier Lichtenberg von dem Kolleg sagt, meint er andernorts von der Literatur: ein Vademekum für lustige Leute, von einem Lessing geschrieben, wiegt Kompendien ernster Belesenheit bei weitem auf.[161] Das gehört in das Maskenspiel des aufgeklärten Geistes: durch überlegte Scherze zum Nachdenken anzuregen, wo der strikte Ernst närrisch wäre. In der spielend vorgetragenen Wissenschaft verbindet sich des Rokokogelehrten Einstellung auf sein Publikum mit der sicheren Beherrschung des Gegenstandes. Lichtenbergs Witz war die Heiterkeit eines Souveräns: sein Wort und Wirken humanisierte gleichsam den Stoff.

Angesichts der Bedeutung, die Lichtenbergs Persönlichkeit und private physikalische Sammlung der Universität Göttingen in dem modernsten Fach der Zeit verschaffte, befremdet die klägliche Förderung, die Lichtenbergs Initiative von seiten der hannöverschen Regierung erfuhr. Erst auf seine dringlichen Vorstellungen hin, die er 1786 zu Papier brachte, kam es am 8. Oktober 1789 endlich zu einer Übereinkunft, nach der die Regierung für die Universität Lichtenbergs Apparat gegen Zahlung einer Leibrente erstand, einen ausreichenden Saal mietete und damit den Grundstock des physikalischen Kabinetts der Georgia Augusta schuf. In dem Promemoria für Hannover war eines der gewichtigsten Argumente Lichtenbergs, *von welchem ungemeinen Nutzen eine gründliche Experimentalphysik für alle Stände sei: die Basis von so vielen dem Staat nützlichen Kenntnissen*[162]. Ein Satz, der sich völlig aus der Zeit versteht, nützlich, Lichtenbergs Definition seiner Lehrfunktion zu begreifen. Gewiß sind aus seinem Kolleg mehrere bedeutende Wissenschaftler hervorgegangen. Man nennt Johann Friedrich Pfaff, der als Mathematikprofessor sich einen Namen machte; den Engländer Thomas Young, der 1795 nach Göttingen ging, bedeutend in seinen Erkenntnissen über Bau und Reaktionsweise des Auges; vorzüglich aber Alexander von Humboldt, der über den verehrten Lehrer das schöne und treffende Urteil schrieb: «Ich achte nicht bloß auf die Summe positiver Kenntnisse, die ich Ihrem Vortrag entlehnte – mehr aber auf die allgemeine Richtung, die mein Ideengang unter Ihrer Leitung nahm.»[163] Das ist aber zugleich, was Lichtenbergs Vortrag jedermann bedeutend machen konnte und machte. Es ist nicht von ungefähr, daß Vorlesungen, die nach seinem Tode im Druck erschienen, Mitschriften eines Pfarrers sind! Lichtenbergs Einwirkung und Einfluß ist durchaus nicht abzuschätzen. In seinen Vorlesungen trafen sich der Bürgerliche und der Adelige. Stolz vermerkt er die Anzahl von Grafen im Kolleg und bemüht sich, sie ja gut zu setzen. 1786 waren es gar die drei englischen Prinzen, die er für vier Jahre zu Schülern und unter seinem Dach hatte: *St. James* nannte er darum Dieterichs Gebäudetrakt. Von Ungarn und Italien kommen die fremden Kavaliere. Es ergibt eine überraschende Perspektive, Zeitgenossen, die man anderweitig aus der deutschen Geistesgeschichte kennt, bei Lichtenberg zu Gast, als Schüler zu sehen. 1779 notiert der Darmstädter Goethe-Freund, Kriegsrat und Schriftsteller Merck von seinem Besuch bei Lichtenberg: «Wir schossen verschiedenemal mit entzündbarer Lufft und besahen allerley Mathematische Instrumente.»[164] Am 8. März 1777 hat man den einzigen nachweisbaren Besuch Lessings. Lichtenberg ist davon noch nach Jahren ein getreuer Erinnerungspfleger. Einen Freund bittet er 1785 um Rückgabe eines Elektrophors, weil *unser großer Lessing, der nun nach Pastor Goezens Lehren im Phosphorus der Hölle ganz andere Versuche anstellt, sich bei mir über eine halbe Stunde damit beschäftigt hat*[165]. Der schmeichelhafteste Besuch wird ihm 1783 zuteil: Goethe und Hardenberg und Moltkes und Gräfin Reventlow bitten Lichtenberg um ein Privatkolleg und lassen sich eine Reihe physikalischer Experimente vorführen. Lichtenbergs Briefwechsel zeigt die Bekanntschaft mit Angehörigen aller Berufe, gibt ein Namensregister der Aufklärungsepoche. Gemeinsam ist den Korrespondenten beinah nur die Liebe zur Naturkunde. Diese Neigung macht sie Lichtenberg wertvoll; von der Liebe zur Physik wird nach seiner Überzeugung die Welt großen Vorteil haben. Sein Unterricht – im Kolleg, in Briefen – dient dem einen Ziel: *Es müssen mehr gute Köpfe erweckt werden!*[166]

Darum ist seine Lehre durchaus nicht reine Wissenschaft und gar nicht bedacht, einen akademischen Nachwuchs zu bilden; seine Vorstellung zielt auf einen inspirierten Dilettanten. So spöttisch er dem Gelehrten begegnet, so enthusiastisch dem Mann, der mit Hilfe seines Kopfes findig wird, nicht durch das Buchstudium. *Sie Herrn Dilettanten*, schrieb er 1782 an einen von ihnen, *bringen es gemeiniglich weiter in diesen Dingen als wir Taglöhner. Wir haben gar zu vielerlei und ist kaum möglich, alles in der Ordnung zu halten. Die elektrischen Instrumente erfordern notwendig ein eignes Zimmer, allein das ist bei mir nicht möglich. Ich möchte fast sagen, ich koche und brate in meinem Saal, zwar nicht apiciusisch, aber chymisch; eine Art Versuche ist oft der Richtigkeit der anderen e diametro entgegen, und jetzt schwitzen täglich 100 Menschen auf meinem Saal, und wenn es regnet so werden 200 Schuhe und Stiefel auf meinen Dielen abgewischt. (Wenn nur ein Elektriker einmal etwas erfände, die Luft abzutrocknen.) Die größten Entdeckungen sind daher auch seit jeher von Dilettanten und nicht von Professoren gemacht worden, es müßte denn sein, daß die Glücksumstände derselben sie über den Zwang weggesetzt hätten, der die*

Alessandro Graf Volta (1745–1827)

*Johann Friedrich Blumenbach (1752–1840)
Radierung von Ludwig Emil Grimm, 1823*

*Samuel Thomas von Sömmerring
(1755–1830)*

Johann Georg Forster (1754–94)

Friedrich Wilhelm Herschel (1738–1822),
Organist und Astronom

Johann Gottwerth Müller
von Itzehoe (1743–1828)

Johann Christian Polycarp Erxleben
(1744–77)
Der Arzt Christoph Wilhelm Hufeland
(1762–1836). Lithographie von
C. Müller nach Ferdinand Jagemann

Ursache jener Hindernis ist. Die englischen Professoren sind es eigentlich-nur dem Namen nach und haben die herrlichste Muße.[167] Ähnlich beneidet er den Professor Volta, der ein halbes Jahr Ferien und so hohes Gehalt hat, daß er seine Zeit anwenden kann, *Gelehrte und Sachen kennenzulernen*[168]. Lichtenberg wußte, was er sagte. Das 18. Jahrhundert hat allerdings in den Wissenschaften der Natur die genialen Außenseiter erlebt. Sein verehrter Franklin war von Beruf Buchdrucker gewesen. Friedrich Wilhelm Herschel, dessen Bekanntschaft Lichtenberg 1786 in Göttingen machte, übte den Beruf des Organisten in Bath aus und erfand in Nebenstunden ein Teleskop, das Newton für ganz und gar unmöglich gehalten hatte. Er eroberte damit die unbekannten Räume des Himmels wie Cook die der Meere, und er war von Beruf nur ein Seefahrer. Über beide berichtete Lichtenberg einem größeren Publikum. Mit Vergnügen zitierte er Cooks Ausruf, daß der Teufel die Gelehrsamkeit und alle Gelehrten obendrein hole, und er gab nur der eigenen Überzeugung Ausdruck, wenn er von Cook bemerkte, *daß das Bewußtsein seiner Überlegenheit an wahrem, gesundem Menschenverstande und an Macht des eigenen Nachdenkens, die er bei sich verspürte, in ihm eine Verachtung gegen alle Gelehrsamkeit, mathematische etwa ausgenommen, bewirkt hatte*[169].

Lichtenberg hatte 1784 eine klare Wunschvorstellung für die Zeit, da er einmal nicht mehr Professor sein sollte, nämlich *mich bei meinem Bruder in Gotha in Ruhe zu setzen und mich mit ihm ganz der Physik zu widmen...*[170], mit dem physikalischen Dilettanten also, den er scherzhaft übertreibend einmal einen wahren *Ingenhousz an Einnahme*[171] gegen den armen Schlucker von Professor nannte. Er hat seinen Traum nicht verwirklichen können. Er ist im Gegenteil auf die Dauer noch mehr in das entgeisternde Getriebe der zeitgenössischen Universität geraten und gerät bisweilen selbst zu dem Bilde des Buchgelehrten, der schreibend Geschriebenes schreibt, Wissen aus dem Buch in ein Buch vermittelt: Fortsetzer wiederum Erxlebens in der Herausgabe eines Kompendiums, das er zu mehreren Malen überholte und auf den neuesten Stand der Forschung zu bringen unternahm. Seit 1787 hatte er die Absicht, ein eigenes Buch der Physik zu schreiben: aber der Professor hatte nie die Muße dazu.

Lichtenbergs *Hausherr, Verleger, Bücher- und Wein-Lieferant und Freund*[172] Johann Christian Dieterich hatte 1776 zum erstenmal einen Kalender erscheinen lassen. Sein Herausgeber war für zwei Jahrgänge Erxleben. Nach dessen Tode übernahm Lichtenberg das Amt des Kalendermachers, der damit seinen *Hauszins*[173] entrichtete. 21 Jahre hindurch sandte er zu Weihnachten seinen Freunden und Bekannten die *Nürnberger Ware* und *heilige Christ-Ware*, wie er spöttisch den Göttinger Taschenkalender nannte, als dessen Stammvater er den «Hinkenden Boten» bezeichnete.[174] «Schon lange ist es Mode, Büchelchen für jedes Jahr herauszugeben, die feine Herren und Damen in der Tasche mit sich tragen, die eingestreuten Kupferstiche darin besehen, mancherlei darin mit Vergnügen lesen, auch bisweilen etwas lernen ... Lichtenberg sorgte dafür, daß der göttingische Calender, so viel es diese Art Bücher erlaubt, zugleich angenehm und nützlich war», rühmt 1799 Kästner dem Toten nach.[175] «Taschenbuch zum Nutzen und Vergnügen» trug der Kalender, der übrigens auch ins Französische übersetzt wurde, als Untertitel. Lichtenberg hielt sich genau daran. Der Kalender sollte möglichst ein großes Publikum ansprechen, dessen Bildungsgrad nicht erlesen war. Die Leserin mußte berücksichtigt werden. Unter der *air von Bagatelle*[176] versuchte Lichtenberg mit Erfolg die heitere Belehrung, getreu seiner Ansicht, daß es nächst Chronologie und Astronomie nichts gebe, was eher *kalendermäßig behandelt werden könnte als Physik*[177]. Aber nie vergaß er die Kup-

Dieterichs Wohnhaus, in dem Lichtenberg lebte und lehrte

Goettinger Taschen
CALENDER
vom Jahr
1778.

beij Joh. Chr. Dieterich

fer der neuesten Frauenzimmer-Moden. Zu dieser Herausgeber- und Schreibtätigkeit für den Kalender kamen Veröffentlichungen in rund einem halben Dutzend einheimischer und auswärtiger Magazine popular-wissenschaftlichen Charakters, kam schließlich von 1780 an die Heraus-gabe des «Göttingischen Magazins der Wissenschaften und Litteratur», ebenfalls im Verlage Dieterichs. Mit großen Erwartungen waren Lichten-berg und sein Mitherausgeber Johann Georg Forster, der Professor in Kassel und sein Freund geworden war, an die Verwirklichung des Planes gegangen, in seriösem Vortrag *Kenntnis der Natur und des Menschen überhaupt, Physik, Naturhistorie und Philosophie, Physiognomik für und wider, Geschichte, hauptsächlich gelehrte, Statistik, Nachrichten von den neuesten und wichtigsten Entdeckungen* zu unterbreiten, allerdings alles wegzulassen, was dem *Geschmack an müßiger Tändeley und litterarischem Parteygeist schmeichelt*[178]. Als Mitarbeiter findet man darin vor allem die Göttinger Universitätskollegen, den einen und anderen gelehrten Dilettanten, hin und wieder einen aus der Literaturgeschichte bekannten Aufklärer. Fünf Jahre nur existierte das Magazin. Sein Mißerfolg beleuchtet die Situation der Aufklärung in jenem Zeitpunkt. Gewiß fehlte ihm die Mannigfaltigkeit, war Forster ein enttäuschender Mitarbeiter, so daß Lichtenberg gern Blumenbach in die Redaktion aufgenommen hätte. Entscheidender war, daß Lichtenberg sich genötigt sah, wider den anfänglichen Vorsatz dem Geschmack der Zeitgenossen an leichter gereimter Kost Rechnung zu tragen, weshalb Dieterich Bürger zur Mitarbeit vorschlug. Lichtenberg selbst veröffentlichte darin, ohne jedoch das Schicksal des Magazins ändern zu können, zwei eigene satirische Verswerke, das fragmentarische Alexandrinergedicht über Torheiten der zeitgenössischen Literatur und die reizende *Relation von den schwimmenden Batterien*, die eine Historie aus dem französisch-englischen Krieg bei Gibraltar zum Anlaß hatte.[179] Als eine bedeutende Konstellation am Rande erscheint die Tatsache, daß Jean Paul 1784 eine Satire von sich für das Magazin anbot, «worin schon Ihre Satiren stehen». Lichtenberg hat da noch offenbar von jenem durchaus nicht Notiz genommen.

Hatte Lichtenberg mit der Herausgabe der beiden Zeitschriften seine repräsentative Stellung in der zeitgenössischen Literatur, so besaß er schon seit 1773 einen Namen als Schriftsteller. In jenem Jahr erschien durch Vermittlung Boies und Nicolais die 1771 geschriebene Satire *Timorus, das ist Verteidigung zweier Israeliten, die durch die Kräftigkeit der Lavaterischen Beweisgründe und der Göttingischen Mettwürste bewogen den wahren Glauben angenommen haben von Conrad Photorin, der Theologie und Belles Lettres Candidaten*[180]. Der Anlaß war Lavaters Aufforderung an den berühmten jüdischen Philosophen Mendelssohn, zum christlichen Glauben überzutreten. Das war wider das der Aufklärung teure Grundgesetz der Toleranz, das kurz zuvor auch Pfarrer Goeze verletzt hatte, als er gegen die Sittlichkeit der Schaubühne polemisierte und die theologische Fakultät in Göttingen um ein Gutachten anrief. In beiden Fällen griff Lichtenberg zur Feder, behielt aber die Satire gegen die Göttinger Theologen lieber für sich. Gegen Lavater schlug er los, der Satire als lächerlichen Kontrast das Faktum einer Göttinger Judentaufe beimischend. Der Beifall war groß. Hamann pries den Satiriker; nur Claudius und die jungen Genies um die «Frankfurter Gelehrten Anzeigen» rügten: das vergaß ihnen Lichtenberg nicht. Seine eigentliche Absicht und Selbstkritik schrieb er 1777 einem Bekannten: *Ich wollte einmal einen Versuch machen, ob ich eine Ironie, ohne mich zu vergessen, durch ein paar Bogen durchführen könnte und wie sich das ausnehmen würde.*[181] Sein satirischer

Zorn hat denn auch etwas Künstliches, mehr von dem Spiel als der Entrüstung. Spiel war schon die Namenswahl; Photorin und Emanuel Candidus und Friedrich Eckardt sind seine gern gewählten Künstlernamen, hinter denen der Professor Versteck spielt, seine Autorschaft mystifizierend. Lichtenbergs Art der Satire hat etwas von l'art pour l'art. Vorwurf und Anlaß sind zweiten Ranges und oft ohne jedes Interesse. Die Spannung entsteht aus dem Witz, der das Nichtige einkleidet: es ist der Satiriker, den man genießt, nicht das verspottete Objekt, an dem man sich ergötzt. Abwertig könnte man sagen ist es eben das, was ihn von Swift unterscheidet. Lichtenberg besitzt nicht dessen archimedischen Punkt für bestürzende, umstürzende Satiren. Lichtenberg braucht den aktuellen Anlaß. Swift sah nur in dem Sosein und Dasein der Menschen Anlaß genug. Die

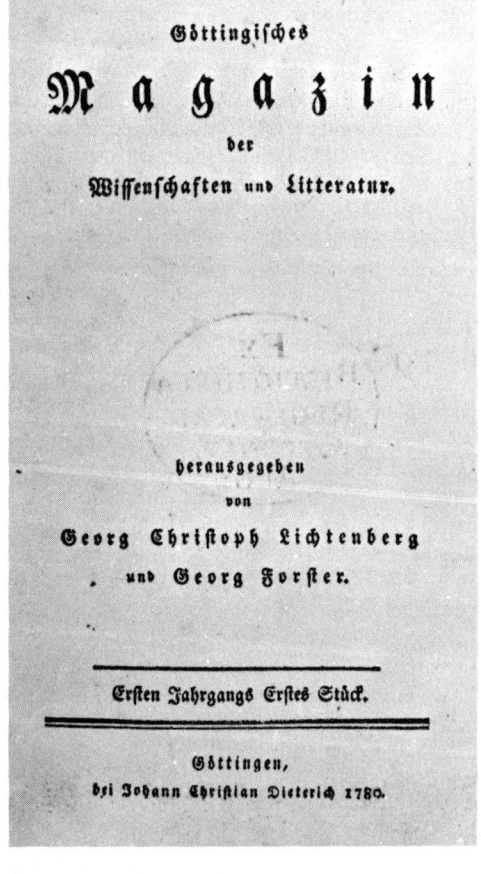

Göttingisches

Magazin

der

Wissenschaften und Litteratur.

herausgegeben

von

Georg Christoph Lichtenberg

und Georg Forster.

Ersten Jahrgangs Erstes Stück.

Göttingen,
bei Johann Christian Dieterich 1780.

Johann Kaspar Lavater (1741–1801).
Aquarell-Miniatur aus Lavaters Sammlung

aktuellen Anlässe waren für Lichtenberg in dem kleinen Göttingen augenscheinlich rar. Der Bamberger Buchdrucker Göbhard, der unverfroren Bücher aus dem Göttinger Verlag Johann Christian Dieterichs nachgedruckt hatte, wurde von Lichtenberg darum regelrecht zu einem Objekt seines Angriffs aufgebaut und satirisch vernichtet. Stolz teilt Lichtenberg darum auch in Briefen mit, daß er durch das *Komplement der Gesetze* [182]: die Satire den Geldbeutel der Göttinger Bürger 1777 vor den Windbeuteleien des Allerweltkünstlers Philadelphia bewahrt habe. [183] Und noch die Tonlage der Satire gegen den Pedanten Voß und dessen

75

orthographische Rechthaberei den griechischen Schöpsenlaut[184] betreffend ist, verrät, anders als die landläufige Diatribe von Gelehrten, ein gerüttelt Maß polemischer Energie, der es am gehörigen Gegenstand gebrach.

Seinen archimedischen und zugleich empfindlichsten Punkt fand er, wiederum durch Lavater veranlaßt, in einem Artikel, mit dem der Kalender für 1778 eröffnet wurde: *Über Physiognomik; wider die Physiognomien.* Binnen kurzem waren 8000 Exemplare des Kalenders verkauft, mußte der Aufsatz einzeln wiederabgedruckt werden. *Als im Jahre 1777 im Sommer Niedersachsen von einer Raserei für Physiognomik befallen wurde, die allen Vernünftigen, welche wußten, mit was für unermeßlichen Schwierigkeiten die Sache verbunden ist, abscheulich vorkommen mußte, so dachte ich ... ich könnte den Kalender nicht nützlicher machen, als wenn ich einige Mittel gegen diese Seuche darin vorschriebe, in dem ich dem gemeinen Haufen zeigte, daß man wenigstens behutsam verfahren müßte, und daß man den Menschen aus seiner äußeren Form nicht so beurteilen könnte, wie die Viehhändler die Ochsen. Ich suchte zu zeigen, daß bei einem so unergründlichen Geschöpfe, als der Mensch, das unter übrigens gleicher Anlage, durch Kunst über alles, was wir jetzt wissen, verschlimmert und verbessert werden könnte, aus seiner äußern Form urteilen wollen, was es sei, nicht viel weniger wäre, als weissagen!*[185]

Mit seiner Zeit und Lavater fand auch Lichtenberg: *Die unterhaltendste Fläche auf der Erde für uns ist die vom menschlichen Gesicht.*[186] Es war ihm aber eine private Unterhaltung und niemandem schadendes Studium. Er besaß die Leidenschaft des Physiognomisten. In England hatte er sich eine kleine Porträtsammlung angelegt. Seine geistigen Vorbilder suchte er im Bild um sich zu haben. Newtons Totenmaske war sein großer Stolz.[187] Von Autoren, die er aus der Lektüre kennen und schätzen lernte, wünschte er sich gern ein Porträt. Aber seine langjährigen Studien hatten ihn zur Behutsamkeit erzogen. In den zwei Zeichnungen des Nachtwächters[188] demonstrierte er bildlich die Gefahr der Physiognomik. Was ihn entsetzte, war, daß Lavater ein System machte, das aus den festen Teilen des Schädels auf den Charakter schloß. Das war zuletzt keine Deutung mehr, sondern in *transzendenter Ventriloquenz*[189] geäußertes, archaisches Vorurteil, nach dem Christus schön sein mußte, weil er ohne Sünde war, der Häßliche aber ein lasterhafter Mensch. Lichtenbergs Verwahrung gegen Lavaters Physiognomik war im Grunde ein verzweifeltes Plädoyer für sich selbst, den Mißwüchsigen, zugleich aber Ausdruck einer wahrhaft aufgeklärten Gesinnung. Lavater ist bei allem irrationalen Impetus und einem womöglich ingeniösen Instinkt, womit er sich in die Physiognomik einließ, jenem ursprünglichen Rationalismus vergleichbar, der die Mathematizität in allem auf den Plan zu rufen gesonnen war. Lichtenberg ist bloß Rationalist, wie er sein sollte, wenn er gegen Lavater und seine Anhänger gerade das ewig nicht einzusehende Irrationale, das Singuläre der

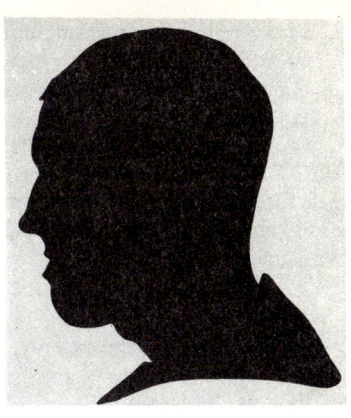

*Der Mörder Rüttgerodt,
1776 hingerichtet.
Silhouette aus der Sammlung
des Studenten Carl Schubert.
Göttingen 1779*

menschlichen Bildung und ihrer Relation zur Psyche behauptet und,
wenn überhaupt, bei der Beobachtung des Menschen in Aktion und Leidenschaft, an der Pathognomik mehreren Sinn sieht.

In einem aber gehören beide der gleichen Generation an, das ist nach
ihrer Überzeugung, daß der Mensch am zulänglichsten von seinen außerordentlichen Vertretern abzuleiten ist: von dem Genie und Verbrecher
und auch dem Narren. Lavater empfiehlt ohne Bedenken dem Anfänger
in der Physiognomik den Besuch der Irrenhäuser. Lichtenberg notiert
sich gleichsinnig: *Aus der Narrheit der Menschen in Bedlam müßte sich
mehr schließen lassen, was der Mensch ist, als man bisher getan hat.*[190] Er
war bekanntlich in Bedlam. Man weiß von ihm selbst, wie sehr ihn der
Verbrecher faszinierte. Als der überaus intelligente Bürger Rüttgerodt,
der zum dreifachen Mörder geworden war, bei Einbeck hingerichtet
wurde, besuchte er mit Deluc den Richtplatz. Aber die Silhouette des
Gothaer Mörders Simmen wurde ihm zu einem hinterlistigen Test gegenüber den Freunden: sie sollten das Gesicht deuten und *lavaterten* harmlos
daher: ein weiterer Beweis gegen den Anspruch der Lavaterschen Physiognomik. In *Fragmenten von Schwänzen* Göttinger Purschen und
Schweine gab Lichtenberg vollends seine groteskkomische Parodie des
Lavater-Stils, in dessen «Physiognomischen Fragmenten» ausgestellt.[191]

Der Physiognomen-Streit bewegte das literarische Deutschland, spal-
tete es in zwei Lager; Wieland, Mendelssohn wurden hineingezogen; ein
neuer Kontrahent erstand Lichtenberg in dem Leibarzt Zimmermann aus
Hannover. Sie kannten sich persönlich. Desto boshafter wurde der Disput
geführt, bis Lichtenberg von selbst abließ. Seine Pfeile lagerten von nun
an in den *Sudelbüchern.* Seine physiognomischen Ansichten fügten sich
nicht zu einem abschließenden Werk, sondern flossen in Schriften ein, die
als Kommentare zu Kupfern im Kalender gedacht waren: von Chodowiecki und danach Hogarth. Was Lavater selbst betrifft: 1786 suchte er

Lichtenberg in Göttingen auf, und der Physiker stellte betroffen fest, daß, wenn der Pfarrer schon kein Herschel sei, er doch sehr verständig und gar nicht einmal schwärmend zu reden wisse.[192]

Es war von vornherein eine geschäftstüchtige Erwägung Dieterichs, den Kalender mit Kupfern zu schmücken. Vollends Daniel Chodowiecki zur Mitarbeit zu gewinnen, den vielbeschäftigten Buchillustrator seiner Zeit, bedeutete vermehrten Anreiz für das in Bilder vernarrte Publikum. Man kennt Gleims hübsches Epigramm, das er kurz nach dem Tode des Künstlers verfaßte[193]:

Daniel Chodowiecki (1726–1801).
Gemalt von seiner Tochter Suzette

Chodowiecki war!
War! Wär' er nicht gewesen,
So blieb wohl eine Schar,
Von unsern Büchern ungelesen.

Gleichwohl hat die Zusammenarbeit von Lichtenberg und ihm für den Kalender nicht eben Erhebliches gegeben: eine Folge von Tugend und Laster zum Beispiel, das ist eine Lavater sehr nahekommende Schwarz-weißmalerei; Abfolgen von Natur und Affektaktion; ein Quodlibet von Heiratsanträgen; endlich das *Centifolium Stultorum Narrheiten.* Das schließt an Abraham a Santa Clara an, ohne im geringsten dessen satirisches Salz zu haben, ist Narrenschelte, wie sie Rabener vorgeschrieben hatte, scherzender Rationalismus an Stelle des bildkräftigen Barock.

Man möchte sagen, die Kommentare, welche Lichtenberg zwischen 1778 und 1783 zu Chodowiecki schrieb, waren Vorübungen für jene Bilderklärungen, die danach dem Kalender das Gepräge geben sollten: die Folgen Hogarthscher Kupfer. Seit England war Hogarth sein *alter Freund* zu nennen. Nahe Geistesverwandte sah er in Shakespeare, Garrick und Hogarth. *Was für ein Werk ließe sich nicht über Shakespear, Hogarth und Garrick schreiben! Es ist etwas ähnliches in ihrem Genie: anschauende Kenntnis des Menschen in allen Ständen, Andern durch Worte, den Grabstichel und Gebärden verständlich gemacht.*[194] Überraschende Definition ihres Genies! Wenn Lichtenberg in ihnen den Menschenbeobachter, den Seelenzeichner pries, war es eben jene Fähigkeit, die Lichtenberg selbst eignete. Hogarth zu erklären bestätigte ihn selbst als den ausgezeichneten Kenner des Menschen in allen Ständen. In der Tat mutet auf den ersten Blick der Kalender-Hogarth wie Lichtenbergs physiognomisches Bilderbuch an: das schmale Format gestattete zumeist nur die Reproduktion der Köpfe, nicht das ganze Bild. In Zusammenhang mit Lavaters «Fragmenten» hatte sich ja auch um Hogarth eine erregte Diskussion entzündet: waren Hogarths häßliche menschliche Geschöpfe noch Mensch zu nennen oder besser Karikatur? Lichtenberg bemühte sich, zu beweisen, daß diese Diskussion Hogarth nicht gerecht wurde. Er sah in Hogarth den Maler, der wie keiner vor ihm das Tierische im Menschen zutage gefördert hatte. Die menschliche Natur kennenzulernen, so wie Hogarth sie kannte, meinte Lichtenberg, *ist kaum möglich, ohne die vom Affen zugleich mit zu studiren, des Lichts wegen das sich diese Kenntnisse wechselweise leihen*[195]. Über allem steht das geistige Vergnügen, die vertrackte Haushaltung der Hogarthschen Bilder zu durchleuchten. Wenn einer imstande war, jene bis obenan gefüllten Stuben und Räume zu erklären, dann Lichtenberg. Alles spielt da alles an, alles verweist auf jedes; die Bilder setzen sich in Bildern im Bild fort: als ein Theater auf dem Theater.

Man weiß nicht, ob Lichtenberg beabsichtigte, nach Garrick und Hogarth auch Shakespeare zu kommentieren. Er wäre dafür in jedem Fall zu spät gekommen. Er war längst von anderen, Jüngeren beansprucht. So blieb ihm nur der Plan zu einem satirischen Kommentar dieser Shakespeare-Adepten, denen man den Namen von Stürmern und Drängern gegeben hat. Lichtenberg faßte die ihn befremdende junge Dichtergeneration unter dem Begriff der Originalgenies zusammen. Vergleicht man die gereimten und die nicht gereimten Vorwürfe, die Lichtenberg den jungen deutschen Poeten ob in Frankfurt, ob in Göttingen macht, erkennt man, daß der Tenor sich von 1766 bis zu der Zeit, da tatsächlich Werke des Sturms und Drangs, des Hainbundes vorlagen, nicht wesent-

William Hogarth (1697–1764).
Schabkunstblatt nach dem Selbstbildnis

Der eingebildete und der wirkliche Nachtwächter.
Zeichnung von Lichtenberg, 1775 (Sudelbuch E)

lich geändert hat. Er hatte sozusagen schon sein Pauschalverdikt konzipiert, ehe er die Dichter fand, auf die er es anwenden konnte. Ein Unbehagen an der Poesie? Vielmehr Unbehagen an einer gewissen grassierenden Weise, Poesie zu produzieren, Stimmung zu machen. Gegen die Nachahmer Shakespeares erinnerte er, daß das, was auf shakespearisch zu tun war, Shakespeare größtenteils getan habe.[196] Gegen Klopstock und seine Jünger wandte er die ewige Einstimmung auf ein *schon hunderttausendmal* gehabtes Wort- und Bildfeld, das Rhapsodieren, den Bardengestus ein, kurz die Einsträngigkeit solchen Poetendaseins, Empfindung für Erfahrung setzend. Am heikelsten war der Fall des «Werther». Lichtenberg hat durchaus den Stil des Romans gut genannt, um so mehr aber mit dem Rationalismus die Tendenz des Romans verhängnisvoll gefunden. Der «furor wertherinus» war im Grunde, was man dem Verfasser vorwarf: das Unverantwortliche, das offenbar den Roman geleitet hatte. Lichtenberg wußte um Selbstmord und Liebesverzweiflung – sein Tagebuch aus den Hundstagen von 1771 ist eine Probe in privatem Werther. Er hätte nicht gedacht, daß das Private derart Gegenstand der Dichtung sein könnte.

Nicolai war es, der ihn aufforderte, eine Satire gegen die Genies zu schreiben. Lichtenberg kam über Bruchstücke nicht hinaus. *Parakletor* sollte der Titel des ganzen Werkes heißen; ein Stück daraus liest sich so, daß man bedauert, diese Satire nicht vollendet zu wissen: die *Bittschrifft der Narren* – sprich Genies. Lichtenberg schrieb damit eine treffliche Parodie des Sturm und Drang-Stils[197]:

O wenn wir Worte hätten, ein Buch ein Wort, ein Wort ein Buch, aber hoher Genius und euer Deutsch, eure Grammatik, guckt, guckt, Colossus badet sich in seinem Fingerhut, großer kochender Gedanken-Schwall hebt sich und hebt sich und hebt sich in mir, erst wie das Rauschen des Eichenwaldes in dem Ohr des furchthorchenden Wandrers um Mitternacht, dann kochts deutlicher, dann keichts deutlicher, wie das stürmende Weltmeer in der Ferne, und dann horch, fast wie ein niesendes Regiment. Nun ists gut, Shakespear, so, so. Nun ists gut…Was! Was! Was! Gabs'm, wolt's n't fress'n. Siehst's Genie? wies in Wolken webt? Ob d's Genie siehst? Wenn d's nit siehst host d'n Nosen nicht's Genie z'riechen.

Bis in die achtziger Jahre, in den *Vorschlag zu einem Orbis pictus für deutsche dramatische Schriftsteller, Romanen-Dichter und Schauspieler* und in das «Alexandriner-Gedicht» hinein zeigt sich Lichtenberg noch immer wie erfüllt von diesem Schreibplan und Gedankengang. Er hat die Satire so wenig ausgeführt wie den Roman und seine *Heautobiographie*.[198]

Offenbar in Widerspruch zu dem von Lichtenberg geäußerten Abscheu vor der erklärten irrationalen Geistesströmung des 18. Jahrhunderts steht seine innige Beschäftigung mit den – wie die Romantik es formulierte – Nachtseiten der menschlichen Seele, ja, seine Beschäftigung mit dem Irrationalen überhaupt. Er leugnete keineswegs die Inspiration, beschäftigte sich mit dem Werk Jakob Böhmes, dieses barocken Erleuchteten, der noch von Adelung in eine Geschichte der menschlichen Narrheit gerechnet wurde. Er ahnte Zusammenhänge zwischen Genie und Wahnsinn. Er wurde aufmerksam auf das seltsame Traumwesen, notierte Träume, riet ein philosophisches Traumbuch an, schlug vor, einmal den Roman von schlafenden Menschen zu schreiben. Man hat zu Recht auf Freud hingewiesen, wenn man Formulierungen liest wie die folgende: *Wenn Leute ihre Träume aufrichtig erzählen wollten, da ließe sich der Charakter eher daraus erraten als aus dem Gesicht.* Er sieht die komplexe Person: *Der Traum ist ein Leben, das, mit unserm übrigen zusammengesetzt, das wird, was wir menschliches Leben nennen. Die Träume verlieren sich in unser Wachen allmählig herein, man kann nicht sagen, wo das Wachen eines Menschen anfängt.*[199] Aber seine Sensibilität hat nicht vermocht, die Theorien zum Traum künstlerisch fruchtbar zu machen. Wo er Traumerzählungen verfaßt, bleibt er durchaus im Limit des Rationalismus. Ähnlich verhält es sich mit seinem Aberglauben, den er den *Körper meiner Philosophie*[200] nennt. Er zieht aus jeder Sache eine Vorbedeutung, macht in einem Tag hundert Dinge zum Orakel. *Jedes Kriechen eines Insekts dient mir zu Antworten über Fragen über mein Schicksal. Ist das nicht sonderbar von einem Professor der Physik? Ist es aber nicht in menschlicher Natur gegründet und nur bei mir monströs geworden, ausgedehnt über die Proportion natürlicher Mischung, wo es heilsam ist?*[201]

Aber von dieser privaten Philosophie wußten vielleicht Kant und Jacobi, denen er darüber schrieb. Vor der Öffentlichkeit ist er der unerbittliche Verfolger und Aufklärer von Aberglauben jedweder Art. Das ist die Verantwortlichkeit des Gebildeten für die Menge. Er verwirft nicht unbesehen Phänomene wie den Magnetismus, Geistererscheinungen, Weissagungen; aber er lehnt es ab, an sie zu glauben, so lange man dafür noch eine vernünftige Erklärung findet. Das Nebulose, die Hochstapelei, das schwärmerisch Ahnungsvolle bekämpfte er unnachsichtig. Man sieht den Rationalismus zumal nach der Jahrhundertmitte allzu einseitig, wenn man ihn als jene Epoche versteht, die den Verstand zur Allmacht erklärte. Es ist aber vielmehr jene Epoche, der das Irrationale zum Problem wurde und ihr Wirken zu dem Versuch, das Irrationale auf die Ratio zu beziehen. Lichtenberg macht diese Problematik nur deutlicher als die Mehrzahl seiner Zeitgenossen, mit denen er im Leben und Wirken übereinstimmte.

Mitten in die fröhlichste Aktivität und zuversichtliche Forscherlust fällt ein Ereignis, das Lichtenberg fast von Sinnen bringt. Dem Wesen nach kennt seinen Jammer die ganze Stadt, nach dem Grade nur wenige seiner besten Freunde, unter ihnen Meister, Amelung und Garve. Ihm als Philosophen gibt er am 3. November 1782 eine Schilderung, in der das Jahr zu einem bösen Zauber wird. Im Frühsommer hatte ihn ein unglücklicher Zufall bei Versuchen beinahe ein Auge gekostet; danach bannt ihn mitten im Semester ein schneidender *Schmerz gleich unter dem Herzen*[202], der ihn am Stehen hindert, für drei Wochen ans Bett. Kaum war er *aus diesem traurigen Zustande heraus, so kam ich in den empfindlichsten, in dem ich mich in meinem ganzen Leben befunden habe, und der noch nicht ganz aufhört.* Sein Mädchen – Maria Dorothea Stechard – war gestorben. Ist durch ihren Besitz sein Leben *nie reicher und glücklicher gewesen*, beklagt er nun den größten Verlust, den er in seinem Leben erlitt.[203]

Sie war die Tochter eines göttingischen Leinwebers, *von sehr honetten, aber geringen Eltern*[204], am 26. Juni 1765 geboren. Im Frühling des Jahres 1777 hatte Lichtenberg die Kleine getroffen. *Ein solches Muster von Schönheit und Sanftmut*, vertraute er Anfang 1783 dem Pfarrer Amelung, *hatte ich in meinem Leben noch nicht gesehen, ob ich gleich viel gesehen habe.*[205] Einer Statistik[206] zufolge haben bis dahin vier Amouren sein Leben passiert, vier Namen: Weylands offenbar platonisch geliebte Tochter, das ist womöglich das anderweitig sogenannte Lorchen; Justine, das eine bis zu ihrer Heirat dauernde sinnliche Liebe gewährende Malermodell; eine wütige Leidenschaft für den Kometen, hinter dem man die Schneidertochter Marie Sachs vermutet; endlich eine Liebelei mit Dieterichs Köchin Marie, die von etwa 1772 bis zu ihrem Fortgang im Oktober 1778 bestand. Von der Episode mit einem Bettelmädchen erfährt man 1772 aus Hannover. Als Lichtenberg, fünftens, die *kleine Stechardin sah, befand sie sich in einer Gesellschaft von 5 bis 6 andern, die, wie die Kinder hier tun, auf dem Wall den Vorbeigehenden Blumen verkaufen. Sie bot mir einen Strauß an, den ich kaufte. Ich hatte 3 Engländer bei mir, die bei mir aßen und wohnten. God almighty, sagte der eine, what a handsome girl this is. Ich hatte das ebenfalls bemerkt, und da ich wußte, was für ein Sodom unser Nest ist, so dachte ich ernstlich, dieses vortreffliche Geschöpf von einem solchen Handel abzuziehn.*[207] In der Tat scheint die Moral Göttingens nicht eben berühmt gewesen zu sein. Man flüsterte von Kästners *präsumtiver Tochter*[208], wußte eines Theologen Frau als Dirne; die Menge der unehelichen Kinder, die von einheimischen Müttern geboren wurden, war wenigstens so groß wie die Zahl der geschlechtskranken Purschen. Kein Wunder, daß die sittsame Jungfrau Stechard sagte, *sie ginge keinem Purschen auf die Stube*, als Lichtenberg sie endlich allein sprach und bat, ihn im Hause zu besuchen. *Wie sie aber hörte, daß ich ein Professor wäre, kam sie an einem Nachmittage*, wohl im Mai des Jahres, *mit ihrer Mutter zu mir. Mit einem Wort, sie gab den Blumenhandel auf und war* von 1778 an *den ganzen Tag bei mir. Hier fand ich, daß in dem vortrefflichen Leib eine Seele wohnte, grade so wie ich sie längst gesucht aber nie gefunden hatte.*[209]

Nimmt man dazu sein Geständnis, daß sie ihn mit dem ganzen menschlichen Geschlecht ausgesöhnt habe, so bemerkt man, wie anmutig jene neue Begegnung und Erfahrung zwei im Februar 1777 geschriebene Briefe *Über die Macht der Liebe* ironisiert. Dort hielt er ihre Unwiderstehlichkeit höchstens für *poetische Faselei junger Leute* oder aber für Verwechslung mit dem ihm allerdings unwiderstehlichen Zeugungstrieb. Einer wahrhaft starken Seele habe Liebesleidenschaft sich nie bemächtigt, der Grieche habe nie dem Weibe das von Natur gegebene Vermögen, *ein dringendes Verlangen auf eine angenehme und nützliche Art zu befriedigen*, für ein Verdienst angerechnet. Das heißt in der Natur des Weibes sehen, was Rationalismus von der Literatur forderte, nämlich angenehm und nützlich zu sein. Nichts da von poetischer Raserei: ... *lerne dein braunes Mädchen genießen wie dein braunes Brot.*[210] Man könnte danach so sagen: Lichtenbergs Briefe über die Un-Macht der Liebe beweisen, wie dürftige Erfahrungen er noch gemacht und wie streng er aus der Sphäre der Köchinnen, der Aufwärterinnen geurteilt, vorgeurteilt hatte.

Die Stechardin jedoch fand Lichtenberg zum Glück noch nicht fertig: verkörperte Sehnsucht des Aufklärers, der entzückt an sein Erziehwerk ging. *Ich unterrichtete sie im Schreiben und Rechnen und in andern Kenntnissen, die, ohne eine empfindsame Geckin aus ihr zu machen, ihren Verstand immer mehr entwickelten.*[211] Das ist eine wichtige Ergänzung. Dem

Junges Mädchen. Kupferstich von Chodowiecki aus der Folge
«Tugend und Laster» (Blatt 7). Göttinger Taschen-Kalender
für 1778. Als Lichtenberg das Blatt beschrieb,
hatte er gerade die kleine Stechardin kennengelernt

schwärmerischen Gecken, dem weichlich Schwachen, dem Wollüstling
entsprach ja durchaus ein zahlreiches Publikum von bleichen Frauenzimmern, so grausam klug wie empfindsam. Lichtenberg kannte sie in Ge-

stalt der berühmten Professorentöchter Caroline Michaelis, die Wilhelm von Humboldt die «Gelehrte» nannte, und Dorothea von Schlözer, die, virgo erudita, mit siebzehn Jahren 1787 promovierte. Von der Stechardin berichtet Lichtenberg, daß sein physikalischer Apparat *sie anfangs durch seinen Glanz reizte und endlich der Gebrauch davon ihre einzige Unterhaltung* wurde. Von ihrer Hand vermutete man ein Verzeichnis der Geräte, ihr von Lichtenberg in die Feder diktiert.[212] *Nun war unsre Bekanntschaft aufs Höchste gestiegen. Sie ging spät weg und kam mit dem Tag wieder, und den ganzen Tag über war ihre Sorge meine Sachen, von der Halsbinde an bis zur Luftpumpe, in Ordnung zu halten, und das mit einer so himmlischen Sanftmut, deren Möglichkeit ich mir vorher nicht gedacht hätte.*[213]

An Nichtpastoren schreibt er anders. Dann ist nicht die Sanftmut, sondern das tollende Temperament ihr hübschester Reiz. Das *böse Katzen-Mädgen* nennt er sie da wohl, und Lichtenberg war bekanntlich ein Katzenfreund, *Hexe*[214] heißt er sie zum Scherz. Da erscheint es denkbar, daß die Parodie von Bürgers Lied «Die Holde die ich meine», 1779 unter dem Titel «Die Hexe, die ich meine» im Göttinger Musenalmanach abgedruckt, auf die Stechardin Bezug hat. Zu der Parodie habe Lichtenberg, wie Bürger an Boie schrieb, «bloß die Idee und die Grundlage hergegeben. Die ganze Ausführung bis auf ohngefähr 2 Strofen gehört mir.»[215] Überliest man die Gemeinschaftsarbeit, so mutet der Anfang noch am ehesten lichtenbergisch an:

> O was in tausend Zauberpracht
> Die Hexe, die ich meine, lacht!
> Nun sing, o Lied und sag's der Welt:
> Wer hat den Unfug angestellt;
> Daß so in tausend Zauberpracht
> Die Hexe, die ich meine, lacht?

Die Folge war, was Sie schon mutmaßen werden, sie blieb von Ostern 1780 ein Jahr nach ihrer Konfirmation, ganz bei mir. Ihre Neigung zu dieser Lebensart war so unbändig, daß sie, zwei Jahre hindurch, *nicht einmal die Treppe hinunterkam, als wenn sie in die Kirche und zum Abendmahl ging. Sie war nicht wegzubringen. Wir waren beständig beisammen. Wenn sie in der Kirche war, so war es mir, als hätte ich meine Augen und alle meine Sinne weggeschickt.*[216] Aus dem Kind, das er noch im Juni 1778 als seine kleine Tochter bezeichnet, die *zu einer recht guten Frau zu machen* sein Unterricht bezweckt hatte, war *ohne priesterliche Einsegnung*[217] sein Weib geworden. Freilich hat man sich über die illegitime Verbindung aufgehalten. Noch 1791 spielte Kotzebue in jener unflätigen Satire «Doktor Bahrdt mit der eisernen Stirne» auf Lichtenbergs innigste Liebe grobschlächtig an: «Vor vielen Jahren schon hielt ich mir ein

Mädchen von elf Jahren, welches Blumensträuße feil trug. Sie wohnte in der Gasspühlen und wir brachten wechselseitig Götternächte miteinander zu. Ich kleidete sie mit britischer Freigiebigkeit, unterhielt auch Papa und Mama. Die Sache wurde aber endlich so notorisch, daß in der Schola puellarum meine Amasia ein Gespött der übrigen wurde und der Schulmeister sogar de fornicatione omittenda herrliche Ermahnungen ergehen ließ.» Über das Alter der Stechardin jedoch hat man sich gewiß nicht entrüstet. Die Umschau in den Rechtsbestimmungen der Zeit ergibt immer wieder vierzehn Jahre als Heiratsmindestalter, nach kirchlicher Anschauung aber die erfolgte Konfirmation als Erfordernis. Hufeland heiratete die sechzehnjährige Tochter des Lichtenberg-Freundes Amelung, Lavoisier gar eine Dreizehnjährige. Maria Dorothea stand damals im Ausgang ihres fünfzehnten Lebensjahres. *Indessen konnte ich diesen Engel, der eine solche Verbindung eingegangen war, nicht ohne die größte Rührung ansehn. Daß sie mir alles aufgeopfert hatte, ohne vielleicht ganz die Wichtigkeit davon zu fühlen, war mir unerträglich. Ich nahm sie also mit an Tisch, wenn F r e u n d e, wie Meister, bei mir speisten, und gab ihr durchaus die Kleidung, die ihre Lage erforderte, und sie liebte sie jeden Tag mehr.* Dem Freund Garve allerdings hatte er sie, als jener ihn im Sommer 1781 besuchte, vorenthalten, weil er den Gedanken nicht ertragen konnte, *sie vor einem solchen Mann wie Sie unter dem Titul als Maitresse aufzuführen*, ein Titel, den sie gar nicht verstand. So war denn Lichten-

Die von den Göttinger Professoren bevorzugte Wohngegend in Göttingen: die heutige Goetheallee. Stich von Joel Paul Kaltenhofer, 1765

bergs Absicht, sich *mit ihr auch vor der Welt zu verbinden, woran sie nun nach und nach mich zuweilen zu erinnern anfing*[218].

Da wurde sein Mädchen, das die Gesundheit selbst war, krank. Und Lichtenberg, der zeitlebens Leiden und Tod mit schaudernder Faszination begegnete, hatte Grund zu konkreten Betrachtungen über den Wechsel von Schönheit der Jugend zu hippokratischem Gesicht. *Sie gleicht sich gar nicht mehr*, schrieb er an Meister, *so daß, wenn ich sie verliere, ich gar nicht werde glauben können, daß die Verstorbene die sei, mit der ich umgegangen bin. Es ist ein erstaunlicher Jammer. Gestern mittag, wenn ich ihr zurief, ob sie mich noch kenne, sah sie sich um und nannte mich mit zitternder Stimme, und durch die fürchterliche Maske schien die alte Freundlichkeit durch. Gestern abend kannte sie mich nicht mehr, sie hörte mich nicht einmal mehr. Sie fingert auf der Decke und läßt alles ins Bette gehen. Jetzt, da ich dieses schreibe, faselt sie wieder laut immer von meinen Instrumenten im Saal und ob mir die Mutter recht aufwarte*[219], die offenbar mit dem Vater am Krankenbett weilte. Am 4. August 1782 abends mit Sonnenuntergang ist sie gestorben.

Lichtenberg sucht sich danach, *wie aus einem Traum erwacht*, zu besinnen und repetierte in Briefen an die Freunde aber und abermals, was ihm widerfuhr. Noch Ende des Jahres kann er *kaum ohne Tränen durch die Erzählung durchkommen*[220], muß er abbrechen, weil Erinnerung ihn übermannt. Ihre Krankheit, die ihrem Leben in acht Tagen ein Ende machte, war die *Rose am Kopf, die vermutlich durch Unwissenheit unsrer Ärzte zurücktrat.* Daß die Stechardin ein *Opfer der Arzneiwissenschaft*[221] geworden sei, das Gefühl, bei dem Sterben der Geliebten hilflos, unfähig trotz dem besseren Wissen gewesen zu sein, beschwert sein Gewissen, beherrscht seine Gedanken in den unter dem Eindruck des Todeskampfes entstandenen Briefen. Später sucht er sich mit der Versicherung zu beruhigen, es sei alles getan worden. Davor suchte er, wo die Philosophie, *in deren Diensten ich zu stehen die Ehre habe*, nicht zu trösten mehr vermochte und die Überzeugung von der unendlichen Weisheit wankend geworden war, seine Befriedigung in dem einzigen Schmerz, hernach in der räumlichen Entfernung: *Ich bin einstweilen auf eine andere Etage gezogen, und ich und Herr Dieterich*, dem eine Tochter noch nicht 21 Jahre alt am Begräbnistag der Stechardin gestorben war, *schlafen auf derselben Stube.* Kummer und Schlaflosigkeit zogen ihm schließlich eine Krankheit zu, die ihn seinen Worten nach an den Rand des Todes brachte. Die Zeit entfernte ihm zuletzt von selbst das Peinigende und hinterließ bloß *eine nicht ganz unangenehme melancholische Empfindung bei der Erinnerung an die vorigen Zeiten*[222]. Noch 1792 notierte er sich, mit drei Ausrufungszeichen und in griechischen Buchstaben, den zehnjährigen Todestag der Stechardin: da war er ein verheirateter Mann.[223]

Nach dem Tod der kleinen Stechard lebte Lichtenberg wohl weiter und für Dritte so, als wäre nichts gewesen, ging *die Maschine wieder, wie lange, das weiß der, dem es gefallen hat, ihren Gang zu zerrütten*[224]. Aber fast ist man versucht zu sagen, daß mit der Stechardin eine glückliche Dosis schöpferischer Ruhe, heiteren Gelingens von ihm gegangen sei. Als sein Mädchen auf den Tod lag, schrieb er für den Kalender – und er wundert sich, daß nicht ärgere Fehler darin stehen – seine *Kurze Geschichte einiger der merkwürdigsten Luftarten*[225], wie man seinerzeit die Gase nannte. Schon im Mai 1782 hatte er dem Freund Wolff mitgeteilt, er *habe seit einiger Zeit die Elektrizität etwas liegen lassen* und beschäftige sich *dafür mit den herrlichen Erscheinungen, welche die Entdeckungen mit den Luftarten gewähren*[226]. Sein Verdienst liegt, wie schon Kästner 1790 rühmte[227], in der Einbeziehung der neuen Luftarten, zu deren Entdeckung und Darstellung Priestleys Untersuchungen seit kurzem führten, in die Physik. Im Sommer 1783 las er über sie ein zusammenfassendes Sonderkolleg und beschloß am 12. Februar 1784 seine Vorlesungen über die künstlichen Luftarten, bei denen er, nach seinem Geständnis, noch immer wieder Dinge *wie neu anstaune*, ob er sie gleich über zehnmal gesehen hat. Noch Mitte der achtziger Jahre macht er Versuche mit dem Knallgas, in Klub und Auditorium: ... *wenn irgend jemand Fremdes erschrickt, so sagen die Leute: Oh de Professor scheit*. Er regte seine Freunde zu Beschäftigung mit dem reizvollen Gegenstand an, sandte ihnen Sauerstoff, dephlogistisierte Luft genannt, so zahlreich in Bouteillen, daß die Flaschen wie Eimer in den Ziehbrunnen zwischen Göttingen und Hannover pendeln. Im Laufe des Jahres 1782 machte und beschrieb er Versuche mit Phosphor in dephlogistisierter Luft; mit einer Sackuhrfeder, die er in Sauerstoff wie einen Bindfaden abbrennen ließ: zwei Versuche, die ihm für das Auge die *herrlichsten Schauspiele* im Leben waren – wenn er sich gleich dabei die Finger verbrannte.[228]

Unter seinen Vorlesungsexperimenten über das spezifische Gewicht der flüssigen Materien hatte er bereits 1782 auch den von Black unmittelbar nach der Wiederentdeckung des Wasserstoffs im Jahre 1766 angeregten, von Cavallo 1781 mangelhaft inaugurierten Versuch vorgeführt, Seifenblasen mit reinem Wasserstoff – der sogenannten inflammablen Luft – zu füllen, *die mit so großer Geschwindigkeit aufstiegen, daß sie sich oft vom Rohr losrissen, ehe sie noch die Größe hatten, die ich ihnen geben wollte*. Von da bis zu dem ersten mit Wasserstoff gefüllten Ballon des Physikprofessors Charles, der am 27. August 1783 aufstieg, war für einen Kopf von der Beweglichkeit Lichtenbergs kein weiter Weg. *Im Scherz habe ich wohl unter guten Freunden gesagt, diese Erfindung hätte ich machen können*[229], schrieb er im Herbst 1783 an Dieterich. Da hatten sich in das Goldene Buch der Erfinder eingeschrieben: die Brüder Montgolfier, deren Heißluftballon am 5. Juni 1783 auf 2000 Meter gestiegen war. Am 19. September stiegen Ente, Hahn und Hammel, am 21. November die ersten Menschen in den Himmel, der Marquis d'Arlandes und Pilâtre de Rozier, der 1785 das erste Todesopfer der Luftfahrt wurde. *Wie werden einmal unsere Namen hinter den Erfindern des Fliegens u. d. g. vergessen werden*[230], vertraute Lichtenberg mit peinigender Hellsicht seinem *Sudelbuch* an. Nachdem die Erfindung einmal gemacht war, mußte er sich begnügen, sie mit Worten zu kommentieren, mit Werken zu wiederholen. Am 20. November 1783 gelang es ihm endlich, auf seiner Stube, anderntags im Collegio *eine außerordentlich große Schweinsblase, 14 Zoll hoch und 10 Zoll weit, zum Steigen zu bringen.* Schweinsblasen an Stelle des französischen Tafts, das Amnium von Kälbern, von zwei Kindern gar, ihm von einer Hebamme überlassen, wählte er als Material. Eine wahre Gesellschaft nannte er so Luftblasen in einem Brief an Sömmerring. Sicher führen Lichtenbergs Versuche, während Montgolfier und Charles am Anfang der Geschichte des modernen Luftfahrzeugs stehen, viel mehr zu jenem geschichtslosen Spielzeug der Kinder, legt man seine Schilderung zugrunde. Dafür entdeckte er als einziger – und alle Kinderseelen würden ihm recht geben – das bizarre Eigenleben einer solchen Blase: ... *wenn ich mit meinem Schlafrock an ihr etwas schnell vorbei ging, so hob sie sich gleich wieder und folgte mir. Überhaupt schlich sie auf eine so seltsame Weise in der Stube herum, ganz ohne zu rollen, bald an der Erde hüpfend und bald wieder ganz schwebend, so wie sie ein Zuglüftchen traf, immer mit der Spitze nach der Erde gekehrt, daß allen Leuten, die es sahen, notwendig ein Gespenst einfallen mußte, und ich glaube, man könnte jemanden, der ein Nachtlicht brennte und furchtsam wäre, mit einem solchen Ding den Tod an den Hals schrecken.*[231]

Anfang Dezember 1783 war Lichtenbergs große aerostatische Maschine fertig, ein *prachtvolles Ding*: sechs Fuß hoch und vier dick. Erst am 19. April 1784 ließ er sie im Freien steigen. Bereits am 16. Februar 1784 aber hatte er einen anderen Ballon steigen lassen, der eigentlich nur ein Kügelchen von 4 Zoll im Durchmesser war. *Den Rang im Minimo haben also die Franzosen verloren*, schrieb Lichtenberg einem Freund. Da er dieses Kügelchen auch vor der Öffentlichkeit ausdrücklich erwähnt, verbietet sich die Annahme, er habe die Bemerkung lediglich scherzend getan. Hinter dem rührigen Göttinger Kleintreiben und Lichtenbergs Gelehrtenexistenz steht eine ganze zeitgenössische deutsche Misere. Der Vergleich mit Frankreich ist niederschmetternd. *Hätten wir nur mehr reiche Physikliebhaber oder mehr reiche Faulenzer*, hatte Lichtenberg hinzugefügt, *so sollten sie ihn auch im Großen verlieren.*[232] In der Tat ist den französischen Gelehrten die Anfertigung ihrer kostspieligen Maschinen nur durch eine Subskription zumal in den Kreisen einer lebhaft interessierten Aristokratie möglich gewesen. Lichtenberg bezahlte, wie immer, alles aus der eigenen Tasche. Statt einer den fähigsten deutschen Forscher anspornenden Dotierung sieht man lokalpatriotische Dilettanten in Gotha, Leipzig, Kassel und Hannover um die Ehre eifern, den ersten deut-

Lichtenberg-Medaillon von dem Bildhauer Möller aus Hannover, für die Fürstenberger Porzellanmanufaktur gefertigt. Um 1783

schen Ballon zu starten. Der Mangel, das Kleinformat, die Enge: zur Füllung der großen Maschine benötigt Lichtenberg sein Auditorium als den einzigen Raum, der in Frage kommt, aber erst zu gebrauchen ist, wenn Kollegschluß und Ferien sind. Es kommt eine da noch von Lichtenberg nicht begehrte Vereinzelung hinzu. Im März 1783 klagte er Schernhagen sein Leidwesen über die elende Göttinger Welt, die lauter *Stolz, Besoldungsvermehrung und Büchergeschwätz* ist, deren *Unterhaltung Stadtgeschichten oder Vademecums-Histörchen* sind.[233] Das große Glück der vierzehn Tage gemeinsamen Forschens mit dem alten Freund Forster und dem neuen Freund Sömmerring im Oktober 1783 ließ desto schmerzlicher seine Isolation in Göttingen empfinden.

Aus solcher bedrückenden Enge und aerostatischen Kleinmeisterei entführt sich Lichtenberg durch den Aufsatz im «Magazin» von 1784: *Ver-*

mischte Gedanken über die aerostatischen Maschinen, mit denen er in eine janusköpfige Zukunft teils scherzend und zum Teil ernstlich ausschweift, wozu die Luftballons nützen können. In einer findigen Liste von 25 Posten denkt er an ihren Wert bei aller Art von meteorologischen Beobachtungen; eine Kugel, groß genug, Menschen zu tragen, hat ihm unabsehbar strategischen Nutzen, *Armeen zu rekogniscieren, Terrain aufzunehmen und für die Schlacht zu besehen.* Tatsächlich verwendete die Armee der französischen Republik, nachdem die Luftballons und Luftschifferei inzwischen unvermerkt aus der Mode gekommen waren, in den neunziger Jahren Ballons auf ihren Feldzügen, was Wieland 1797 eine beklemmende Vision schien. Lichtenberg sann aber auch auf eine friedliche Maschine zum modernen Transport dichterischer Einbildungskraft: *Daß sich die Seele erhebt, wenn der Leib erhoben wird, ist demonstriert, so wie wenn der Leib stürzt, die Seele gemeiniglich auch nicht zurücke bleibt. Prof. Charles hat vielleicht nie gedichtet, wer aber den Brief liest, worin er seine Empfindungen beschreibt, wird eine dichterische Erhebung der Seele darin nicht verkennen. Man bedenke auch nur das Atmen der Alpenluft, das Baden, Plätschern und Schwimmen im Lichtmeere und in Gesellschaft der Morgensterne, während die Hälfte der Welt unter einem noch im Schlamme der Nacht ruht.* Lichtenberg erfuhr ein großes Glück, kurz vor seinem Tod noch als Leser jenen Dichter kennenzulernen, der durch sein Wort bewies, wie prosaisch die tatsächliche Erfindung der Naturwissenschaftler gewesen. Das ist Jean Paul! *Haben Sie wohl die Stelle in dem Campanerthal gelesen, wo Gione in einem Luftball aufsteigt*, frug Lichtenberg im Jahre 1798 einen Bekannten. *Ich kann mich nicht erinnern, daß seit langer Zeit irgend nur ein Bild einen so hinreißenden Eindruck auf mich gemacht hat.*[234]

Etwas über ein Jahr nach der Stechardin Tod, am 15. September 1783 – das Jahr, in dem er vermutlich seine spätere Frau kennenlernte –, teilte Lichtenberg seinem Freund Schernhagen ein paar kuriose Fakten seines Körpers und Kopfes mit: *Ich weiß nicht, ich bin schon seit 8 Tagen mit entsetzlichen Kopfschmerzen in dem linken Nackenknochen geplagt, die zuweilen so zunehmen, daß ich mich gar nicht zu fassen weiß, und dann habe ich wieder etwas Ruhe ... Was daraus werden will, kann ich in Wahrheit nicht sagen. Es ist gar besonders, ich schlafe gut, mein Appetit ist auch nicht schlechter als sonst, nur merke ich, daß ich stark abnehme. Sehr sonderbar ist es ebenfalls, daß mein Gedächtnis sich völlig verjüngt hat, es sind mir Namen von ganz unbeträchtlichen Menschen beigefallen, die ich oft um mein Gedächtnis zu üben, wenn ich nicht schlafen konnte, vergeblich gesucht habe, und zwar fielen sie mir so leicht bei, als wenn sie mir eingegeben würden. Diesen letzten Umstand wollte ich gerne e r t r a g e n , wenn nur diese Empfindlichkeit nicht mit so großen Schmerzen verbunden wäre.*[235] Es handelt sich hierbei um Lichtenbergs älteste ausführliche

Füllung des ersten Gasballons in Paris am 27. August 1783

Notiz von jenen sonderbaren Zuständen, die sein letztes Lebensjahrzehnt zum Martyrium machen sollten. Bis dahin hatte Kränklichkeit zu den peniblen, aber doch nicht zu den ihn verheerenden Dingen seines Lebens gehört. Man gewinnt aber in diesen achtziger Jahren den Eindruck, als wenn seine Energie davon mehr und mehr mürbe gemacht werde, er immer häufiger auf seelische und geistige Schlappen mit Krankheit antworte, jede Anspannung mit unmäßiger Ermattung zu bezahlen habe. Im Januar 1784 behauptet er, wirklich auf den Tod gelegen zu haben, im Februar, in siebzehn Jahren nicht so krank gewesen zu sein; im September konstatiert er, daß ihm seit der letzten Krankheit die Haare entsetzlich ausfallen. *Reisen*, schrieb im Frühjahr 1785 Lichtenberg an Freund Amelung, *macht mich gesund, das weiß ich aus Erfahrung.*[236] Der leidende Zeitgenosse wußte es mindestens aus zahllosen Büchern. Diätetiken und Romanen. Das Reisen war das empfohlene Mittel gegen alle Hypochondrie. Aber Lichtenberg blieb versagt, es zu nehmen.

Schon zu Anfang der Bekanntschaft mit Ljungberg war er mit ihm übereingekommen, dereinst eine gemeinsame Reise in den Süden zu tun. Bei einem Besuch des Freundes 1778 in Göttingen wurde der Entschluß erneuert. Im Spätherbst 1784 schien der beständige *Sonntags-Gedanke*[237] Wirklichkeit werden zu wollen. Am 10. Oktober hatte er die hannöversche Regierung um Reiseerlaubnis auf ein halbes Jahr gebeten. Sein Gesuch enthielt fast die gleichen Argumente für Italien, die er zehn Jahre zuvor für England geltend gemacht hatte. Es redet, bittet da, verständlicherweise, nur der Professor, der sich in dem europäischen Land fortzubilden sucht, *wo nächst England und vielleicht noch vor England Physik zu blühen scheint*[238]. Am 15. Oktober wird Lichtenberg ein sechsmonatiger Urlaub erteilt und die Besoldung auf ein Jahr vorausbezahlt. Niemals vorher war sein ganzes Wesen: *Verstand, Herz, Einbildungskraft* so zu einem *Jawort* gestimmt gewesen. Da erfährt er, daß Ljungberg von der dänischen Regierung in Kopenhagen keinen Urlaub erhalten habe. *Als ich die Nachricht erhielt*, schreibt er daraufhin an Müller von Itzehoe, *ich glaubte, ich würde niedersinken. In der Tat, ob ich gleich nie närrisch gewesen bin, so weiß ich doch jetzt, wie es einem ist, wenn man es werden will, und das ist das einzige, was ich bei der Sache profitiert habe. Ich hatte mich über 9 Wochen auf die Reise präpariert, ich fühlte schon die klassische Erde unter meinen Füßen, passierte mit dem Cäsar den Rubicon, mit dem Hannibal die Alpen und mit dem Konstantin die Brücke, wo das heilige Kreuz am Himmel stund. Ich stieg zum Capitol hinauf, betastete die Schiffsschnäbel und mir schwindelte am tarpejischen Felsen. – Im zweiten Akt erschien der Laokoon, der Apoll im Belvedere und die mediceische Venus zu Florenz; alle Wände waren mit Raphaels und Correggios behangen. – Im dritten bekletterte ich den Vesuv, ging auf den pontinischen Sümpfen spazieren, die neulich abgebrannt sind, sah den Styx und die Hundshöhle und wandelte in Alleen von blühenden Aloë- und Apfelsinenbäumen – und auf einmal, als wenn der Blitz einschlüge, war nichts da für den ganzen Winter als Göttingischer Schnee, Schlittengeläute und magere Hyazinthenzwiebeln an meinem Fenster...* [239] Und dabei blieb es. Aus der nur aufgeschobenen Reise, weil Ljungberg keinen Urlaub bekam, wurde 1785 eine vereitelte Reise, weil Ljungberg erkrankte, Sömmerring und Müller von Itzehoe nicht zu bewegen waren. Wie der Stechardin Tod wird das Zunichtewerden der Italien-Reise – *Diesen Winter hat mich ein seltsames und hartes Schicksal verfolgt* [240] – möglichst vielen Freunden mitgeteilt.

Der letzte Versuch zu einem Ausbruch aus Winter und Enge und ermüdendem Tagwerk scheiterte und hinterließ: einen Kranken, der aus Gram Kinderleiden bekam, und voll des Aberglaubens. An die Stelle des Reisen oder wenigstens zukunftsfrohe Pläne machenden Schaulustigen trat 1786 der Lichtenberg welcher von seinem *jetzigen angebundenen Auster-Leben* [241], redet, sich 1787 für die Jubelfeier zum 50. Geburtstag der Universität krank schreibt, den Besuche entnerven, der selbst sich fast aller *Aktiv-Visiten* begibt, seinen Schlafrock als sein *Gala-Kleid* [242] bezeichnet. Der Gießener Professor Crome berichtet von einem Semesterschluß im Herbst 1788; er wartete auf Lichtenberg in einem Zimmer, dessen Tür unmittelbar auf den Katheder führte: «Wie die Zuhörer aus einer anderen Türe hinausgingen, kam L. auch von seinem fünf Stufen erhabenen Lehnstuhl herab und fiel seinem Bedienten ohnmächtig in die Arme, der ihn schnell auf das Canapee hinstreckte. Ich wollte mich entfernen, weil ich glaubte, L. bekäme Convulsionen, und lästig zu sein fürchtete; der Bediente versicherte mir aber, daß dieser Zustand jedesmal nach den Vorlesungen eintrete und immer schnell vorübergehe...» [243] Im Februar 1793 schrieb ihm begeistert ein Freund aus Rom: «Wie wohltätig die Sonne unsern Körper erwärmt in einer Jahreszeit, da man gewöhnt war, in Dünsten eingehüllt zu frieren, ist eine Erfahrung, die man selbst machen muß.» [244] Man kennt Lichtenbergs Empfindung und Antwort darauf nicht. Wenn nun das Bild von dem Lichtenberg im Gehäus über die Zeiten lebt, sollte man gleichwohl nicht vergessen, daß er nur widerwillig sich in diese Existenz gefunden hat, ohnmächtig, resigniert.

Nötige Digression über
Gewitterfurcht und Blitzableitung

... et is en Grummel in der Lucht...[245]

Lichtenbergs Forschung ist, in dem Spiegel seiner Briefe, Notizen, Schriften, ein beglückender Gewinn an Umwelt. Welch eine Fröhlichkeit war in dem schwächlichen Manne kraft des Gefühls, auf den richtigen Wegen zu sein. Es hat etwas von einem Trauerspiel, daß keiner ihn an das Ziel führte: etwas ersonnen, entdeckt zu haben, was ihn berühmt und nützlich gemacht hätte. Nirgends spiegelt sich das besser als an einem Gegenstand, den Lichtenberg im Gegensatz zu allen anderen Unternehmen zeit seines Lebens verfolgte. Das ist die Lehre von der Natur des Blitzes und ihre Nutzanwendung auf das Gemeinwesen. Die eingehendere Betrachtung ist um so mehr gerechtfertigt, als sie einmal wenigstens Gelegenheit gibt, Lichtenberg ganz abzubilden, nicht: erst Mensch, nun Autor, dann Gelehrter.

Lichtenberg war zehn Jahre alt, als in Amerika nach Franklins Anweisungen die ersten Strahlableiter, wie man damals sagte, errichtet wurden, in Europa 1754 von dem Pfarrer Procopius Diwisch in Mähren. Das waren dünne Eisenstangen, die man drei bis vier Fuß in die Erde trieb und sechs bis acht Fuß über den höchsten Punkt des Daches gehen ließ und deren Ende in einem fein zugespitzten Messingdraht auslief. Schwerlich hat das 18. Jahrhundert eine Erfindung stärker akklamiert und segensreicher empfunden als Franklins Wetterschutz. Bei seiner Aufnahme in die Französische Akademie begrüßte ihn d'Alembert mit dem lateinischen Hexameter als den Mann, der dem Himmel den Blitz entriß!

Lichtenbergs Stellung ist in dem Augenblick, als er zu lehren beginnt, festgelegt. Die aufsehenerregende Entdeckung und wohltätige Erfindung scheinen gemacht; der Lorbeerkranz ist vergeben. Zu seinen Aufgaben als Lehrer für Experimentalphysik gehört die Wiederholung schon historisch gewordener Versuche zur Elektrizität der Luft. Er kann solche Versuche vervollkommnen, und er tut es. Aber er erkennt dabei, daß zwischen wirklicher Naturentladung und den von Physikern daheim erzeugten *Foudres de poche* ein bedeutender Abstand ist und unerlaubte Hypothese alles, was aus solchen Taschenblitzen *auf den Wetterstrahl des*

Jupiter schließen will. Weil noch etwas *an unserer, sonst zu einem hohen Grad von Vollkommenheit gediehenen Theorie von den Donnerwettern* fehlt, wird er bis auf weiteres lieber *der Erfahrung folgen.*[246] Die Erfahrung, von der er dabei ausgeht, ist aber wohlgemerkt ureigener Natur des Menschen, ist die Furcht vor Gewittern. Bemerkungen Lichtenbergs zu dem Gegenstand, in seinem Nachlaß bewahrt, leiten dieses Motiv ein. *Die*

Benjamin Franklins Experiment vom Juni 1752, das die Identität von Blitz und Elektrizität nachwies. Lithographie von Currier und Ives

Furcht ist bey vielen Menschen nicht bloß moralischen, sondern physischen Ursprungs, heißt es dort.[247] Ein erstes Zeugnis von der starken Beeindruckbarkeit Lichtenbergs lieferte die Schilderung des Erdbebens. Studenten berichten, daß er bei herannahenden Gewittern ängstlich wurde und gehemmt im Vortrag und aus diesem Grund seine Vorlesungen öfters abbrach.[248] Furcht einerseits, Ehrfurcht vor dem großen Schauspiel andererseits sind die in dem Menschen Lichtenberg sehr tief begründeten Ausgangspunkte, sich dem Phänomen zuzuwenden. Er vergißt darüber nie den getreuen, den dreisten Beobachter und Philosophen. Aber der Professor leugnet ebensowenig den Menschen.

Liest man seine Briefe, muß man glauben, daß es im 18. Jahrhundert unentwegt und allenthalben gedonnert und geblitzt habe. Er sammelt regelrecht Donnerwetter, simple und kuriose, Land- und Stadtgewitter. Zu den Beiträgern zählen seine Brüder in Gotha und Darmstadt so gut wie befreundete Pfarrer, Kriegsräte, Sekretäre, Baumeister – selten ein Kollege! Jede Benachrichtigung wird freudig quittiert. *Für die Geschichte von dem Osnabrückischen Blitz danke ich ergebenst*[249], heißt es dann oder: *Die Nachricht von Ihren Donnerwettern war mir ebenso angenehm als fürchterlich.* Meldungen von Zürich, Dresden bis nach England, *gnaue Beschreibungen des Wegs, den der Blitz an Körpern genommen*[250], an Gebäuden eingeschlagen hat, Relationen zwischen einem Wetterschlag und der zeitgenössischen Ableiterstange werden sorgsam in Lichtenbergs *Sparbüchse*[251]*geworfen*. Aus der Sammlung und dem Vergleich, der Sichtung zahlloser an ihn herangetragener Beobachtungen schafft er so die Voraussetzung, am Ende einen wissenschaftlich haltbaren Schluß zu ziehen. Schon 1779 ist er imstande, einem Freund in Hannover *eine nach Kräften vollständige Erläuterung über diese wichtige Materie zu geben*, scheint es ihm ausgemacht, daß, obgleich *die Erfindung der Blitzableiter schon eine geraume Zeit gemacht worden* ist, doch *ihre Einrichtung aus Mangel an hinlänglichen Erfahrungen bisher noch immer sehr unvollständig* blieb und ihre Form und Anlage größtenteils *nach einer noch unvollkommenen Theorie* bestimmt wurde. Das jüngste einschlägige Beweisstück hat er bei der Hand: Auf einem königlichen Pulvermagazin in Essex wurde 1772 *von einer Kommission von Naturkündigern, worunter Dr. Franklin noch selbst befindlich war, ein Ableiter errichtet, der in einer mitten auf dem Rücken des Daches befestigten eisernen Stange bestand, und im Jahre 1777 den 15. Mai wurde es vom Blitz getroffen...*[252] Auch Franklins Genie schützt nicht vor dem Irrtum einer angewandten Theorie. Lichtenberg ist der erste Gelehrte seiner Zeit, der von jenem Blitzableiter in Gestalt eines *alten Bratspießes*[253] abrät.

Aber Lichtenberg denkt nicht daran, seine Mitteilungen in ein Buch zu bringen. Das überläßt er, spöttelnd, den *Sancti Electrophori*[254], zu denen etwa auch sein Bruder in Gotha zählt. Das Bücherschreiben überläßt er, hochachtungsvoll, dem Arzt Johann Albert Heinrich Reimarus in Ham-

Johann Albert Heinrich Reimarus (1729–1814).
Gemälde von Feigel. 1808

burg, der sich auf die Bekämpfung von Blitzen spezialisierte und 1768 in Deutschland den ersten Blitzableiter – auf dem Jakobikirchturm in Hamburg – anlegte. Lichtenberg schreibt sich mit ihm und gesteht ihm einmal, daß er in allen seinen Schriften – das größte Kompliment, das höchste Prädikat, das Lichtenberg verlieh – *außer der Gelehrsamkeit, die sich durch Fleiß erwerben läßt, den Geist finde, ohne den Alles Wissen ein weit elenderes Flickwerk ist als unsere Weissagungen und den man sich leider nicht geben kann, ich meine den alles durchaus mit wohltätiger Kraft belebenden bon sens, der mir z. B. Franklins Schriften zur unterhaltenden Lektüre macht, sie mögen nun die Einrichtung eines neuen Freistaats oder die Kur von rauchenden Kaminen betreffen*[255]. Und er ist bescheiden genug, von seiner *sehr geringen eignen Erfahrung in der Materie*[256] zu reden, während er lange Zeit, wird er um Rat gefragt, auf jenes Buch des anderen zu verweisen pflegt, auch wenn Reimarus den gravierenden Fehler gemacht hatte, die von fast allen zeitgenössischen Physikern als notwendig betrachtete Erdung zu verwerfen.

Der *methodische Professor* geht wie ein erster Feuilletonist dem Phänomen nach, auf die umliegenden Dörfer, an den Tatort eines Unwetters: *Allein unsystematischere Blitze habe ich in meinem Leben nicht gesehen. Wenn der selige Münchhausen noch gelebt hätte, so wären sie gewiß anders ausgefallen, es war gar nichts dran zu lernen... Nach der Idee, die ich mir von einem Universitäts-Donnerwetter mache, sollte der Blitz deutlich angeben* erstens, zweitens, drittens: *Es scheint aber, der Himmel bekümmert sich wenig um unsere Compendia.*[257] Wenn Lichtenberg will, macht er aus nüchternem Referat eine angewandte Satire auf den zeitgenössischen Gelehrten wie hier oder eine übermütige Kurzgeschichte auch wie bei Gelegenheit des Donnerwetters von Wandsbek, entblößt er gar leichthin die knistrige Affinität von Weibern und Wettern, wenn er, unter Freunden verrät: *In Weende wurde eine sehr schöne Frau vom Blitz umgeworfen, und daher wollten einige schließen, der Blitz habe Absichten gehabt und sei deswegen von unten gekommen, weil die Weiber nur allein von unten einnähmen, Orakelsprüche wie die Delphische Pythia oder... wie die Göttingischen... und die Osnabrückischen Mädchen, ich leugnete aber dem, der das sagte, majorem schlechtweg und sagte, was die Mädchen von unten einnähmen, sei in dubio allemal positiv, und so war die Sache so ungewiß als vorher...*[258] Sind es hier Histörchen zu Gewittern, mit denen er dienen kann, ist es 1783 die Geschichte des Blitzableiters selbst, in die er sich mit dem bedeutenden Göttinger Orientalisten Johann David Michaelis vertieft, *Absicht oder Folgen der Spitzen auf Salomons Tempel*[259] bedenkend. Aber genauso behende, wie ihn seine Einbildungskraft von dem Anlaß seiner Forschung ausschweifen macht, so leicht läßt sie Lichtenberg ein phantastisches Gebilde entwerfen, das gegen die phantastischsten Gewitter gefeit wäre. Das ist ein wie von Jean Paul verschnörkelter, scherzend angebrachter Wetterschutz. Aber der Physiker weiß, wie weit seine Phantasie gegründet gehen kann, Schon 1779 hatte er als die *vollkommenste Blitz-Ableitung* ein metallenes Dach genannt, *das die Erde berührte und selbst mit der in die gnaueste Verbindung gebracht wäre*[260]. Dem Gedanken gab er in der Folge mehrmals nach, Spiel-Raum im eigentlichen Sinne. Damit der Blitz in keinem Fall das Haus, sondern stets die Armatur treffe, rät Lichtenberg nun, *die Häuser unter Käfige zu setzen, mit einer Spitze. Ein solcher Pavillon in einem Garten z. E. müßte herrlich aussehen... Das Eisen könnte allerlei Verzierungen enthalten z. E. einen Jupiter, dem ein Professor der Physik den Blitz auspisset.*[261] Das ist eine herrliche Parodie auf den emphatischen Hexameter d'Alemberts! Benimmt man seinem Vorschlag die krause Einkleidung, bleiben die heute als der tatsächlich idealste Wetterschutz anerkannte, großflächige Ableitung, das ernüchternde, aber ebenso ungefährdete Gehäuse eines Gasometers und Öltanks übrig. Lichtenberg hatte eine präzise Einbildungskraft. Wohlüberlegt war stets sein Spaß in Dingen seines Faches, aber was gehörte nicht zu seinem Fach! Aber nicht nach Lichtenberg, sondern nach Faraday wurde rund fünfzig Jahre nach seiner ersten Beschreibung dieser besondere Käfig benannt, und erst 1863 hat Melsen in einem Gutachten für eine Blitzschutzanlage des Rathauses in Brüssel den geerdeten Drahtkäfig erneut empfohlen. Dennoch sind Lichtenbergs Arbeiten in keinem einschlägigen Fachbuch zu finden. Denn er beobachtete, las, dachte nach und machte weniger Worte als beispielsweise Sachen. Im Mai 1780 hatte er auf seinem Gartenhaus in der Stadt einen Ableiter errichtet. Es war ihm keineswegs nur um den Blitzschutz zu tun, sondern ebensosehr darum, Beobachtungen über Luftelektrizität anzustellen. Zu diesem Zweck war der Ableiter isoliert vom Dach bis zu einem Fenster geführt, wo man ihn von der Erdung abschalten und ins Zimmer führen konnte. Unter allen Personen, *aus deren Nachbarschaft ich mit Gottes Hilfe den Blitz verbannt habe*, war es lediglich die Jungfer Koch, Kästners Haushälterin, die ihm dafür dankte. *Die andern, zumal die, die in den kleinen Häusern wohnen, haben mir statt Rosen Flüche zugesandt.*[262]

Es blieb nicht bei dem einen Bau. Lichtenbergs Ruf als Physiker in Deutschland brachte es mit sich, daß man ihn zum Schiedsrichter bestellte und seine Meinung erbat: Rezensionen zu schreiben verstand sich von

Der ideale Wetterschutz. Handzeichnung und Brief Lichtenbergs
an Franz Ferdinand Wolff, 1. Dezember 1783

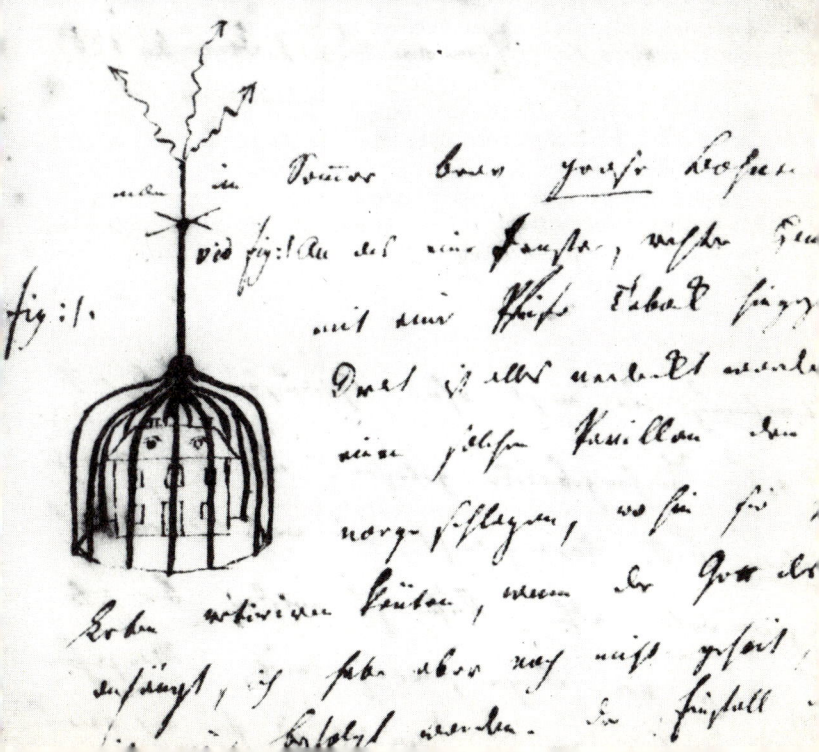

selbst. *Ganz nach Wissen und Gewissen liefert er die Gutachten für eine Stadt in Süddeutschland*, für das hannöversche Konsistorium auf ministerielles Geheiß, die Kirche in Mandelsloh betreffend, sichtet er 1789 Akten, *einen Streit des Magistrats und der Universität einer- und einem gewissen Herrn von Baczko andrerseits, einen von erstern angelegten Blitzableiter betreffend, den der letztere in seiner Beschreibung von Königsberg öffentlich getadelt. Es ist dieses ein sonderbarer Streit, die Schriften der ersten Partei sind auch von Kant unterzeichnet!*[263]

Der *Ketzer*[264] Lichtenberg äußerte sich zuerst Ende der achtziger Jahre in einem Privatissimum über die Materie und 1790 in einem Gutachten, um das ihn Gleim im Namen des Halberstädter Domkapitels gebeten hatte, in der Absicht, eine gotische Kirche zu armieren, die in ihrer dreihundertjährigen Geschichte noch von keinem Blitz getroffen worden war. Das brachte Lichtenberg in den Ruf, daß eine Revolution in seinen Meinungen vor sich gegangen sei und er gar nichts mehr von Blitzableitern halte. Dem daraufhin beunruhigten Reimarus stellte Lichtenberg jedoch 1792 klar: *...es ist eigentlich nur deutliche Entwicklung und dezisiveres Geständnis dessen, was ich schon immer als Zweifel dem gewöhnlichen Vortrage mit eingemischt hatte.* Darüber im Kalender zu berichten, erübrigte die letzterschienene, das Hauptsächliche verhandelnde Schrift von Reimarus. *Was ich etwa noch zu sagen habe, ist dieses. Wir wissen von der Natur des Blitzes nur folgende beide Sätze mit Gewißheit. 1) Er ist etwas Elektrisches, 2) Wenn er eine ununterbrochene Strecke Metall antrifft, so folgt er ihr, leitet man also diese nach der Erde, so geht er auch dahin.*[265] Das sind die einzigen unstrittigen Sätze, die ihm, vierzig Jahre nach Franklins Pioniertat, feststehen. Ähnlich also wie im Physiognomen-Streit reduziert Lichtenberg unbeirrbar das Gebäude schöner Fortschrittsgläubigkeit der Zeitgenossen auf zwei nun sich wie von selbst verstehende Stützen. Aber mit ihrer Hilfe errichtet er 1794 auf seinem letzten Garten vor der Stadt den diesem Grundsatz angepaßten Blitzableiter mit Bleistreifen auf dem Dach die Wand herab zur Erde: den im Prinzip modernen Ableiter. Und er erfindet ihm noch obendrein den neuen, lichtenbergschen Namen *Furchtableiter!*[266]

Die gemeinnützige Anwendung seines Lehrsatzes – sieht man davon ab, daß es seinem Gutachten zu danken ist, wenn 1795 die Gebäude der Göttinger Universitätsbibliothek Schutz gegen Blitzgefahr erhielten[267] – erlebte er so wenig wie die Verwirklichung der revolutionären Forderung: *Allein ich bestehe mit alter Strenge auf schicklicher Armierung der Häuser ohne Provokation des Blitzes, ja sie sollte von der Polizei eingeschärft werden bei jedem neu zu errichtenden Hause; man müßte sie beim Bau mit einakkordieren...*[268]

102

Eine Revolution von 1789

Krankheiten der Seele können den Tod nach sich ziehen und das kann Selbstmord werden.[269]

Am 5. Oktober 1789 erlebte Frankreich nach einem tumultuarischen Sommer den Aufstand seiner Hauptstadt, in dessen Verlauf der König und die Nationalversammlung genötigt wurden, von Versailles nach Paris überzusiedeln. An demselben Tag, *da die Revolution in Frankreich ausbrach*, ist, wie Lichtenberg 1794 kurz nach dem französischen Nationalfeiertag dem Freund Müller von Itzehoe mitteilte, *eine höchst merkwürdige in meinem Körper* ausgebrochen. Er wurde morgens um fünf Uhr von einem *krampfigten Asthma befallen*, das ihm *über vier Wochen hintereinander fast täglich mit Ersticken drohte*[270]. Das Allgemeine und das Private, politische Revolution und Aufstand eines Leibes in eine irritierende Beziehung zu setzen ist eine kühne Gleichung aus der tieferen Mathematik des privaten Lichtenberg. Ist sie darum schon vermessen?[271] *Die Welt ist ein allen Menschen gemeiner Körper*, notierte er sich schon 1769, *Veränderungen in ihr bringen Veränderung in der Seele aller Menschen vor die just diesem Teil zugekehrt sind.*[272] Das verheerende Erlebnis der älteren Generation war das Erdbeben zu Lissabon von 1755 gewesen: angetan, den Glauben zu erschüttern. Das bewegende Ereignis der Menschen vor der Jahrhundertwende stellt, mit allen ihren Vorwehen und Weiterungen, die Französische Revolution dar: sei es abwehrend, sei es bejahend, sie zog den Zeitgenossen in ihren Bann, in Wirrnis und Entgeisterung. Zu den Wahnideen des alten Zimmermann gehörte, daß er als Aristokrat von neufränkischen Revolutionären verfolgt werde. Lichtenberg träumt einen Angsttraum von der Belagerung der Stadt Mainz. Er hütete sich wohl, so Unausdenkbares zu Ende zu denken. Aber er beobachtete aufmerksam und fand es denkwürdig genug, wenn partielle Sonnenfinsternis und partielle *Geistesverfinsterung*[273] des englischen Königs zusammenfielen, ein Komet aufkam, als sich der Prozeß Ludwigs XVI. zu Ende neigte, und gleich nach der Hinrichtung verschwand.

Verdiente jene Krankheit aber so viel Aufhebens? Er hatte nur zu recht, von einer Umwälzung zu sprechen, denn nach jenem ersten Anfall im Oktober wurde er *bettlägerig, lag im strengsten Verstand ein geschlage-*

Lichtenbergs Gartenhaus an der Weender Landstraße

nes Kalenderhalbesjahr von 365/2 Tagen, lebte in demselben größtenteils von Arzneien, machte mich zwar wieder heraus, aber wie? Es folgt die für Lichtenberg, der sich auf Zustände und Krankenlager verstand, selbst bestürzendste Bestandsaufnahme: *Wahrlich unser verklärter Leib, am Tage der Auferstehung, kann von dem eingescharrten Madensack nicht so verschieden sein, als es der sich herausmachende Hofrat von dem vor 365/2 Tagen zu Bett gebrachten war, nur mit dem mächtigen Unterschied, daß der verklärte im Bett blieb und der Madensack aufstund. Meine Munterkeit, meine Furchtlosigkeit, meine Sorgenlosigkeit, meine Liebe zum Leben und Schreiben wenigstens für mich selbst, Tätigkeit überhaupt, alles das blieb im Bette und ist nun fort. Mein ganzes Leben kömmt mir jetzt so unzusammenhängend mit sich selbst und mit dem vorigen Teil vor, daß Sie es kaum für den Index darüber halten würden, wenn Sie es mit meinen Augen sähen.*[274] Wie die Neufranken beginnt er danach eine neue Zeitrechnung. In dem Tagebuch zählt er präzis die mehreren Anfälle seit Oktober, die Wochen seiner Matratzengruft bis in den Mai hinein: *...übermorgen liege ich* *gerade 12 Wochen… Heute sind es gerade 16 Wochen… Morgen ist es ein Jahr, daß mich meine unselige Krankheit befallen hat,* heißen Daten seiner Briefe, die zu eigentlichen Bulletins werden und ihn 1797 vollends als *in der Hypochondrie verjährt* [275] nennen.

Im Januar nach der Erkrankung erschienen ihm die herannahende bessere Jahreszeit und Reisen als die einzige Hoffnung: auf den Frühling würde er, ein anderer Rousseau, von nun an Jahr für Jahr bis zu dem Tode seine Hoffnung setzen. Reisen in dem Vokabular Lichtenbergs hieß dann nurmehr *einen ganzen Büchsen-Schuß von der Stadt* [276] in den Garten, den Dieterich im Frühjahr 1787 erworben hatte; *zu Volborths-Ruhe an der Weender Chaussee* [277] ist er in jenen Jahren leichter zu treffen. Eigentliche Reisen scheut er als ein *gefährliches Geschäfte* [278], Einladungen von auswärtigen Freunden lehnt er freundlich ab. Unter Gottes Welt versteht nun Lichtenberg *die Stadt Göttingen mit Einschluß des Volborthischen Gartens* [279]. Das heißt gewiß eine reduzierte Welt, ein erstickend enges Leben. Aber er erscheint für die Dauer eines Briefes, einer *Sudelbuch*-Notiz

Das Innere des Gartenhauses

Ansicht von Göttingen, 1765. Stich von Joel Paul Kaltenhofer

wirklich ein anderer Mensch; mit wachen heiteren Augen, mit entzückten Ohren; frühlingshafter Enthusiasmus führt bisweilen seine Hand zu erstaunlichen Synästhesien, der bloße Kopf eines Briefes sagt dann mehr als viele Sätze, wo und wie der Schreiber sich befindet: ...*auf dem Garten, unter Blüten, Lusciniensang und Alaudenklang.*[280]

Seit dem 23. März 1790 verzeichnete das Tagebuch täglich Ausfahrten, *wiewohl im Schlafrock und der Nachtmütze*[281]; er fühlte sich so weit wieder hergestellt, daß er am 6. Mai sein Kolleg beginnen konnte. Sein Tageslauf hat eine geruhsame Gleichmäßigkeit. *Des Morgens um 4 Uhr stehe ich auf und bin um 5 Uhr, wenn es die Witterung verstattet, schon im Garten, wo ich eine Schale Bouillon, die ich aus der Prinzen Küche erhalte, ausesse und eine Stunde nachher den Driburger Brunnen trinke. Um halb 9, wenn es heiß wird, gehe ich auf mein Zimmer, lese und gehe umher bis um halb 12. Dann fahre ich in die Stadt, esse da, präpariere mich auf mein Collegium und lese von 4–5 vor gerade jetzt 106 Zuhörern, worunter 4 Grafen sind. Um 5 fahre ich in der Gegend umher und bin um 7 Uhr wieder auf dem Garten, wo ich etwas kalte Schale und Salat esse, lese und spaziere dann wieder und lege mich um 9 oder halb 10 zu Bett. Des Sonnabends und des Sonntags bin ich ganz auf dem Garten. Dieses hat geholfen, meine Heiterkeit kommt wieder, so wie Vergnügen an der Arbeit.*[282] Begeistert schrieb er Forster aus dem August jenes Jahres, daß er seine ganze Krankheit mit Sheridan als das weiße Blatt zwischen dem Alten und Neuen Testament ansehen und sein noch übriges Lebens *die Zeit des neuen Bundes*[283] nennen wolle. In *Amintors Morgen-Andacht* hat sein jubelndes Einverständnis, seine heitere Resurrektion vollendeten Ausdruck gefunden! Dieses einzigartige Stück Prosa wurde zwischen dem 20. Juli und dem 22. August 1790 vermutlich auf seinem *Patmos*[284] geschrieben und im Kalender für 1791 veröffentlicht.

Wie wenn einmal die Sonne nicht wieder käme, dachte Amintor oft, wenn er in einer dunklen Nacht erwachte, und freute sich, wenn er endlich den Tag wieder anbrechen sah. Die tiefe Stille des frühen Morgens, die Freundin der Überlegung, verbunden mit dem Gefühl gestärkter Kräfte und wieder erneuerter Gesundheit, erweckte in ihm alsdann ein so mächtiges Vertrauen auf die Ordnung der Natur und den Geist, der sie lenkt, daß er sich in dem Tumult des Lebens so sicher glaubte, als stände sein Verhängnis in seiner eigenen Hand. Diese Empfindung, dachte er alsdann, die du dir nicht erzwingst und nicht vorheuchelst, und die dir dieses unbeschreibliche Wohlbehagen gewährt, ist gewiß das Werk eben jenes Geistes und sagt dir laut, daß du jetzt wenigstens richtig denkst. Auch war dieses innere Anerkennen von Ordnung nichts anderes als wieder eben diese Ordnung selbst, nur auf ihn, der sie bemerkte, fortgesetzt und daher immer für ihn der höchste Genuß seines Geistes.[285] Soweit der Anfang des Aufsatzes, den Lichtenberg wieder einmal als die Arbeit eines ungenannten anderen ausgab. Man hat in *Amintors Morgen-Andacht* Lichtenbergs Hohes Lied auf den Spinozismus gesehen[286]: das glückliche Zeugnis eines durch Spinozas Lehre erlangten Seelenzustandes, dessen fröhliche Gefaßtheit an den Faust in Wald und Höhle erinnert, der dem Erdgeist dankt. Ohne Zweifel hat Lichtenberg Spinoza gelesen, auch schon ehe er durch die Auseinandersetzung zwischen Jacobi und Mendelssohn in aller Munde kam, eigene Denkweise des jungen Lichtenberg wird durch Spinoza bestätigt.

Von seiner morgendlichen Gartenlandschaft viel mehr als von Spinozismus umgeben, schrieb der Lichtenberg des neues Bundes den *Amintor*. Ihn durchgeistet das Glücksgefühl eines, der sich dem Leben wiedergegeben fühlt, wie neugeboren denkt. *O! ich erinnere mich noch sehr wohl, wie ich beim Aufgange der Sonne empfinden sollte und wollte und nichts empfand, aber mit dem Kopfe bald gegen diese bald gegen die andre Schulter gesenkt und mit blinzenden Augen zuweilen vieles von Empfindung sprach und damit nicht bloß Andere, sondern sogar mich selbst betrog. Aber jene Empfindung kam erst in späteren Jahren und vorzüglich stark von 1790 an, da ich die Sonne öfter aufgehen sah*[287], trug er in das *Sudelbuch*. Wie leicht erklärt sich daher sein Versteck hinter Namen und Fiktion: hatte er nicht längst von sich bekannt, daß er eine Scheu habe, seine Sensibilität zu veröffentlichen? Es handelt sich auch dann nicht *um bloß dichterisches Aufwallen*, sondern einmal um das Glaubensbekenntnis des Naturkündigers. Wenn in jenem Herbst des Jahres 1790 ihm die reine Betrachtung der Natur zur geistreichen Anschauung Gottes wird, verdankt er es nicht einem Dogma und keiner Exegese: sein Wohlbehagen ist das Werk seiner eigenen Vernunft. *Amintors Morgen-Andacht* ist Lichtenbergs einziges Lehr-Gedicht, in Prosa. Es ist so fern von den nächtlichen Hymnen des Novalis wie von jenem Klopstock, der gegen 1795 noch immer, von empfindsamen Frauenzimmern umringt, des Abends seine Ode auf die «Frü-

Zwei Lichtenberg-Bildnisse des Zeichners und Stechers A. H. Schwenterley.
Das linke Bildnis ist 1790, das rechte 1791 datiert

hen Gräber» von 1764 rezitiert. Besser nicht als durch den Anfang des
Amintor, dessen Wortwahl wie Programm anmutet, läßt sich ihr innerer
Abstand darlegen: an Stelle des von Klopstock als «Gedankenfreund»
berufenen Mondes preist Lichtenberg den Morgen als *die Freundin der
Überlegung*! Ihrer Klarheit antwortet die Spiegelhelle seines Wesens, der
Erleuchtung seines Geistes eine kristallene Prosa, die durch sich selbst die
Meinung widerlegt, daß die Aufklärung spätestens mit Lessings Tod auf-
gehört habe, zur deutschen Literatur Bedeutendes beizutragen, ge-

deis A. H. Schwenterley Academ. Götting. Sculptor 1791.

schweige zum deutschen Denkgeist. *Aufklärung* nannte Lichtenberg
einen Stich Chodowieckis im Kalender für 1792 und schrieb dazu, daß
dieses höchste Werk der Vernunft kein allgemein verständlicheres allegori-
sches Zeichen habe als *die aufgehende Sonne*[288].

Man hat nie seine Anmerkung zum Lesen des *Amintor* beachtet, wo er
sagt, daß man seinen Aufsatz unter anderem als eine Einleitung zu physikalischen Artikeln im Kalender ansehen kann. Ein fruchtbarer Hinweis!
Wie wenn einmal die Sonne nicht wiederkäme? fragte Amintor. Und wie,

wenn sie wiederkäme, und ich sähe sie nicht mehr, beginnt sein Artikel
Über einige wichtige Pflichten gegen die Augen [289]. Eigene ängstliche Erfahrungen und Bezugnahme unter anderem auf Erfahrungen des Ham-
burger Professors Johann Georg Büsch machen übrigens und wie üblich
den Artikel zu einem glücklichen Mittel der Warnung und des Unter-
richts, das so erfolgreich war, daß er 1792 in Wien nachgedruckt wurde
und, von Sömmerring 1794 mit Anmerkungen versehen gesondert herausgegeben, noch 1819 in der fünften Auflage erschien. Was den Aufsatz
für die Anschauung Lichtenbergs selbst wertvoll macht ist abermals,
wenn hier auch nur zum Auftakt, ein Bekenntnis des Naturkündigers, so
spiegelhell wie der andere Amintor: *Gerechter Gott! Vom Sehenden zum
Blinden, welche Veränderung! Der, der noch kaum, gleich einem Gott, den
Himmel mit seinem Blick umfaßte; der Sonnen aufzählte zu Tausenden,
die Quellen des Lichts und des Lebens für Geschöpfe ohne Zahl; der in
einem Nu die Frühlingslandschaft mit ihren Blüten und Herden oder die
Pracht der Städte oder die Wogen des türmenden Meeres oder den Ätna und
Vesuv oder Ägyptens Pyramiden übersah; der die Figur der Reiche, ja der
Erde selbst maß und zeichnete – – da kriecht er nun und ertastet sich mit
Mühe in Monaten den kümmerlichen Plan seiner Schlafkammer… der,
der durch das Medium der Gebärden den Menschen im Innersten des Her-
zens las, hört jetzt bloßes Zungenspiel; der die Wahrheit der Worte wiegen
konnte, fühlt jetzt bloß ihre Glätte, und elender, abhängiger Glaube führt
die Haushaltung für Selbstüberzeugung, in ewiger, ewiger Nacht! – –* [290] Das
ist Lichtenberg ganz und gar. Lichtenbergs Talent ist eigentlich sein Auge.
Seine Vorlesungen der Physik sind Einführungen in die Vorschule des
Sehens. Der *Amintor* wie dieser physikalische Artikel sind das Zeugnis
der gesundesten Augen.

Es ist die private Tragödie Lichtenbergs – das allgemeine Trauerspiel
des späten Rationalismus überhaupt –, daß er offenen Auges ihren Unter-
gang leiden muß. Danach liest man von dem Lichtenberg in seiner Gartenlandschaft: *Blüten und Tulpen aber innerlich alles versteinert, Kopf und
Herz.* [291] Lichtenberg liebt in jenen Jahren dieses Wort; *artifizielle Versteinerung* [292] nennt er anderweitig eine Mumie, spricht von den auf dem
Grund seines Hirnes versteinerten Einfällen. An die Stelle jener frommen *Amintor*-Ruhe, die, wie er damals schrieb, ihm nur nehmen könne,
der ihm seine Vernunft selbst nehme, ist heillose Zweifelhaftigkeit getreten. Und den frohen Blick auf Dasein und Zukunft löst eine ängstliche
Neugierde ab, die sich auf die Gegenwart eines *armseligen Leibes* [293] be-
schränkt. Es war zu Rückfällen in Krankheit gekommen. Und es bleibt
ständig eine *unglaubliche Empfindlichkeit* der Nerven, die, ins verheerende Unmaß gesteigert, den Lichtenberg seines letzten Lebensjahr-
zehnts prägt. *Bei meiner Nerven-Krankheit habe ich sehr häufig gefunden,
daß das, was sonst bloß mein moralisches Gefühl beleidigte, nun in das
physische überging. Als Dieterich einmal sagte: mich soll Gott töten, so*

wurde mir so übel, daß ich ihm daher auf eine Zeitlang die Stube verbieten mußte.[294] Dann beginnt, nach den zerstreuten Notizen des Jüngeren, seine eigentliche Beschäftigung mit einem Teufelskreis: das Studium seiner Hypochondrie. Ernst von Feuchtersleben hat ihn darum 1838 den «Kolumbus der Hypochondrie» genannt, zugleich aber bemerkt, daß man zwar ein Tagebuch ebenso treu und fein, «nur etwas weniger hypochondrisch wie das Lichtenbergs»[295] führen sollte. Man wäre um manche Sensation – in dem Verstand des 18. Jahrhunderts – ärmer, hätte Lichtenberg so diätetisch denken können. *Es ist alles alles Krankheit bei mir*, klagt er und beschwört sein Nervenleiden als das böse Prinzipium seines Lebens, das alle seine *Entschließungen unverändert* und seine *Unternehmungen zu vereiteln*[296] weiß. Liest man die Tagebücher jener Zeit, muß man allerdings vermuten, daß die Augenblicke eines zeitweiligen Wohlbefindens gezählt sind. Sein Tagebuch vom 6. September 1791 vermerkt[297], daß er zum erstenmal in fast zwei Jahren wieder Käse, Schweizerkäse gegessen habe! Mit der Zeit wird jenes halbjährige Krankenlager in Gedanken und Äußerungen größer und größer. Während seiner Krankheit hatte ihn der englische Arzt John Howard besucht, der viel für die Verbesserung der Krankenhäuser und Gefängnisse schrieb. Sein Werk «The State of the Prisons in England, and an Account on some Foreign Prisons» hat sehr heilsam gewirkt. Bei Lichtenberg, der immer voll Respekt von jenem Mann sprach, bewirkt es einen schlimmen Scherz: *Der berühmte Howard besuchte mich bei seiner Durchreise. Warum? kann ich eigentlich nicht sagen, es müßte denn sein, daß er meine Stube, weil ich damals in 11½ Jahren nicht vor die Tür gekommen war, etwas als einen Kerker habe in Augenschein nehmen wollen.*[298] So wollte sich der Leidende sehen, so sieht man ihn: mehr und mehr in dem Kerker seiner sogenannten Revolution befangen. Sömmerring beklagt sich, daß Lichtenberg nurmehr die Rolle eines Sonderlings spiele.

Dabei ist sich Lichtenberg bewußt, daß sein *Nervenübel von meiner Einsamkeit sehr unterhalten wird, wo nicht gar hervorgebracht worden ist*[299]. Man begreift darum seine Freude über jeden, der ihm Gesellschaft leistet: er geht selbst so gut wie nicht unter Menschen. So dankt er hingerissen Kästner für das Vergnügen seines Besuchs, pflegt mehrere Wochen Umgang mit Chladni, empfängt den *vortrefflichen Mann*[300] Graf Rumford, den *geistvollen*[301] jungen Dichter Matthisson, begrüßt seinen Freund und ehemaligen Schüler Hufeland bei sich. Aber was er Jacobi schrieb, könnte über allen seinen Versuchen stehen, seiner Einsamkeit zu entkommen: *Ich befand mich in dem Falle mancher paralytischer Personen, die die Glieder bewegen können, so lange sie elektrisiert werden, und dann wieder zusammenfallen!*[302] Zusammenfallen, auf sich selbst zurück und verfallen heißt dann beinahe gleich viel.

Sind die Tagebücher fast nichts anderes als ein Protokoll, so versucht das *Sudelbuch* eine Art räsonierender Auswertung, wie um heilsamen

Abstand zu gewinnen. In selbstironischer Betrachtung legt er eine Liste der von dem Hypochonder Lichtenberg sich eingebildeten Krankheiten an: *Er lag an Krämpfen im Unterleibe darnieder, diese Krankheit hatte er nach dem Zeugnis der besten Ärzte. Allein der Krankheiten, die er zu haben glaubte, waren eine beträchtliche Zahl. 1) ein marasmus senilis, ob er gleich nur 46 Jahre alt war* (in Wahrheit 48 Jahre), *2) ein Anfang von Wassersucht, 3) ein convulsivisches Asthma, 4) ein schleichendes Fieber, 5) die Gelbsucht, 6) die Brustwassersucht, 7) fürchtet er eine Apoplexie, 8) eine Paralysin der rechten Seite, 9) glaubte er, die großen Arterien und Venen wären verknöchert, 10) er hätte einen Polypen im Herzen, 11) ein Geschwür in der Leber und 12) Wasser im Kopf. Wer dieses liest, sollte fast glauben, die 12te wäre die einzig gegründete Furcht gewesen. 13) Diabetes.*[303] Die Tagebücher zählen seine Leiden nicht, sondern registrieren ängstlich Zahngeschwüre, bösen Hals, Husten, Diarrhöen, unregelmäßigen Puls, Kopfweh, Rückenschmerzen, Knochenreißen, Ohrensausen, Seitenstechen, Schmerzen bald an dem, bald an dem Gliede, Krämpfe, Schweißausbrüche bei der geringsten Anstrengung, *Todeskälte in den Füßen*[304], Beängstigungen, Appetitlosigkeit, Abspannung, Ohnmacht, Schlaflosigkeit: *Wenn ich schlummern will, erwache ich allemal mit Angst.* Des Nachts arbeiten ihm im Gewissen immerzu Gedanken wie eine *Toden-Uhr*, Träume schrecken ihn, wie daß er sich *zu dem gehenkten Kerle ins Bett legen* sollte: *Abends ein fürchterlicher Blitz durch den Kopf!*[305] Bisweilen weiß er nicht mehr, ob er krank oder gesund ist und wo die Gesundheit anfängt, krankhaft zu werden oder Krankheit aus Gewöhnung eine andere Gesundheit. Armer Nervenkranker, *armer Hypochondrist* wird seine ständige Unterschrift in Briefen. Bisweilen sucht er sich zu behaupten, mit Scherzworten, mit mikroskopischen Beobachtungen und Resignation, mit Hilfe des einen und anderen Arztes auch. Ein *hiesiger gelehrter Jude, namens Amschel* habe ihm, so schreibt er 1795, *besser in die Seele und aus der Seele gesprochen als fast irgend jemand.* Öfters ist er gegenüber seiner *hundertköpfigen Krankheit* nurmehr ein *altes Weib*, wie er ohnmächtig schreibt. Einmal wendet er sich an den Freund, den Arzt Reimarus, wie sonst an den Fachmann in Blitzableitung, ob er ihm keinen Rat wisse: *Es hat mir schon einmal jemand gesagt, er glaube, ich könne nur durch den Kopf geheilt werden. – Nun fürwahr, ich muß aufhören, sonst sagen Sie mir wohl gar, freilich vor allen Dingen muß erst der Kopf geheilt werden.*[306]

Lichtenbergs Unglück ist, daß sein kranker Kopf über den Verstand und die Begriffe der zeitgenössischen Heilwissenschaft ging. Noch hielten Theologen – Seelsorger – die Pflege der Melancholiker und am Geiste Zerrütteten für ihres Amtes. Erst 1803 prägte Reil den Begriff der Psychiatrie. Inzwischen tat Lichtenberg, was Karl Philipp Moritz mit einem Stab von Aufklärern unternommen hatte: er schrieb sein «Magazin der Erfahrungsseelenkunde» allein, *pathologischer Egoist*, als den er sich bezeichnet. Gift aus jedem Vorfall seines Lebens zu saugen, erkennt er für seine greuliche Fertigkeit. Alles wird ihm zu dem Gleichnis seines elenden Körpers. Die *hypochondrische Attention gegen sich selbst* vermerkt die Zeichen des Verfalls um ihn her. In der Dämmerung geschrieben wurde dieser Dialog: *A: Sie sind ja so fett geworden. B: Fett? A: Sie sind noch einmal so dick als sonst. B: Das ist die Arbeit der ermüdeten Natur, die nicht mehr Kraft hat, etwas anderes zu machen als Fett, das man allenfalls, ohne der Menschheit damit zu nahe zu treten, wegschneiden kann. Fett, Fett ist weder Geist noch Körper, sondern bloß, was die müde Natur liegen läßt, für mich so gut wie für das Gras auf dem Kirchhofe.*[307] Altern wird, mit 47 Jahren, sein Problem. Er meint, den Schwund des Gedächtnisses, das Versiegen der Inspiration zu konstatieren (erleichtert notiert er einmal, daß ihm Einfälle wie ehedem zugeströmt seien). Das Unzusammenhängende mit sich selbst seit seiner Krankheit läßt ihn frühere Einfälle wie Vorfahren ansehen. Beziehungslosigkeit tritt an die Stelle des kontinuierlichen Lebens einer ehemals aus Vergangenheit und Gegenwart im Geiste, Gedächtnis vereinigten Person: *So lange das Gedächtnis dauert, arbeiten eine Menge Menschen in Einem vereint zusammen, der Zwanzigjährige, der Dreißigjährige usw. Sobald aber dieses fehlt, so fängt man immer mehr und mehr an, allein zu stehen, und die ganze Generation von Ichs zieht sich zurück und lächelt über den alten Hilflosen. Dieses spüre ich sehr stark im August 1795.* Gewiß gibt es Augenblicke, in denen er den alten Menschen *ein ebenso vollkommenes Geschöpf in seiner Art* wie der Jüngling nennt. Dann aber wird ihm wiederum alles relativ, Alterswerk und Alter. Er interpretiert Kants Sittengesetz aus dem Körper des Greises, *wo Leidenschaft und Neigungen ihre Kraft verloren haben und Vernunft allein übrig bleibt*[308], das Alter als den Erfinder besonnter Vergangenheit.

Lichtenbergs letztes Jahrzehnt ist von der Sucht nach der Jugend, der Heimat, den Freunden der Jugend gekennzeichnet. Er wird zum Fetischist der kleinen Erinnerungsstücke: des Darmstädter Adreßkalenders so gut wie des Tischtuchs, der Servietten aus der Hinterlassenschaft seiner Mutter, des Tintenfasses, das Bürger gehörte. Er verbringt Nächte *unter wehmutvollen, aber auch da noch angenehmen Wiederholungen jener Stunden* aus der Jugendzeit: *Es sind das freilich Schattenspiele, aber was ist denn unser Leben mehr?* Und so überschwenglich er die Jugendgefährten wiedererkennt und begrüßt, so wehmütig nimmt er von ihnen Abschied. Lichtenberg spricht den Tod nicht aus. Aber er meint es auch durchaus nicht: bis auf weiteres. So schreibt er 1797 in dem letzten Brief an Zimmermann aus Darmstadt zum Schluß hin: *Lebe wohl, mein bester, mein ältester Freund! Lebe wohl! Wir sehen uns in diesem Leben nicht wieder: aber mein letzter Pulsschlag schlägt noch für dich, und wenn ihn mein Arzt verstände, er müßte bezeugen, daß er noch für dich geschlagen hätte. Adieu! Adieu!*[309] Hier zum erstenmal fällt jenes doppelte Abschiedswort, das am Ende seines letzten Briefes überhaupt stehen wird: als ahne er den baldigen Tod. Sehnte er ihn herbei?

Fest steht, daß er schon im Frühjahr 1791 *auf reelle Wiederherstellung* nicht mehr rechnete und der Tod in seinen Träumen und Betrachtungen eine bedeutende Rolle spielte. Der Totenkopf ist ihm eine Weltkugel. Blumenbachs berühmte Schädelsammlung fasziniert ihn. *Bloß des vis à vis wegen, das mir neu ist,* wünscht er einen seiner Mumienköpfe für einen Tag und eine Nacht bei sich zu haben: *Es muß und muß einem mancher Gedanke bei einer solchen Gesellschaft aufsteigen, den unser gewöhnliches Ameublement nicht erwecken kann.*[310] Es kommt Lichtenberg nicht näher, wollte man ihn darum einen anderen Hamlet mit dem Yoricks-Schädel nennen: ist er nicht auch Yorick mit dem Schädel Hamlets? Als einen Vorzug seines Gartenhauses rühmt Lichtenberg, daß er seine *Grabstätte daraus aus dem Fenster sehen kann*[311]. Durch das Perspektiv beobachtet er, wie man Freunde und Bekannte bestattet. Nach seinen Aufzeichnungen hat er 113 Göttinger von dort zu Grabe tragen sehen. Der Fakt ist nichts gegen seine exzentrische Rückstrahlung in der Person des Zuschauers. *Soeben 3/4 auf 7 wird Bürger auf den Friedhof gefahren,* schreibt er am 12. Juni 1794 in sein Buch. *Das Schwanken des Sarges, als der Wagen in den Kirchhof hinein rollte, war mir unwiderstehlich, ich weinte laut und dankte Gott für dieses Gefühl.*[312] Das schrieb jener Lichtenberg, der geängstet konstatierte, daß scheinbar alles zum Gedanken bei ihm werde und das Gefühl sich verliere. Tränen sind dann, wo Gedanken die Versteinerung bedeuten, wie die Erlösung zum Leben. Das ist im übrigen ein zeitgenössisches Symptom, man denke an die Helden Jean Pauls. Aber Lichtenbergs Tränenseligkeit hat etwas von einer Exaltation: er weint vor Freude wie aus Sorge, Kummer so gut wie aus Selbstgenuß, erkennt bisweilen diese starke Empfindung selbst als krankhaft und Folge wiederum eines Verfalls der Verstandeskräfte. So kann er gleichfalls in dem Tagebuch vermerken: *Soeben schleppt man Michaelisens Sarg vorbei, er glänzt in der Abendsonne wie Feuer selbst, so daß ich das Bild davon noch lange in meinem Auge sah. Ich wurde aber nicht gerührt, sondern hatte vielmehr artifizielle Betrachtungen dabei.*[313]

Die Ambivalenz der Stimmungen und Gefühle war seit je das Merkmal Lichtenbergs. In den letzten Jahren seines Lebens aber sah er sich mehr und mehr selbst als entzwei. Artifizielle Betrachtungen und überschwengliche Anteilnahme; das Geständnis, daß die Phantasie mit ihm durchgehe, zum Ausdruck seiner Zustände; zugleich die Anmerkung, daß er ohne seine Gedanken- und Phantasie-Kur nicht so alt geworden wäre: es führte Lichtenberg zu nichts als immer wieder auf das Rätsel der Person, die desto umfaßbarer wurde, je mehr er sie studierte. Seine Autobiographie zu schreiben war er 1797 weniger vermögend als 1777. Nun sah er vor dem wirren Menschlichen, das er von Mal zu Mal notierte, nicht den Menschen mehr; nur die permanente Auflösung und Verstrickung an

Stelle der Verfestigung und Festigkeit. Jetzt ging es nur erst einmal darum, Buch zu halten *über die Haushaltung des Lebens*[314]. Seine Anstrengungen zielten darauf ab, zu erfahren, wie man wiederum Person würde. Sein Brief an Forster ist davon ein erschütterndes Dokument: *Mein Zustand ist unbeschreiblich... Wenn ich etwas sein will, so muß ich mich erst dazu machen und erhalten – das ermüdet entsetzlich! Ich habe aber auch gesehen, daß der Mensch viel mehr vermag, als ich ihm sonst zutraute. Was müßte nicht aus dem Mann werden können, der sehr vieles ist, ohne es zu wissen, wenn er nun noch Kraft von der Art anwendete zu Selbsterschaffung und Erhaltung. Aber ich fürchte, man lernt jene Fähigkeit des menschlichen Geistes nicht kennen als in dem Zustande von kränklicher Empfindlichkeit und kränklich scharfer Bemerkungsgabe, die wieder von einer Seite die Ausführung erschwert. Liebster Freund, was ich zwischen meinen vier Wänden hierin getan habe, würde mich verewigen können, wenn ich entweder schreiben könnte wie Sie oder diese Kräfte auf Gegenstände anwenden, die mehr ins Auge fielen. Allein man setzt niemanden Ehrensäulen, der mit Heldenmut bloß verhindert, daß er nicht – zum alten Weibe wird.*[315]

Hypothesen und Theorien – *denn ich lebe beständig unter einer*[316] – machen zugleich sein Leiden, zugleich die Versuche zur Selbstheilung aus. Wißbegierig liest er die Berichte von Menschen, die ein gesegnetes Alter erreichten. Mit Rührung empfängt er Hufelands «Makrobiotik oder die Kunst, das menschliche Leben zu verlängern», das jener «seinem verehrtesten Lehrer und Freunde zum öffentlichen Zeichen der aufrichtigsten Hochachtung und Dankbarkeit» gewidmet hatte. Am Ende erkennt er die Unmöglichkeit, auf eines anderen Weise langlebig oder krank zu sein. *Hupazoli und Cornaro oder: Tue es ihnen nach wer kann* ist im Kalender für 1793 seine ironische Summa, wonach es offenbar die Leute nach der Uhr sind, die gewöhnlich alt werden. *Das Handeln nach der Uhr setzt innere uhrmäßige Anlage voraus, wovon ersteres nur die Fortsetzung und Sichtbarmachung ist. Alles, was man treibt, ut apes Geometriam, führt gewiß zum Zweck der Natur.*[317] Es ist eben das, was die langen Leben solcher Diätetiker so sterbenslangweilig macht. Um Lichtenbergs willen wünscht man, er hätte dazu gewisse Anlage gehabt; um unsertwillen ist man froh, daß sie ihm abging. Seine Unvergleichlichkeit und seine Schwäche sind durchaus unzertrennlich. *Bei aller Bequemlichkeit bin ich immer in Kenntnis meiner selbst gewachsen, ohne die Kraft zu haben, mich zu bessern, ja ich habe mich öfters für alle meine Indolenz dadurch entschädigt gehalten, daß ich dieses einsah, und das Vergnügen, das mir die genaue Bemerkung eines Fehlers an mir machte, war oft größer als der Verdruß, den der Fehler selbst bei mir erweckte. S o s e h r v i e l m e h r g a l t b e i m i r d e r P r o f e s s o r a l s d e r M e n s c h. Der Himmel führt seine Heiligen wunderlich.*[318] Dann ißt er wieder das Verbotene und fühlt sich *gottlob ebenso schlecht wie vorher (ich meine nicht schlech-*

ter)[319]; dann beginnt er abermals zu trinken, nachdem er es für sich als schädlich erkannt hatte. Mit dem griechischen Worte Κέρας, das Horn bedeutet, bezeichnet er in seinen Tagebüchern jener Jahre insgeheim sein Trinken und Getränke. Daß Lichtenberg trank, wußte man längst; in welchem Maße der Alkohol zu der Haushaltung seines Lebens gehörte, erst aus dem Tagebuch. Seine Unfähigkeit, sich zu ermannen, liest man auch in diesem Falle säuberlich nach. Er versucht, dem Alkohol zu entsagen, trägt den Sieg über sich selbst am 9. August 1795 ein, und die Kapitulation am Ende des Monats: *etwas Κέρας freilich ohne das ist nichts in der Welt für mich wenigstens*[320], liest man unter dem 29. April 1796. Nur durch jene Tagebücher erhält eine Mitteilung erst Gewicht, die bislang einigermaßen fremd neben einem Lichtenberg stand, der den Freunden und Bekannten von seiner Diät im Speisen und Trinken berichtet. Es handelt sich um einen Brief des Kant-Schülers Lehmann, der in Dieterichs Haus wohnte und im November nach dem Tode Lichtenbergs seinem Lehrer allerdings übertreibend von dem «recht wüsten Leben» schrieb, das Lichtenberg geführt habe: «Des Morgens stand er spät auf, gleich darauf trank er Kaffee, Spanischbitter und Wein. Zu Mittag wurde auch wieder Wein getrunken. Nachmittags wieder Wein und Liquör, um sich immer munter zum Schreiben zu erhalten. Des Abends wurden viele Eyerspeisen gegessen und die halbe Nacht durch gelesen oder geschrieben. Nie verließ er sein Zimmer oder genoß die frische Luft...»[321] War er noch zu retten? An Goethe schrieb er, daß es wohl erst mit ihm besser werde, wenn er seine Nerven selbst abgelegt habe.[322]

Es ist die ständige Ironie seines Lebens: nun es gelebt und vertan scheint, wird ihm sein Ruhm testiert, wirbt man um einen Geist, der Mühe hat, nicht von einem Körper aufgegeben zu werden. Schon am 2. Januar 1782 war Lichtenberg in die Naturforschende Gesellschaft zu Danzig aufgenommen worden. 1788 hatte ihn zugleich mit Blumenbach, Gmelin und Meiners der britische König *durch ein sehr gnädiges Patent vom 5. September zu seinem Hofrat gemacht*[323]. Am 11. April 1793 nahm die Royal Society in London Blumenbach und Gottfried Charles (!) Lichtenberg als ein «very useful and valuable» Mitglied auf. Nach dem Vermerk im Tagebuch[324] erreichte ihn am 13. Januar 1795, vierzehn Tage vor der Revolution in Holland, ein Ruf an die illustre Universität von Leiden *mit 2000 fl. Gehalt und 500 fl. an Emolumenten und Freiheit, mir bessere Konditionen noch zu machen*. Heyne schrieb für Lichtenberg ab. Das Kuratorium der Universität Göttingen sandte ihm, als sie von seiner Absage erfuhr, unter dem 23. Januar 1795 *das ehrenvollste Schreiben, eine Art Dank, mit der Versicherung unter Siegel, bei der nächsten Gelegenheit entschädigt zu werden*[325]. Die hannöversche Regierung fand ganz offenbar keine Gelegenheit, dem Dank eine Gehaltserhöhung folgen zu lassen. Dafür erneuerte das nach der vollzogenen Revolution in Leiden neu zusammengesetzte Kuratorium am 1. Juli (!) 1795 den Ruf an Lichten-

Gottfried Charles Lichtenberg Professor of Natural Philosophy in the University of Göttingen, a Gentleman eminent for his superior knowledge in the various branches of the Science he professes, is hereby recommended as a Candidate for election on the foreign list, as likely to become a very useful & valuable Member.

Read Novr. 15th 1792

Balloted for & elected April 11th 1793.

Nevil Maskelyne
Edward Gray
T. Cavallo.
Saml. Foart Simmons
J. W. Parsons
Geo. Best
Alexr. Aubert
Wm. Herschel.

Ernennungsurkunde Lichtenbergs für die Royal Society in London, 11. April 1793

berg, nachdem es am 19. März 1795 den namhaften niederländischen Naturwissenschaftler Jan Henrik van Swinden um ein Gutachten über vier Kandidaten – unter ihnen Lichtenberg, den er sehr befürwortete – gebeten hatte. Das Kuratorium erhöhte Gehalt und Emolumente um ein Beträchtliches. Und abermals schrieb Heyne – am 20. Juli 1795 – ab. Daraufhin hat das Kuratorium am 19. September 1795 endgültig von der Berufung abgesehen.[326]

Im gleichen Jahr wurde Lichtenberg zusammen mit Gmelin auch zum auswärtigen Mitglied der Petersburger Akademie der Wissenschaften ernannt. Schmeichelhafte Korrespondenzen werden von Größen der Zeit an ihn herangetragen. Johann Wilhelm von Archenholz, der Historiker des Siebenjährigen Krieges, bittet Lichtenberg, vergebens, um Rezension seiner Werke. Kant führt mit ihm eine hochachtungsvolle Altherrenkorrespondenz; man tauscht Werke und Schüler. Goethe eröffnet und wünscht einen physikalischen Briefwechsel betreffend die Lehre der Farben. Umwerbung endlich des Schriftstellers! 1794 gehört Lichtenberg zu den Autoren, die Schiller zur Mitarbeit an den im gleichen Jahr begründeten «Horen» aufforderte. Bis zum Jahre 1798 hat Cotta selbst immer wieder versucht, ihn zu gewinnen. Der Erfolg aller dieser Anerkennungen, die Wirkung? *Wahrlich es hat nicht viel gefehlt, so hätte ich, während ich Ihren so sehr verbindlichen Brief las, anfangen zu glauben: ich sei wirklich etwas in der Welt; ein Gedanke, der mir noch nie so recht in den Sinn gewollt hat*[327], entgegnete er Cotta. Zuletzt kamen alle Ehrungen noch zeitig genug, einen Nekrolog reputierlich einzuleiten. Dem Lebenden besagten sie nichts mehr. Gleichgültigkeit gegen alles, ausgenommen Liebe und Freundschaft, *immer tiefer wurzelnde Apathie*[328] sind nun Worte, in denen er von sich redet. Und der ein Leben lang sein Tun und Denken in das Bild der Kerze zu prägen liebte, stellt seine Existenz in der Nähe von Leiden und Tod wiederum unter ähnlichen Bildern dar: *Sein Leben aufs Profitchen stecken: wie ich jetzt im Jahre 1795. Ich hätte aber, was ich jetzt tue und tun will und gerne täte, ehemals viel besser tun können, da hatte ich aber keine Zeit!!* Andernorts äußert er, daß er begonnen habe, sein bißchen Witz, ja seine ganze Tätigkeit aufs Profitchen zu stecken: *Kohlen sind noch da, aber keine Flamme.* Das heißt nicht, wie man nach dem Worte denkt, auf seinen Vorteil bedacht, berechnend sein, sondern sparen müssen, wo beinahe nichts mehr ist. Lichtenberg selbst gab 1784 in dem *Weg des Liederlichen* eine Aufklärung, wonach man in einigen Gegenden Deutschlands Profitchen die *Lichtendchen auf Stacheln*[329] heißt!

Seit der Mitte des Jahrs 1791 regt sich in meiner ganzen Gedanken-Ökonomie etwas, das ich noch nicht recht beschreiben kann. Ich will nur einiges anführen und künftig aufmerksamer darauf werden. Nämlich ein außerordentlich fast zu schriftlichen Tätlichkeiten übergehendes Mißtrauen gegen alles menschliche Wissen, Mathematik ausgenommen, und was mich noch an Studium der Physik fesselt, ist die Hoffnung, etwas dem menschlichen Geschlecht Nützliches auszufinden. Wir müssen nämlich auf Ursachen und Erklärungen denken, weil ich gar kein anderes Mittel sehe, uns ohne dieses Bestreben in Tätigkeit zu erhalten... Wir müssen freilich etwas ergreifen. Aber ob das nun alles so ist, wie wir glauben? Da frage ich mich wieder: Was nennst du so sein, wie du es dir vorstellst? Dein Glaube, daß es so ist, ist ja auch etwas, und von dem übrigen weißt du nichts. Dieses war auch die Zeit, da ich (Gott verzeih mir, wenn ich irre) zu glauben anfing, daß die Muscheln in den Bergen gewachsen sein könnten. Es war aber kein positives G l a u b e n, sondern bloß ein dunkeles Gefühl von unsrer Unfähigkeit oder wenigstens von der meinigen, in die Geheimnisse der Natur einzudringen.[330] Hatte Lichtenberg bislang dem Vortrag immer auch den Zweifel eingefügt, ist es, nach dem obigen Satz, nunmehr allgemeiner Zweifel, den er vorträgt. Es bestürzt dieser jähe Umschlag seines Denkens innerhalb eines Jahres: vom *Amintor* zu der wildesten Krise von Skepsis. Im Grunde handelt es sich bloß in seinem Kopf um eine andere Wortstellung; in beiden Fällen ist das Vokabular: Vernunft–Denken–Ordnung–Welt–Gott. Dort aber wurde aus der Wahrnehmung, daß seine Vernunft die Ordnung denke, das beseligende Bewußtsein einer Ordnung in der Welt, die der Gedanke Gottes ist. Er hatte sich vergessen. Als er sich bedachte, lautete der Satz: *Wir können nicht anders, wir müssen Ordnung und weise Regierung in der Welt erkennen, dieses folgt aber aus der Einrichtung unsrer Denkkraft. Es ist aber noch keine Folge, daß etwas, was wir notwendig denken müssen, auch würklich so ist, denn wir haben ja von der wahren Beschaffenheit der Außenwelt gar keinen Begriff, also daraus allein läßt sich kein Gott erweisen.* Wie Spinoza dort zu Lichtenbergs eingebildeter Gesundheit beitrug, so hier Kant zur Verzweiflung des leidenden Subjekts: *Wir finden keine Ursache in den Dingen, sondern wir bemerken nur das, was in uns herein korrespondiert. Wohin wir nur sehen, so sehen wir bloß uns.*[331] Mit Recht wies man darauf hin, daß nur derjenige ihm hätte Befreiung bringen können, der ihn von seinem Ich erlöste, nicht aber, wer ihn noch mehr mit sich selbst einschloß.

Der Zweifel am Erkenntnisvermögen schlechthin führt notwendig zu einer Übertretung von Grundgesetzen des Rationalismus. Lichtenbergs Unbehagen an der Vernunft und innigere Wertschätzung irrationaler Kräfte gehen einig: *Die Vernunft sieht jetzt über das Reich der dunkeln aber warmen Gefühle so hervor wie die Alpenspitzen über die Wolken. Sie sehen die Sonne reiner und deutlicher, aber sie sind kalt und unfruchtbar.*[332] Wo man Lichtenberg auf dem Wege zur Romantik behaupten wollte, scheint jener Satz ein triftiges Indiz. Es gibt andere: Lichtenbergs offenbare Neigung zu der anheimelnden Gefühlsphilosophie des *Pempelfortischen Weisen*[333], Jacobi, mit dem er in Verbindung stand; die Bedeutung, welche er dem Instinkt, der Intuition, den Ahnungen beimaß. Lichtenbergs in der *Verteidigung des Hygrometers und der Delucschen Theorie vom Regen* 1795 geäußerte Hypothesen, die von der Zerlegung des Wassers in Sauerstoff und Wasserstoff durch den elektrischen Funken 1789 in Amsterdam ausgingen, wurden in romantischen Kreisen eifrig aufgenommen. Henrik Steffens berichtet in seinen Lebenserinnerungen: «Lichtenbergs Vermutung, daß die Trennung des Wassers in Wasserstoff und Sauerstoff eine Trennung der Elektrizitäten sei, schlug selbst wie ein elektrischer Funke in die Entwicklung der Naturphilosophie ein.»[334] Wie auf den romantischen Gesinnungsfreund beruft sich Schelling in seinen «Ideen zu einer Philosophie der Natur» auf den Physiker. Nie vergaß man, zu erwähnen, daß Lichtenberg noch Fichte las und 1790 Franz von Baader unter seinen Gästen hatte; daß 1792 Tieck in Göttingen studierte und Lichtenbergs «leichter und gefälliger Umgangston» für ihn sehr anziehend war, ist dann auch erwähnenswert. Aber Lichtenberg erkannte Fichte nur als übertriebenen Kantianer und nicht einen Lehrer der Romantischen Schule; Baader kam von Freiberg und Abraham Gottlob Werner, dem Experimentalgeologen, wie Lichtenberg Experimentalphysiker war. Tieck war in dem Nicolai-Berlin zu Hause.

Wenn Lichtenbergs Fenster gleich zu der Romantik hinausgehen sollten, er verblieb, mit seiner Krise und Entgegnung, im Gebäude des späten Rationalismus. Seine problematische Situation läßt sich von zwei Sätzen Lichtenbergs fassen, die jeder für sich auf Bacon anspielen. Der erste lautet: *Aber leider! leider liegt alles in einem Labyrinth, wozu Baco den Faden gesucht, aber nicht gefunden hat, und der Mensch muß noch jetzt wie vor Jahrtausenden die größten Dinge erfinden wie die Schweine die Salzquellen und Gesundbrunnen.* Das stammt von 1784. Im April 1794 aber schrieb er in das Album Matthissons, wie 1792 schon in eines Unbekannten Stammbuch, unter Berufung auf Bacon den Satz: *Vere scire est per causas scire!*[335] Des einen sich schmerzlich bewußt, vom anderen notwendig überzeugt, suchte Lichtenberg als Philosoph und Lehrer fortzufahren. Und vor der Öffentlichkeit, auf dem Papier wird man schwerlich jene ratlose, tatenlos machende Skepsis wiederfinden. Sein Porträt von Nikolaus Kopernikus, 1795 geschrieben und im «Pantheon der Deutschen» 1800 veröffentlicht, stellt außer Zweifel und Frage: den genialen Aufklärer, die Begabung der Aufklärung, das Hochgefühl der Nachfolge.[336] Bedeutender als der Gelehrte war in der letzten Periode seines Lebens der Schriftsteller Lichtenberg nur, wenn man mit heutigen Begriffen unterscheidet. Eigentlich vervollkommnete Lichtenberg bei sich selbst jene Tugend, die er am Typ des schreibenden Gelehrten wie Franklin bewundert hat: in allem, was er schrieb, bei allem, was er vor Augen stellte, den bon sens mit schöner Lesbarkeit zu vereinen. In Kalenderartikeln jener Jahre trifft man Lichtenberg zu mehreren Malen als völlig entspannten Wissenschaftler, sei es, daß er von den Augen handelt oder über *Ernährung, Kochen und Kost-Sparkunst*, über einen Gebrauch des Wasserdampfes, indem er die Schriften und Gespräche des Grafen Rumford durch persönliche Überlegungen ergänzt. So reizend ihrer Form nach wie revolutionär in dem Gehalt sind vollends zwei Aufsätze, die in dem Kalender für 1793 und 1795 erschienen. *Warum hat Deutschland noch kein öffentliches Seebad*, fragte der frühere Aufsatz.

Die Anregung und Lust, für ein deutsches Seebad an der Nordsee einzutreten, kam Lichtenberg schon 1788 durch seinen Schüler, Freund und «Magazin»-Mitarbeiter, den bedeutenden Wasserbaukonduktuer Reinhard Woltman in Ritzebüttel bei Cuxhaven, die Qualifikation von eigenen Erfahrungen aus jüngeren Jahren: England, seine Seebäder und das Meer an deutschen, holländischen und britischen Küsten. Sein Ausgangspunkt ist die einmal erlebte und für alle Zeit lebendig erhaltene Naturgewalt des Wassers, deren *unbeschreiblicher Reiz* einem Seebad seiner Meinung nach vor jedem inländischen Kurort den Vorzug gibt:

Der Anblick der Meereswogen, ihr Leuchten und das Rollen ihres Donners, der sich auch in den Sommermonaten zuweilen hören läßt, gegen welchen der hochgepriesene Rheinfall wohl bloßer Waschbecken-Tumult ist; die großen Phänomene der Ebbe und Flut, deren Beobachtung immer beschäftigt ohne zu ermüden; die Betrachtung, daß die Welle, die jetzt hier meinen Fuß benetzt, ununterbrochen mit der zusammenhängt, die Otaheite [Tahiti] und China bespült, und die große Heerstraße um die Welt ausmachen hilft; und der Gedanke, dieses sind die Gewässer, denen unsre bewohnte Erdkruste ihre Form zu danken hat, nunmehr von der Vorsehung in diese Grenzen zurück gerufen, – alles dieses, sage ich, wirkt auf den gefühlvollen Menschen mit einer Macht, mit der sich nichts in der Natur vergleichen läßt, als etwa der Anblick des gestirnten Himmels in einer heiteren Winternacht. Man muß kommen und sehen und hören.[337]

Lichtenberg hat bekanntlich die erste Großstadtbeschreibung – London 1775 – in der deutschen Sprache geschrieben. Es ist bemerkenswert, daß er auch die erste Großmeerbeschreibung lieferte! Aber er schildert nicht nur das Phänomen, vermittelt nicht nur seine Gedankengänge, sondern erkennt – anerkennt, möchte man sagen – abermals als einziger Augenzeuge das sinnliche Stimulans der Seeluft und Badeatmosphäre. Lichtenbergs Vorteil gegenüber der Mehrzahl seiner deutschen Zeitgenossen und sein höchstpersönliches geistiges Eigentum war die selbständige, empirisch-sinnliche Erfahrung!

Er war in England gewesen, hatte die berühmten Badeorte Bath und Margate, Brighton, Deal besucht, am eigenen Leib die Wirkungen des Meerwassers ausprobiert. Er mußte keine Germanen beschwören, sondern konnte von sich selber mitteilen, daß er *seinem Aufenthalte zu Margate die gesündesten Tage seines Lebens verdankt*[338]. Lichtenbergs «Zurück zur Natürlichkeit» war seine späte Rückkehr auf die selige Insel England. Dieses Wohlbefinden suchte er durch seine werbende Beschreibung zu vermitteln: so anschaulich fröhlich, daß man jetzt lebhaft vor Augen zu sehen meint, was auf den zeitgenössischen Kupfern stets sehr schleierhaft vorkam, wie nämlich seinerzeit das Bad genommen wurde, ohne daß Anstand und Sitte Anstoß nehmen konnten?

Man besteigt ein zweirädriges Fuhrwerk, einen Karren, der ein von Brettern zusammen geschlagnes Häuschen trägt, das zu beiden Seiten mit Bänken versehen ist. Dieses Häuschen, das einem sehr geräumigen Schäferkarren nicht unähnlich sieht, hat zwei Türen, eine gegen das Pferd und den davor sitzenden Fuhrmann zu, die andere nach hinten. Ein solches Häuschen faßt vier bis sechs Personen, die sich kennen, recht bequem, und selbst mit Spielraum, wo er nötig ist. An die hintere Seite ist eine Art von Zelt befestigt, das wie ein Reifrock aufgezogen und herabgelassen werden kann. Wenn dieses Fuhrwerk, das an den Badeorten eine Maschine... heißt, auf

Badekutschen im englischen Seebad Margate

dem Trocknen in Ruhe steht, so ist der Reifrock etwas aufgezogen, vermittelst eines Seils, das unter dem Dach des Kastens weg nach dem Fuhrmanne hingeht. An der hinteren Türe findet sich eine schwebende aber sehr feste Treppe, die den Boden nicht ganz berührt. Über diese Treppe ist ein freihängendes Seil befestigt, das bis an die Erde reicht und den Personen zur Unterstützung dient, die, ohne schwimmen zu können, untertauchen wollen, oder sich sonst fürchten. In dieses Häuschen steigt man nun, und während der Fuhrmann nach der See fährt, kleidet man sich aus. An Ort und Stelle, die der Fuhrmann sehr richtig zu treffen weiß, indem er das Maß für die gehörige Tiefe am Pferde nimmt, und es bei Ebbe und Flut, wenn man lange verweilt, durch Fortfahren oder Hufen immer hält, läßt er das Zelt nieder. Wenn also der ausgekleidete Badgast alsdann die hintere Tür öffnet, so findet er ein sehr schönes dichtes leinenes Zelt, dessen Boden die See ist, in welche die Treppe führt. Man faßt mit beiden Händen das Seil und steigt hinab. Wer untertauchen will, hält den Strick fest und fällt auf ein Knie, wie die Soldaten beim Feuern im ersten Gliede, steigt alsdann wieder herauf, kleidet sich bei der Rückreise wieder an usw. [339]

Es ist rührend, zu lesen, wie gesund der rettungslos Kranke dachte und wie besorgt um die Wohlfahrt seiner Mitmenschen. Seine inspirierte Werbeschrift hatte, wenn auch nicht den gewünschten, Erfolg. Während die «Hamburgische Gesellschaft zur Beförderung der Künste und nützlichen Gewerbe» ein Seebad angeblich als reinen Luxus und bedeutungslos für die Gesundheit ablehnte, legte der Mediziner Samuel Gottlieb Vogel, angeregt durch Lichtenberg, noch 1794 bei Doberan nahe Rostock das erste deutsche Seebad an. 1797 wurde in Dangast bei Varel am Jadebusen das älteste Bad an der Nordseeküste, 1799 mit dem Seebad Norderney das erste deutsche Inselseebad begründet. Erst im Sommer des Jahres 1816 wird, allerdings genau nach Lichtenbergs Vorstellungen und Vorschlägen, das Seebad in Cuxhaven eingeweiht. In seiner für die Entwicklung des deutschen Seebäderwesens wichtigen Schrift «Ritzebüttel und das Seebad zu Cuxhaven» hat Amandus Augustus Abendroth 1818 den Aufsatz des «genialischen Lichtenberg» im vollen Wortlaut wiederabgedruckt.

1794 hatte Lichtenberg die Hoffnung ausgesprochen, daß seine *Vorschläge nicht ganz fruchtlos gewesen* sein mögen und äußert zugleich den frommen Wunsch, daß die Bäder selbst ebensowenig fruchtlos sein mögen, *woran wohl nicht zu zweifeln ist. Würden auch in einem Jahr nur zehn Krankheiten damit abgewaschen, so wäre der Nutzen schon sehr groß, zumal in dieser traurigen Zeit, wo die Arzneien täglich teurer und die Krankheiten immer wohlfeiler werden.*[340]

Die Sätze, noch dazu mit dem bekannten Witzwort garniert, sind einem Kalender-Artikel entnommen, in dem Lichtenberg erneut das Thema: B a d e n abhandelte, jedoch in einem neuen Element. Denn während andernorts patriotische Hofräte unter den Augen des «Durchläuchtigen Stifters» Fischernester zu Seebade-Anstalten herrichten, dachte und machte Lichtenberg bereits einen noch sensationelleren Artikel, überschrieben *Das Luftbad*, in welchem er – eine Revolution von 1793 – das Nacktbaden in Gottes freier Natur und Bergeswelt empfahl!

Daß er davon reden konnte, ohne Furcht, *durch gesuchte unnütze Grübelei die Würde der Naturlehre oder durch mutwillig scheinende Vorschläge die Majestät der Sittlichkeit und Unschuld zu beleidigen*, hat seinen Grund in dem englischen Arzt John Abernethy, den Versuche 1793 folgern ließen, daß *der Mensch über den ganzen Körper einatme, ohne es zu wissen, und also ohne sein Zutun einen Zufluß von Wärme erhalte, der ihm bisher unbekannt geblieben war*[341]. Die Kleidung, ist Lichtenbergs Folgerung, hindert notwendig diesen Prozeß, liefert einer sogenannten Erstickung vielmehr Vorschub, summa: *Es scheint also nichts weniger als verwerflich zu sein, sich tagtäglich oder wenigstens zuweilen auf eine kurze Zeit nackend der Luft auszusetzen.* Nebenbei die treffende Voraussicht: das ärztlich verordnete Bad in reinerer und höherer Luftschicht: dem Harz, der Schweiz, der visionäre Seitenblick aufs Frauenzimmer: *Wer weiß, ob nicht bei dem schöneren und wärmeren Geschlecht, die die Grenzen der Nacktheit an Armen und Busen zuweilen etwas erweitert haben, ein dunkles Vorgefühl dieser neuen Wahrheit zum Grunde lag. Ja wer weiß, ob nicht... eben aus diesem dunklen Vorgefühl von Abernethys Theorie der tiefe Ausschnitt am Busen und der hohe Abschnitt am Unterrock sich endlich einander auf halbem Wege begegnen und zum bloßen Feigenblatt unserer ersten Eltern zusammenschmelzen werden. So führt auch diese Theorie*

Galvanis Froschschenkel-Versuche von 1791

so wie die neueste Politik auf eine baldige Wiederkehr vom paradiesischen Stand der Unschuld und Gleichheit.[342] Welche geistige Gesundheit und klare, heitere Sinnlichkeit waren in diesem kranken kleinen Körper Lichtenbergs, den mancher verbogene Zeitgenosse – wie der Leibarzt Zimmermann aus Hannover – schon für die ganze Person nahm.

Der Fülle im Kalender und auch unter anderem im «Hannöverschen Magazin» verstreuten Anregungen entspricht nach dem bloßen Augenschein die gleichmäßige Vielfalt der Interessengebiete des Forschers und Universitätslehrers. Das Vorlesungsverzeichnis für den Winter 1798, Lichtenbergs letztes Semester, kündigt trotz seiner Krankheit von ihm zehn Wochenstunden an: über Astronomie, physikalische Geographie, Meteorologie, Geologie, Physik. Er war und hielt sich in allem auf dem laufenden. Vielfalt ist dann um so mehr in Gefahr, Verzettelung zu werden. Man liest von Versuchen mit Pflanzen, Beobachtungen eines Meteors, Bemerkungen über die Entstehung des Hagels, Ansichten zu einem Erdrutsch. Eschenberg erteilt er Auskunft über Güte und Vorzug schwedischer Öfen. 1792 stellt er Versuche über die Reizbarkeit der Frösche an; bekanntlich hat Galvani 1789 beschrieben, wie man durch elektrische Entladung am Nervenstamm eines toten Froschs Zuckungen in den Beinen des Tieres hervorrufen kann. Doch der Professor für Anatomie aus Bologna gab seiner Beobachtung eine falsche Deutung: Er glaubte, eine Art tierischer Elektrizität gefunden zu haben. *Brütend* saß Lichtenberg selbst auf einer Theorie über das Phänomen der mit Blei belegten Zunge, das ebenfalls zu dem *Galvanischen Corps* [343] gehörte. Heute wissen wir, daß es wirklich im Organismus schwache elektrische Gleichstromkreise gibt, die vielleicht zahlreiche biomagnetische Erscheinungen erklären. Mit Abraham Gottlob Werner, dem berühmtesten Mineralogen seiner Zeit, der ihn am 15. August 1789 besuchte, führt er eine Korrespondenz, die Fragen etwa zum Vulkanismus oder Neptunismus des Basalts oder die Natur des Doppelspats betreffen.

Desto seltsamer mutet es an, daß Lichtenberg in allgemeinen Erörterungen von einer beinah ärgerlichen Zurückhaltung ist und eine klare Entscheidung verweigert. Goethe bekam es zu spüren, als er ihm im August 1793 seinen Essay «Von den farbigen Schatten», im Dezember seinen «Versuch die Elemente der Farbenlehre zu erklären» übersandte. Wohl gestand Lichtenberg in seiner Antwort, dadurch auf *einen Teil der Lehre vom Lichte aufmerksam* gemacht worden zu sein, um den er sich bisher wenig bekümmert habe; und er gibt einige seiner Gedanken zur Sache, Beobachtungen, die er in seiner Studierstube und am Schornstein gegenüber anstellte: als Argument dafür, daß er – Newtonianer, wie man weiß – Goethes Theorie *für ganz ohne Einschränkung richtig zu erkennen* [344] sich noch nicht entschließen konnte. Es war im Grunde eine unergiebige Korrespondenz, Lichtenbergs freundliche Indifferenz eine Enttäuschung für Goethe, die sich in einem Brief an Schiller vernehmbar machte: «Eine Zeit lang antwortete er mir; als ich aber zuletzt dringender ward und das ekelhafte Newtonische Weiß mit Gewalt verfolgte, brach er ab über diese Dinge zu schreiben und zu antworten; ja er hatte nicht einmal die Freundlichkeit, ungeachtet eines so guten Verhältnisses, meine Beiträge in der letzten Ausgabe seines Erxlebens zu erwähnen.» [345]

Wahrhaft befremdet erschien schon den Zeitgenossen aber Lichtenbergs laue Rezeption der Lavoisierschen Chemie, die an seinem guten Bekannten, dem Göttinger Arzt Girtanner einen begeisterten Fürsprecher hatte. Zweifellos hat Lichtenberg sein Urteil im Laufe der Jahre nuanciert. 1796 schrieb ein Schüler voller Genugtuung: «Neulich erklärte er uns selbst das neue französische Maß» – gemeint ist das Dezimalsystem –, «weil die Neufränkischen Scheidekünstler sich desselben bei ihren Gewichtsbestimmungen bedienen und diese auch nach Lavoisiers Tode, wie er sagt, noch große Männer genug hätten, die sich zu Diktatoren der Chemie aufwerfen könnten.» Ende 1794 hatte für ihn die neue französische Chemie wenigstens *den Wert der Bequemlichkeit*, aber er zweifelte, *ob das Bequeme auch das Wahre ist* [346].

Im Februar des Jahres 1795 – Pluviôse III des republikanischen Kalenders – teilte Lichtenberg einem seiner dilettierenden Bekannten mit, wie sehr ihn dessen *Aufmerksamkeit auf die Natur*, die herrlichen Bemerkungen über die Eisblumen erfreut hätten, weil auch ihn gerade *diese unerschöpfliche Mannigfaltigkeit in den Formen derselben dieses Jahr mehr als jemals afficiert und vergnügt* habe, zumal jetzt, wo die Mehrzahl der Zeitgenossen lieber im *Polydischen Schurnal liest als auf Fensterscheiben*[347]. Das scheint eine hübsche Variante jener sattsam bekannten Abkehr deutscher Bürger von der politischen Wirklichkeit. Es gab aber Zeiten, da Lichtenberg die Ankunft der neuesten Zeitungen aus Paris nicht erwarten konnte, und noch 1796 liest er aufmerksam zwei der wenigen, offen mit der Revolution sympathisierenden deutschen Blätter: den von seinem Studienfreund August von Hennings herausgegebenen «Genius der Zeit» und des bedeutenden Georg Friedrich Rebmann Journal «Der politische Tierkreis oder die Zeichen der Zeit». Ein Jahr später bittet er den *Vetter aus Ràstatt* dringend um Kupferstich, Miniatur oder Handzeichnung, *genaue Schilderung des Äußern von dem großen Buonaparte, Leibeslänge, Physiognomie, Augen, und gut avenierte Anekdoten von ihm…*[348]. Bis zu seinem Tode hat er durchaus nicht in Bausch und Bogen verdammt. Aber er befindet sich in einem desperaten Zwiespalt.

Vor den Zeitgenossen – Lichtenbergs Bemerkungen zur Zeitgeschichte machen oft den Eindruck, als unterrede er sich mit leibhaftem Gegenüber – verteidigt er Prinzipien der Revolution, ist ihm darum zu tun, *eine höchst ungereimte Verwirrung der Begriffe* zu klären, voreiliger Verurteilung ebenso zu steuern wie der *Freiheits-Influenza*[349], die in Mainz das ernste Beispiel gab, das lächerliche in Göttingen selbst, wo 1790 ein mehrtägiger Konflikt zwischen den Gesellen aller Zünfte und den Studenten ausbrach, welche unterlagen und die Stadt verließen. Vierzehn Tage lang führte danach die Studentenschaft auf den Höhen des Hainbergs ein fröhliches Lagerleben, ehe sie sich von der Bürgerschaft zur Rückkehr bewegen läßt. *Experimentalpolitik*[350] nannte Lichtenberg die Französische Revolution, und der Professor war mit einem Wort in seinem ähnlich lautenden Fach: wachsam betrachtend, behutsam erwägend. Mit Entschiedenheit entgegnete er im Kalender für 1791 dem kleinlichen Argument von Gegnern der französischen Republik, die ihr das Urteil zu sprechen glaubten, indem sie sie das Werk einiger aufrührerischer und minderwertiger Köpfe schalten, mit dem Hinweis, daß zur Entwicklung des großen Spiels einer Nation öfters Rollen nötig sind, *die sich freilich ein ehrlicher Mann scheuen würde zu übernehmen, und wo nicht die Gründung des Gesetzes, doch dessen Vorbereitung bedarf oft Menschen, die man fünfzig Jahre nachher kraft dieses Gesetzes aufgeknüpft hätte. Es war auch immer so, die Geschichte gibt uns nur die Gebäude, die schmutzigen Gerüste hat sie weggeworfen.*[351] Er sah eine Zukunft, wo der Zeitgenosse noch die Politik des Tages erörterte, begriff schon – die Erfolge der Volksarmee vor Augen – den Patriotismus als *das Kriegs-Genie der Nationen*[352].

Zugleich aber diskutierte er den Republikanismus; die zweideutige Forderung nach Gleichheit; das heikle Geschenk der Freiheit: *Der höchste Grad von politischer Freiheit liegt unmittelbar am Despotismus an.* Er warnte vor dem Glauben, daß das republikanische System durch sich selbst vor Änderungen und Verkehrung gefeit sei: *Ich glaube, ohne deswegen richten zu wollen, man wird ewig und ewig durch Revolutionen von einem System in das andere stürzen, und die Dauer eines jeden wird von der temporellen Güte der Subjecte abhängen.*[353] Eine der treffendsten Bemerkungen Lichtenbergs ist die, wo er aus der Einführung einer das Direktorium auszeichnenden Kleidertracht auf gewisse, dem Menschen als politischem Lebewesen innewohnende Bedürfnisse schließt. Die Inthronisation des abstrakten Gesetzes an Stelle des Regenten muß daran scheitern, daß der Mensch neben der Vernunft seine Einbildungskraft befriedigt sehen will. Eigentlich ist darum Monarchie – dort die Erblichkeit, hier das auszeichnende Kostüm – im übertragenen Sinn eine jeder Regierungsform notwendige Konsequenz, wenn sie bestehen will: *Es ist Demokratie in dem aus K o p f und H e r z bestehenden Menschen, was die Monarchie der reinen Vernunft verwirft, und die politischen Demokraten stützen sich auf M o n a r c h i e der Vernunft. Sie erkennen eine Monarchie zur Verteidigung einer Demokratie.*[354]

Daß Lichtenberg zuletzt auch praktisch und nicht nur im Bilde der Monarchie den Vorzug gab, ist verständlich: über seinem Kanapee im Gartenhaus hingen die Porträts des englischen Königspaares. Die englische Konstitution, eine Art eingeschränkter Monarchie, besaß für ihn den Vorteil, *daß sie republikanische Freiheit mit der Monarchie schon vorläufig gemischt hat, um den völligen Umschlag aus einer Demokratie in reine Monarchie oder Despotismus zu verhindern*[355]. Mehr und mehr versuchte er den Philosophen mit dem Zeitgenossen zu vereinbaren. Man könnte solchen Denkgeist die Suche nach dem Kompromiß nennen. Zutiefst beklagte Lichtenberg die *Seltenheit guter Mittelzustände.* Man hat ihn darum als reaktionär verredet.[356] Im Grunde ist es jenes innere Bedürfnis der Epoche nach dem «Wohlstand», schaudernd vor der Weiterung der Revolution. *Mein Gott! wie blut-blutrot das Jahr 1793 am Horizont herauf blickt,* schrieb Lichtenberg am 30. Dezember 1792 an Nicolai. *Wir wollen beherzt hinein sehen und lernen*[357]: Am 21. Januar 1793 wurde Ludwig XVI., am 16. Oktober Marie-Antoinette hingerichtet. Um der Republik willen hatte man der Revolution das Wort reden können. Das Schreckensregiment der Guillotine verschlug alle Fürsprache. Im Kalender für 1794 stellte Lichtenberg *Einige Betrachtungen über die physischen Revolutionen auf unserer Erde* an, worin er *die Revolutionen der Erde mit denen der Reiche* verglich. Aber sein Vergleich fiel zuungunsten der menschlichen Revolution aus, die um einer ungewissen Zukunft willen

«Freiheits-Influenza» in Göttingen: die Studenten kehren nach vierzehntägigem Lagerleben am 29. Juli 1790 in die Stadt zurück

Millionen fürs Gegenwärtige unglücklich macht[358]. Und seine gewissenhafte Studie des Für und Wider der Französischen Revolution verkehrte sich fast in persönliche Animosität, als die neufränkischen Heere Grenzen nicht mehr kennen wollten.

Bekümmert sah er sein «Vaterland» von ihnen heimgesucht: das ist auch dann noch immer Darmstadt und was man von dem Graupnerschen Boden im Traum übersehen kann. Sein neues Vokabular ist eine einzige Verbalinjurie für die westlichen Nachbarn: das *Räuber-Gesindel*, die *Räuber-Nation* und *Spitzbuben-Rotte*, die *Hunnen des achtzehnten Jahrhunderts*, der *Antichrist*. Eine stehende Redewendung in Briefen ist, daß er schließen müsse, ehe die Franzosen kommen, eine mehrmals geäußerte Absicht, sein Silber zu vergraben.[359] Entrüstet weist er das Gerücht zurück, das Göttingen als einen Hort latenter revolutionärer Gesinnung bezeichnet hat, und er beteuert seine Loyalität. Man wird an ihrer Aufrichtigkeit nicht zweifeln müssen. Gleichwohl sind zum Teil selbst seine Briefe voll der Klage über eine mindestens so unerträgliche Erscheinung der Zeit: daß bald jede freie Rede als jakobinisch verdächtigt werde und man bei jedem Brief, den man schreibt, denken müsse, *mein ärgster Feind stünde hinter mir und sähe mir zu.* Es ist das ein doppeltes Unbehagen; die Aktionen der Franzosen wie die Reaktion der deutschen Obrigkeit sind

ihm gleich zuwider: *Man kann würklich nicht wissen ob man nicht jetzt im Tollhaus sitzt.*[360] Sein zwiespältiges Verhalten nach dem Tode seines Freundes Forster ist eine hinlängliche Charakteristik Lichtenbergs. Johann Georg Forster, der 1794 in Paris starb, verkörperte der öffentlichen Meinung den radikalsten deutschen Parteigänger der Revolution: er war für Deutschland und beinah für seine Freunde sozusagen totgeschwiegen, ehe er gestorben war. Vor Archenholz, der, nicht als erster, Lichtenberg aufforderte, *unserem guten Georg Forster ein kleines Ehrendenkmal zu errichten*, äußerte sich Lichtenberg, als habe er von jenem nur die oberflächlichste Kenntnis. Man spürt aus den Widersprüchen des Briefes Lichtenbergs Befürchtung, daß man, gleich wie er schreibe, die Tatsache, daß er schreibe, so oder so falsch auslegen werde. Friedrich Schlegel war es dann, der 1797 immerhin Forsters literarische Ehrenrettung schrieb. Lichtenberg aber gestand wenigstens dem gemeinsamen Freund Sömmerring: *O wie gerne, wie gerne hätte ich ihm ein paar Bogen gewidmet, wäre ich noch das kinderlose und wegen der Zukunft unbekümmerte frei denkende und frei schreibende Wesen, das ich ehemals war. Jetzt muß es beim frei* D e n k e n *sein Bewenden haben.*[361] Sorge, deren Messer, wie er sagte, sein Gesicht geworden war, diktierte den Brief, versiegelte den Mund dem Bürger und: Vater und Ehemann!

Margarethe Elisabeth Lichtenberg, geb. Kellner (1768–1848).
Im Besitz von Margarethe Lichtenberg, Steinau b. Schlüchtern

Noch am Abend des 5. Oktober 1789 war er mit Margarethe Elisabeth Kellner *kopuliert*[362] worden. Das Kirchenbuch führt sie als seine Haushälterin. Der Stadtklatsch hatte sie seit etwa 1783 als seine Geliebte geführt, die 1786 einen Sohn, Georg Christoph, 1789 eine Tochter Luise gebar; ein Kind ist 1784, ein anderes 1789 gestorben. Was ein derartiges Privatissimum seinerzeit gesellschaftlich bedeutete, erhellt aus der lakonischen Eintragung im Geburts- und Taufbuch der evangelischen Kirchengemeinde St. Marien zu Göttingen: «Uneheliches Kind Georg Christoph Eckhardt, geboren den 4. Februar 1786, getauft den 5. ejusd. Vater: Ludwig Christian Eckhardt aus Pommern. Mutter: Margarethe Kellner aus Nikolausberg. Gevattern sind nicht angezeiget.»[363]

Während die ledige Mutter bei Namen genannt und damit bloßgestellt wird, verhehlt sich, allerdings mehr schlecht als recht, der Vater hinter den Vornamen seines Gothaer Bruders und dem Mädchennamen seiner Mutter, den er auch bei Zeugungen seines *gelehrten Zeugungsgliedes*[364] gern verwendete.

In Reden der Studenten wurde Lichtenberg zu einem «Starken August»: «Er macht ein Kind nach dem andern mit gesunden und hübschen Frauenzimmern, und als ihm die Hannoversche Regierung deshalb einen Vorwurf machte, so entschuldigte er sich damit, daß er viel zu häßlich wäre, als daß ihn eine Frau lieben, geschweige treu bleiben könnte.» *Der verheiratete 4füßigte Mensch*[365] wird nun die vorletzte Sensation in einem Leben, das alle Arten von Liebe kennengelernt hat. Der Freund Forster, der Kollege Heyne, der Bruder Ludwig Christian mißbilligten jedoch jenen Schritt, den Lichtenberg todkrank vollzog, um der Mutter seiner Kinder, falls er sterben sollte, ein Auskommen zu sichern. Schockierender wirkte offenbar die Legalisierung eines Verhältnisses als dieses selbst, das, denkt man nur an Weimar, seinerzeit nicht ganz und gar ungewöhnlich war.

Aus der Maitresse eines Mannes läßt sich viel auf den Mann schließen, man sieht in ihr seine Schwachheiten und seine Träume, hatte Lichtenberg gesagt.[366] Galt das nicht auch für ihn selbst? Die Erdbeerverkäuferin Margarethe Elisabeth, 1768 in dem Dorf Nikolausberg bei Göttingen als Tochter eines Weißbinders geboren, entsprach, nach allem was man von ihr weiß, vollkommen jenem Weibswesen, das Lichtenberg zeitlebens dem mit Maßen emanzipierten Frauenzimmer, der *Bücherleserin* vorzog. Derer er aus Schwachheit bedurfte, die Frau seiner, sehr lokalisierten, Träume hatte klar umschriebene, von ihm selbst beschriebene Konturen. Verstand, nach der männlichen Definition, war darin nicht genannt. Hocherfreut berichtete Lichtenberg, als seine Frau ihm einmal einen Rat zum Hogarth gab.[367] Immer hängt ihr jene Anekdote an, daß, als sie eines Tages in der Küche ein Student fragte, wo die «Frau Hofrätin» zu finden wäre, sie erwidert habe: «Dat sin ek!» Förmliche Bedingung Lichtenbergs an eine Eheliebste war allein der gesegnete Leib. *Ehe ich eine Frau haben wollte, die mir keine Kinder brächte, lieber wollte ich mir eine malen lassen oder mich in die Muttergottes verlieben.* Es ist wohl kein Jahrhundert, in dem mehr Frauen in Erfüllung der Bedingung zeitig und im Kindbett gestorben sind. Aber Lichtenberg machte aus der Bedingung ein Kompliment und etwas schön Geistiges: *O es liegt in der Männerphantasie eine Schöpferkraft, in der weiblichen Seele alsdann Dinge zu finden oder (wenn Sie wollen) hineinzudenken und zu dichten, die dieser Race einen Wert geben, wovon ihr Ledigen keinen Begriff habt*, schrieb er Sömmerring.[368]

Ohne Zweifel hat Lichtenberg die Reserve der Göttinger Gesellschaft gegenüber seiner Frau gespürt. Die Isolierung schloß jedoch das Glück nicht aus. Man wird ihm aufs Wort glauben, wenn er Gleim von seiner *mitten in Göttingen zwar fast einsamen, aber nichtsdestoweniger glücklichen Familie*[369] berichtet. Man glaubt jenem Lichtenberg, der zum Lobredner der Ehe wird, Junggesellen als ein umgekehrter Cato sein *uxorem esse ducendam* zuruft und ein braves Sprichwort dahin lichtenbergisiert, daß es fortan *wer nicht heiratet, soll auch nicht essen* heißt! Voller Interesse konstatierte er, eine ihn entzückende, neue menschliche Erfahrung, durch die Ehe die *Erweiterung seines Ichs und zwar über ein Feld hinaus, das sich im einzelnen Menschen durch keine Kunst in der Welt schaffen läßt. Zwei Seelen, die sich vereinigen, vereinigen sich dennoch nie ganz so, daß nicht immer noch der beiden so vorteilhafte Unterschied bliebe, der die Mitteilung so angenehm macht. Wer sich sein eigenes Leben klagt, klagt es sicherlich vergeblich, wer es der Frau klagt, es einem Selbst, das helfen kann und schon durch die Teilnahme hilft.* Das verrät zugleich die andere erschöpfende Rolle, die seiner *lieben Bett-Schwester* in Lichtenbergs, des Hypochonders, Leben zukam: Krankenschwester bei Bedarf zu sein, Anteil zu nehmen, bis an den Rand des eigenen Nervenzusammenbruchs. *Tränen meiner l. Frau bei Tische, über mein Mißvergnügen, das doch von Kränklichkeit herrührte*, trägt Lichtenberg am 20. September 1791 ins Tagebuch. Billette an seine Frau sagen nichts von einer aufgeregten Leidenschaft. Sie sind jedoch voll einer hübschen Zärtlichkeit, witzige Liebkosungen die Anrede: *Liebes Fleisch von meinem Fleisch* und *liebes Bein von meinem Bein*. Sie haben etwas Zeitloses an sich und ermangeln vielfach ja des Datums, das Jahrzehnt hindurch: kleine Sätze, Ereignisse, kleine Verstimmungen, nette Vertraulichkeiten wie *Warte nur, wenn Du ein kleines Mädchen mit zwei Schwänzen zur Welt bringst, so hast Du die Schuld...*[370]

Ohne Fehl jedoch gebar sie ihm, beinah in Abständen von zwei Jahren, ein halbes Dutzend Kinder. Neuerdings ein schwelgender Maler väterlicher Freuden und familiärer Feste stellt sich Lichtenberg in Bildchen dar, die Titel tragen wie: der Jahrestag seiner *glücklichen Verbindung mit einer liebenswürdigen Gattin* oder: Vaters Geburtstag. *Da konnte ich vor Wünschen, Blumengeruch, Bändergeräusch und Küssen von alten Männern und jungen Weibern und Kindern gar nicht zu Sinne kommen*; Champagner und eine Schüssel junger Saubohnen rauben ihm alle Denkkraft, und er wundert sich nun nicht mehr über jenen Prediger, der sich versprach und *statt der letzten Posaune ausrief die letzte Saupohne*[371]. Man imaginiere sich den Hofrat, der seinem 1791 geborenen Sohn Christian Wilhelm zum Geburtstag ein Gedicht schreibt, dessen Refrain und *Repetier-Arie (mit Trompeten Schwärmern und Raketen)*[372] also lautet:

> *In der Welt ist kein Spaß*
> *Ohne blitzblauen Hintern und Grind auf der Nas...*

Der älteste Sohn:
Georg Christoph
Lichtenberg
(1786–1845),
Generalsteuerdirektor.
Im Besitz von Dr. Georg
Christoph Lichtenberg,
Bad Vilbel

Man erfährt den Vaterstolz auf die kluge Originalität seiner dreijährigen Mimi, aber in dem liebenden Vater immer auch den unbestechlichen Beobachter. Denker selbst, oder gerade dann, wo es sich um Äußerung des Kindes handelt, werden ihm Gebärden und Gesicht zur Fundgrube für gewagte Gleichungen, bedeutende Schlüsse. Man erlebt ihn nicht zuletzt in einem sehr lichtenbergischen Element als Erzieher, längst gefaßte, sozusagen britische Gedanken nunmehr in die Tat umsetzend. Mit dem Stock, wenn es sein muß: *Den ältesten Jungen zum ersten Mal geschlagen*, schreibt er am 2. Juli 1794 und fährt fort: *Er jammert mich nachher sehr!*[373] Von jeher überzeugt, daß man Kinder schon in jungen Jahren dahin bringen müsse, *daß ihnen alles Undeutliche völlig unverständlich wäre*, beredet er schon mit dem Zehnjährigen nicht gemeine mathematische Probleme, plant er für die Söhne überhaupt, *in ihren Köpfen mit Naturwissenschaft, Mathematik, Geschichte und Sprachen* aufzuräumen und aufräumen zu lassen: *...aber eigentlich studieren, ich meine predigen, Prozesse führen und Rezepte schreiben lernen sollen sie nicht, es müßte* denn der seltene Fall eintreten, daß sie ohne Schläge nicht davon abzubringen wären.[374] Der Älteste wurde denn auch königlich hannöverscher Generaldirektor der direkten Steuern – dessen erstgeborener Sohn übrigens hannöverscher Kultusminister –, Christian Wilhelm Steuerdirektor und Bevollmächtigter des Zollvereins in Stettin, während der Jüngste, der 1797 geborene Heinrich, die Forstlaufbahn einschlug.

Wie die völlige Eröffnung dieses ganzen Prospektes *häuslicher Glückseligkeit* mutet endlich jener Brief an, den Lichtenberg nach der Geburt der Tochter Auguste Friederike 1795 seinem hagestolzen Bruder schrieb: *Der Himmel hat am vergangenen Sonnabend unsere kleine Herde wieder mit einem Mutterschäfchen vermehrt. Ich schreibe dieses mit Empfindungen, die mir kaum noch die Fähigkeit dazu lassen... Die Güte, die Geduld und das Vertrauen auf den Himmel bei dieser vortrefflichen Frau und unsere wechselseitige Liebe, die Freundschaft, die täglich wächst, sind nicht für Worte... Friede und häusliches Vergnügen, den ganzen Tag. Liebe für unsere Kinder und unserer Kinder für uns, keinen Pfennig Schulden usw., wer das sehen will, der komme zu uns. Sind wir unglücklich, so haben wir den Trost, es weniger verdient zu haben als irgendeine Familie in der Welt.*[375] Man vermeint, bei derart gemütlichem Überfluß sich in einer Szene jener Familiengemälde, die seit 1780, seit Otto von Gemmingens «Deutschem Hausvater» die Bühne bevölkerten; man vermutet Kotzebue, auch Iffland zu Paten. Unglaubwürdig ist sie darum nicht. Man kennt jenes wimmlige Gemälde Wielands in dem Kreis der Seinen und denkt an gleichzeitige Kupfer Chodowieckis, der im Bilde festhielt, was da Lichtenberg in Worte faßte.

Nach dem Augenschein gleicht er vollendet jenem Etikettenmanne, wirkt sein Leben als nach jenem einfältigen philosophischen Polizei-Formular ausgefüllt, dem er doch in der Beschreibung seiner selbst mit Fleiß, mit nichts kaschierender Wahrhaftigkeit entgegnen wollte. Soll man froh sein, daß er es stichworthaft, verschlüsselt in seinen Tagebüchern der neunziger Jahre tat? Sie gesellen zur Verwunderung über Lichtenbergs wortreiche Idyllenmalerei die Fassungslosigkeit über ein eher einsilbiges Elend. Lediglich durch ihre Existenz machen sie die andere Idylle zum Zerrbild oder diesen Alltag zum Alptraum.

Dann liest man bei Gelegenheit seines 54. Geburtstags: *Natalis dies, wahrscheinlich der letzte!!* Von dem Fest der Familie, Weihnachten 1790, bleibt das dürre Fazit: *Abend die Bescherung, wenig Freude für mich in der Welt mehr.* Kinder werden dort zu einer Strafe des Himmels, gute Hoffnungen zu Schrecknissen mit vier Ausrufungszeichen. *Heaven assist us* und *du großer Gott*[376] sind seine Stoßseufzer bei Verdacht erneuter Schwangerschaft. In den *Sudelbüchern* rühmt er einmal, daß in ihrer Ehe seine Frau und er sich förmlich im Scherz zanken, *wo denn jeder so viel Witz zeigt, als er auftreiben kann. Dieses tun wir, um der Ehe ihr Recht zu lassen.*[377] Der Wirklichkeit des Tagebuchs fehlt dieser Witz. Der Streitig-

«Häusliches Fest am Geburts-Tag des Vaters».
Kupferstich von Daniel Chodowiecki, 1797

keiten sind so viele, daß sich Lichtenberg begnügt, durch Zeichen sowohl
Streit wie seine Beilegung abzukürzen. Man hat danach das Empfinden,
als werde ihm alles zu viel, als entsage er der Konvenienz *des kleinen
monarchischen Staates* – wie er einmal die Familie nannte –, *an dessen
Spitze er selbst steht*[378]. Anarchist und konservativ in einem. Jene Tagebücher offenbaren die Beziehung Lichtenbergs zu, mindestens, einem
Mädchen, wahrscheinlich einer Dienstmagd Dieterichs. Als *Dortchen,
Dolly*, übrigens auch *devil* und *Satan*, wird sie im Dezember 1793 zum
erstenmal von Lichtenberg namentlich genannt, das letzte Mal zehn Tage
vor seinem Tod.[379] Um den Gegenstand erfindet Lichtenberg ein bunt-

scheckiges Vokabular, Decknamen, Kürzel, bedient er sich des Lateinischen, oft des Englischen, selbst eines griechisch geschriebenen Englisch. Es ist eine pure körperliche Angelegenheit wie andere mehr. Am 25. April 1794 kann er verbuchen: *Tandem, tandem added to the number the poor devil in spite of all resistance. Horridly angry, but soon reconciled, and as kind as ever.*[380] Eigentümlich ist allein das seelische Verhalten Lichtenbergs. Den Eroberer, der er sein will, den Ehebrecher, der er sein wird, ängsten Furcht vor der Entdeckung und das Gefühl der Schuld gegenüber seiner Frau dermaßen, daß er unfähig ist, Vorlesungen zu halten, und Nervenanfälle bekommt. Die Jahre ändern daran nichts. Man bemerkt einen ständigen Wechsel von Lust und Schuldgefühl, Ängsten: vor dem Skandal, vor einer womöglichen Schwangerschaft Dollys, Vorsätzen, Schluß zu machen, und dem mangelnden Willen dazu, kurz ein doppeltes Tun, wohl angetan, auch den Gesundesten zu entnerven.

War es für den nervenkranken Lichtenberg am Ende heilsam? *Wenn man alt wird, muß man sich wieder junge Katzen und junge Ziegen anschaffen, um das bißchen Konsonanz, das sich noch in den weichsten Fibern findet, wieder zu erwecken.*[381] War es etwa das? Man hat die unmäßige Achtung auf den eigenen Körper vereinfachend Hypochondrie genannt. Scheint es nicht so, als wäre Lichtenbergs Leiden, aus der Körperlichkeit nicht mehr den Ausweg zu wissen? Wohl sagt er zu Recht, daß sein Körper derjenige Teil der Welt sei, den seine Gedanken zu verändern vermögen. Das Körperliche hat gleichwohl nicht geringere Macht über seinen Geist: *Der Mensch ist nicht in den Erdball einorganisiert, sondern bloß in seinen Körper.*[382] Mit dem astronomischen Zeichen für Venus bezeichnet Lichtenberg den Geschlechtsakt. Von 1792 an beziffert, versieht er jeden mit genauer Zeitangabe und Bewertung. Merkwürdig auch, daß Lichtenberg in jenen Jahren seine Aufmerksamkeit als Forscher stark dem Menschen zuwendet, rein physiologisch Teilen seines Körpers wie Auge und Ohr; über Embryo, phosphorezierenden Samen und Mumienkopf mit Sömmerring und Blumenbach korrespondiert. Es ist seltsam, daß der Ausbruch aus dem Tabu die Einbildungskraft auf einen Schlag in Abgründe einer ungeheuerlichen sexuellen Phantastik verführt: dem gab Kotzebue in seiner Bühnen-Satire von «Doctor Bahrdt» bestürzenden Ausdruck. Man könnte da von der *moralischen «backside»*[383] jener Epoche sprechen wie Lichtenberg von der des Menschen! Wenn Lichtenbergs Ehe so ein modestes Schauspiel war: seine Liebschaft ist, fern aller Besserungsästhetik, ein gleich beklemmendes Satyr-Spiel. Daß die Dinge aus dem Lot seien, hatte sich der junge, unglücklich liebende Lichtenberg gesagt.[384] Dem Alternden ist der Mensch selbst aus dem Lot geraten mit jener Zeit der Revolution. Das ist eine Unordnung auch im Seelischen, die der im Geiste nur zu genau entspricht: eine Irritation durch die ganze Person. Zu deren Umwälzung gehört auch unbedingt der schwer begreifliche Antisemitismus, der Lichtenbergs Schriftzüge in dem letzten Jahr-

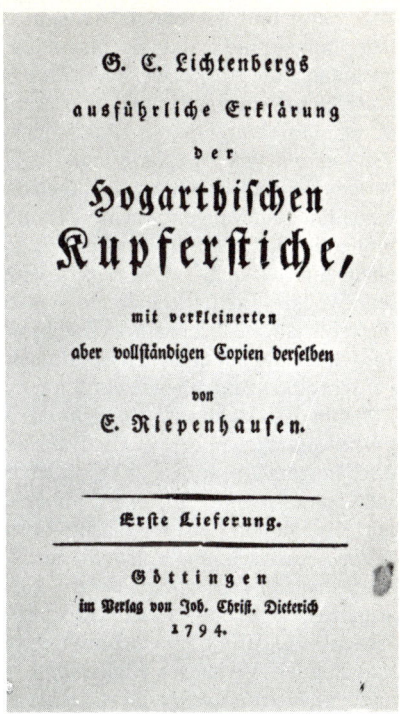

G. C. Lichtenbergs

ausführliche Erklärung

der

Hogarthischen
Kupferstiche,

mit verkleinerten
aber vollständigen Copien derselben

von

E. Riepenhausen.

Erste Lieferung.

Göttingen
im Verlag von Joh. Christ. Dieterich
1794.

zehnt seines Lebens verzerrt.[385] Man findet den festen Punkt der Person
nicht mehr oder nur in dem wieder, was Lichtenberg bei seinem Schreiben
heischte: Aufrichtigkeit. Aber das heißt eine Aufrichtigkeit, wo das Leben zweideutig und Versteckspiel war.

Desto wunderbarer mutet in den Schöpfungen der Jahre uns die Gabe
an, einen Stil der gleichmäßig feinen Geistigkeit, des weisen Spaßes, der
heiteren Beratung zu schreiben, als wäre da nicht: die Verworrenheit und
Sorge, das Gefühl des Unvermögens, die Qual des Schreibens. Mehrmals
beteuert er, alle seine Werke *mit einem FF gestempelt* zu haben als den
Anfangsbuchstaben seiner *Hausgötzen, denen ich täglich opfere, Fama
und Fames*[386]; behauptete er, am Anfang seines Schreibens stehe die
durch den Franzosenkrieg bewirkte Teuerung. Es wäre fahrlässig, Lichtenbergs Jeremiaden gegen ihn zu wenden: ein anderes ist der leidende,
fahrige Mensch, ein anderes der Launenschriftsteller. Nie war Lichtenberg auf dem Papier ausgelassener als nun. Es ist dasselbe Bild: Pläne, die
liegenblieben, Aufsätze an Stelle weiter Traktate. Aber beinahe muß man
– nach der Quantität in jedem Fall – den Schriftsteller der neunziger Jahre

fruchtbarer und gewichtiger nennen. Mehrere seiner eigentümlichsten Schöpfungen sind erst dann entstanden, die voluminösesten von 1794 an erschienen: die *Ausführliche Erklärung der Hogarthischen Kupferstiche*! *Da ich so entsetzlich aufgefordert werde, meine Beschreibung herauszugeben,* schrieb er 1792 an Blumenbach, *so bin ich auch jetzt unter der Hand daran, und zwar bloß in der Absicht, mir etwas zu verdienen à la Bertuch*[387], das ist nach Art des geschäftstüchtigen Großverlegers in Weimar. Fünf Lieferungen brachte Lichtenberg zustande, ehe er starb. Sie enthielten die «Herumstreichenden Komödiantinnen», «Eine Mitternachtsunterhaltung», «Die vier Tageszeiten», den «Weg der Buhlerin», den «Weg des Liederlichen» und – unvollständig – «Fleiß und Faulheit». Der mehrjährige Arbeitsprozeß selbst schilderte den Weg des Überdrüssigen: nach der anfänglichen Schaffensfreude war Lichtenberg in den Begleitschreiben zu den einzelnen Lieferungen von Mal zu Mal unlustiger, 1798 ihm das Ganze *wirklich mehr das Produkt bezahlter Pflicht als eines reinen Naturtriebes, der mich in Wahrheit nur selten angewandelt hat* ... In abschätzigem Ton sprach er Freunden und Bekannten von *Zerklärungen* und *skandaleusen Excursionen*[388] über Hogarth. Aber in dem Hochgefühl der respektablen Leistung machte er sie gleichwohl zum Geschenk, das sich als Auszeichnung verstand, für: Kant, *der zuerst angefangen hat, mir seine Schriften zuzuschicken*; Goethe («Wilhelm Meister» gegen Hogarth); Blumenbach und Kästner in Göttingen; Johann Joachim Eschenburg, den Freund in Braunschweig, Shakespeare-Übersetzer und bedeutenden Vermittler englischer Literatur, der Lichtenberg *mit den vortrefflichsten Winken unterstützt hat*[389].

Mit einer wissenschaftlichen Akribie, dem Mikroskop seines Witzes, unter Benutzung der einschlägigen Literatur, nach Befragen von Engländern, dank seiner Kenntnis von Sprache, Land, Sitten und Leuten machte er sich, prädestiniert wie kein anderer, an das Werk. Und hätte damit nur, nach seiner Definition, den ersten, prosaischen Weg gewählt, Hogarths Werke zu erklären. Ihm war es aber um den poetischen Weg zu tun: *Was der Künstler da gezeichnet hat, müßte nun auch so gesagt werden, wie er es vielleicht würde gesagt haben, wenn er die Feder so hätte führen können, wie er den Grabstichel geführt hat.* Zu Recht rühmte er sich in der Vorrede von 1794, der erste gewesen zu sein, der sich auf diesem Wege versucht hat: *Ich hatte keine Vorgänger, weder in Deutschland noch in England noch in irgendeinem Land.*[390] Einmal wenigstens bestätigte er sich als Originalgenie, schuf er ein durch und durch unnachahmliches Unikum: selbständig und doch leserlich nur mit dem Bild, nicht Kunstbetrachtung, obwohl es von Kunstwerken sprach.

Wenige Monate vor seinem Tode zog Lichtenberg Bilanz über die von ihm seither geleisteten Beiträge zur Kenntnis des Menschen aus nichts beschönigender Beobachtung und inspirierter Beschreibung. Er tat es, wie üblich, in sich selbst ironisierender Distanz. Aber die Fakten sprechen für sich und ihn: *Der wie vielte Calender ist das wohl, den Sie da schreiben, und dessen Monathskupfer Sie erklären? ICH. Es ist der zwey und zwanzigste netto. ER. Warten Sie einmal, 12 mahl 21 ist 252, und die zwey Bildchen da von diesem mitgerechnet macht 254. Sie haben also 254 Monathskupfer beschrieben und erklärt, und dazu noch die vielen hogarthischen Köpfe gerechnet, macht numero rotundo 300. ICH. Was wollen Sie damit sagen? ER. Damit sagen? Hm: Ich will damit sagen, daß Sie 580 Kupferstiche, und wenigstens 1500 Physiognomien erklärt haben, und am Ende nicht einmahl einen Affen von einer kleinen Frölen unterscheiden können.* So weit der Dialog aus der *Erklärung der Kupferstiche* im «Göttinger Taschen Calender» für 1799. Wenn Lavater einen Mörder für ein Urgenie verkannte, ist Lichtenbergs Versehen immerhin verzeihlich. Was bleibt ist die von ihm gewiß nicht ohne – berechtigten – Stolz genannte Summe physiognomischer Steckbriefe, die Lichtenberg nun in der Tat auch diesem Umfang nach Lavater vergleichbar machten und darüber hinaus verdeutlichen, daß die Erklärungen der Hogarthischen Bilder-Romane so gut wie der «Orbis pictus» noch immer in der Auseinandersetzung mit der physiognomischen Schöngeisterei seiner Zeit zu lesen sind, aber gesehen werden wollen als das positive Anschauungsmaterial dessen, was der Aufklärer Lichtenberg am Beispiel Shakespeares, Garricks und Hogarths verwirklicht fand: *anschauende Kenntnis des Menschen in allen Ständen.* Auf diese glückliche Formel läßt sich bringen, was der bürgerliche Autor in der zweiten Hälfte des 18. Jahrhunderts mit dem Vehikel des Romans oder des Schauspiels darzustellen und zu vermitteln trachtete. Lichtenbergs Erkenntnis der identischen künstlerischen Potenz von Shakespeare, Garrick und Hogarth erfolgte offenbar gleichzeitig: in London 1774 und 1775. Zuvor ist von Hogarth in den Briefen gar nicht und in den *Sudelbüchern* sehr summarisch die Rede. In London jedoch muß sich Lichtenberg die Werke von Hogarth *ganz vollständig* angeschafft haben, und er empfiehlt dem «deutschen Hogarth» Chodowiecki, als er Lavaters «Physiognomik» konterkarieren will, *nach Hogarths Art das Leben von Liederlichen sowohl als Tugendhaften beiderlei Geschlechts vorzustellen.* Diese unausgesprochene Auseinandersetzung mit Lavaters physiognomischem Umgang mit Menschen schwingt in Lichtenbergs «Besserdeuterei» am Beispiel des *Gesichtsmalers* Hogarth von vornherein mit.

Dem «genialischen Kommentator Hogarths», wie Jean Paul sagte, zollte das literarische Deutschland einhellig Beifall. Nur um dieses einen Werkes willen gab man ihm gern «eine der ersten Stellen unter den geistreichsten Humoristen», nannte man ihn unsterblich, wenn er gleich nichts anderes geschrieben hätte. Es beeindruckte noch die Romantiker. August Wilhelm Schlegel pries desto mehr die feine Kunst Lichtenbergs, als ihn die platte Tendenz der Hogarthschen Gattung verdroß; E. T. A. Hoffmann plante mehrmals nach dem bewunderten Vorbild satirische Erklä-

rungen zu schreiben. Aber der Unterschied zwischen dem späten Rationalismus und der Romantik ist auch der: Lichtenberg hatte seine Affinität zu Hogarth, der durch ihn zum Zeitgenossen Goyas wurde; Hoffmann stöberte Callot auf; eigentlich von heute ist aber Goya. Bekanntlich war Goethe der Meinung, daß Lichtenbergs Hogarth in Deutschland lediglich ein gemachtes Interesse habe erregen können. Denn «wie hätte der Deutsche, in dessen einfachem, reinem Zustande sehr selten solche exzentrische Fratzen vorkommen, hieran sich wahrhaft vergnügen können?». Wenn Hogarth solches Echo fand, so führt es Goethe unter anderem darauf zurück, daß man zur Betrachtung und Bewunderung seiner Stiche nur

«Finis».
Kupferstich von
William Hogarth

«bösen Willen und Verachtung der Menschheit» mitzubringen brauche.[391] Von Hogarths misanthropischer Laune und Manier der Karikatur, Verleumdung der menschlichen Gestalt sprach 1779 der Artikel eines Ungenannten im «Deutschen Museum». Diese Eigenart ließ Hogarth ihm als Zeichner von Romanen Sternes ungeeignet erscheinen. Denn Sternes Qualität war – für den Schreiber – die Drolligkeit. Diese Ansicht wird man nun erstaunlich finden, aber unbegreiflich geradezu, daß Lichtenberg bezüglich Hogarth von *dem ganzen tenore seines drolligten Geistes* sprach, vom drolligten Genie, das er aus allen seinen Werken erklären wollte![392]

Ohne Zweifel wird, wer Goya kennt, Hogarth nicht fratzenhaft oder gar grotesk nennen. Bei Hogarth noch saß das Dämonische, die Groteske in den Winkeln seiner Bilder, und im wahrsten Sinn des Wortes: man denke an das ein Kind nährende Adlerweib, den obszönen Affen auf dem Bild der «Komödiantinnen»: man vergegenwärtige sich bei der «Schnapsgasse» den beunruhigenden Hintergrund, der einstürzende Häuser zeigt. Goya ist aus seinen Blättern fast nicht zu verstehen. Seine Personen sind Akteure ohne Handlung. Das macht sie auf den ersten Blick befremdlich und danach grauenhaft. Der ihnen von Goya beigegebene Text verharmlost: Groteske will da wieder Satire scheinen. Hogarths Bilder erscheinen auf den ersten Blick als harmlos. Wenn man sie in ihrer totalen Aktion, die aber monoton und beinah stehengeblieben anmutet, betrachtet, sind sie nicht weniger unverständlich als Goya. Aber sie wirken darum nicht befremdlich. Las man danach die Erklärungen, erkennt man jäh und schauernd, was in Hogarths Gestalten wie das *Pulver in der Bombe* schlief... *wenn sie sich gegeneinander bückten, so bückte es sich mit!*[393]

Ist Goya schlechthin ungeheuerlich: bei Hogarth kommt das Nichtgeheure nach und nach. Seine Bilderbogen sind bösartige Gesellschaftskomödien, die in Bedlam sozusagen enden; Lichtenbergs Texte dazu enden in seiner Person! Aus Lichtenbergs Hogarth erfährt man, wie witzig dort das Greuliche, nicht wie greulich es ist. Man denke an Hogarths «Finis», das Lichtenberg im Kalender für 1791 vorgestellt hatte. Alles ist darin auf Ende eingestimmt. Die Sonne stürzt, die Zeit entschläft, die Palette des Schöpfers selbst liegt leer auf dem Boden, das Chaos wird zum Exekutor und Erben eingesetzt. Aber wo Hogarth, selten genug, Abgründe aufrührte, spielte Lichtenberg bloß an, wurde einsilbig, verstummte. An Stelle einer eigenen Erklärung zu «Finis» zitierte er den Vierzeiler eines Engländers, der Hogarth nicht wohlwollte[394]:

Der alte Hogarth setzt, das heiß ich dankbar seyn,
Zum Erben seines Werks das alte Chaos ein:
An des Anarchen Thron nun künftig aufgestellt,
Wirds kommen, daß man den selbst für den Autor hält.

Die Annahme, daß Lichtenberg für das Vertrackte in Hogarth kein Gespür gehabt habe, widerlegt der Inhalt seiner *Sudelbücher,* in denen man das Groteske mindestens als seelische Dimension entdeckt. Goethe rühmte an Lichtenbergs Erklärungen das glückliche Gleichgewicht, in dem sich alles untereinander halte. Man kann sagen, daß der Schriftsteller des 18. Jahrhunderts, der Spätrationalist wie Lichtenberg, vor der Öffentlichkeit nur desto undämonischer, beherrschter schrieb, je mehr er bei sich selbst um die Dämonen wußte. So nur ist es begreiflich, daß auch ein im Nachlaß bewahrtes Fragment, vermutlich von Lichtenberg verfaßt, aber in fremder Handschrift vorliegend, über die Farben des Gemüts, Wahnsinn und Melancholie, Zustände, die er aus dem eigenen

Lichtenberg. Pastell von Christian Ernst Specht in Gotha (vor 1795).
Im Besitz von Margarethe Lichtenberg, Steinau b. Schlüchtern

Erleiden kannte, gleichsam untief bleibt und Werk des heiteren Kunst-
verstandes: Mozarts Name fällt einmal darin![395] Der Vorwurf des aufgeklärten Schriftstellers gegen den Sturm und Drang war, daß hier Dichtung
zur Verlautbarung des ärgerlichen Privaten, Chaos zum Autor wurde!

Im Jahre 1800 tritt die 8 wieder in die Stelle der Hunderter, die sie seit dem
Jahre 899 nicht besessen hat und nicht ehe bis 2800 wieder einnehmen wird.
Eine Anrede an die übrigen Ziffern könnte ein guter Kalenderartikel für
den Kalender von 1800 werden[396]: Es ist schon ein sehr guter Artikel des

Kalenders für 1799 geworden. Viel Witterung von dem ausgehenden Jahrhundert ist in diesem Kalender. Oder sagt man besser eine Ahnung des kommenden? Diese Ansicht legt ein Aufsatz nahe, der den Titel trägt: *Daß du auf dem Blocksberge wärst. Ein Traum wie viele Träume.* Wiederum machte ein Stück Lektüre seine Phantasie erfinderisch. Lichtenberg erwähnt die Quelle in einer Fußnote selbst: *Wer eine sehr merkwürdige neuere Verwünschung auf den Blocksberg lesen will, wird sie im 2ten Hefte des IVten Bandes der neuesten Staatsanzeigen S. 142 finden. Der Verwünscher ist ein rechtschaffener Mann, der Franziskanerpater Guido Schulz.* Nach der Lektüre hatte sich Lichtenberg ungefähr im Juli 1798 notiert: *Das könnte zu einer nützlichen Dichtung Anlaß geben.*[397] Da er den Kalender am 13. September 1798 beendigt hatte, muß er also sehr zügig geschrieben haben: desto größer erscheint Lichtenbergs Frische und Schöpferkraft, wenige Monate vor seinem Tode! Eine nützliche Komposition ist die Erzählung vielleicht, sicher aber eine der schönsten Kalendergeschichten Lichtenbergs. Sie zeigte ihn uns als einen souveränen Plauderer aus der Schule, Werkstatt, den Heften Lichtenbergs, wenn man so will; ein Doppelspiel mit Wahrheit und Dichtung, alten, fast vergessenen Ideen, die rechtzeitig einfallen. Die faszinierendste ist jene von dem doppelten Kronerben:

In einem bisher nicht sehr bekannten Reiche Asiens gibt eine geliebte Königin außerordentliche Hoffnung zu einem Thronerben oder, eigentlich zu reden, Hoffnung zu einem a u ß e r o r d e n t l i c h e n Thronerben... Bulletin: Gestern abend wurde Ihre Majestät von zwei Kronerben glücklich entbunden, beide vollkommen ausgebildet, schön, gesund und munter, nur am unteren Teile des Rückgrats und etwas weiter abwärts zusammengewachsen und gewissermaßen Ein Stück, in allen übrigen Hauptteilen völlig doppelt... Eine Deputation des Magistrats wünscht untertänigst, daß die Mißgeburt zum Wohl des Vaterlandes möchte sanft erstickt werden. – Unsanfte Erstickung der Deputation von Rechtswegen. – Tiefsinnige Untersuchung über den Wert des Doppelten in der Welt. – Von Leib und Seele. – Vom doppelten Adler... Die Dichter sprechen von einem Versuch der Natur, endlich der Welt ein Modell von einem vollkommenen Regenten zu geben. Das Kind heißt bei ihnen bald C a s t o r und P o l l u x an einem Stück; bald M a j o r i t ä t und M i n o r i t ä t an einem Stück, und einer nennt es sogar den Z w e i e i n i g e n. Erziehung bis zur Beinkleiderzeit und Schnitt dieser Beinkleider... Neigungen des Doppelprinzen fangen an zu keimen. Der eine zeigt viel Hang zur Spekulation und einem sitzenden Leben, der andere zum aktiven – Sonderbare Szenen, die sich daraus schon jetzt ergeben. – Ärzte und Schneider lachen, der Klerus und die Philosophen weinen. – Doppelte Pagen, doppelte Kammerdiener und doppelte Hofmeister. Es will sonst nicht gehen. Hiermit schließt sich der erste Teil. – –[398]

Das ist Lichtenberg, durch sich selbst zur Anschauung gebracht, und eine alte Idee, wie seine *Sudelbücher* ausweisen. Halbvergessen war sie darum nie: daran hinderte ihn schon ein Blick in den Spiegel. Man weiß sogar, seit wann er die Idee zu dem Roman mit sich trug: er hat es getreulich notiert. Es ist der 7. Oktober 1785, unmittelbar nach der Lektüre von Smolletts «Roderick Random»[399]. Dieterich hat nach dem Tode Lichtenbergs verwundert konstatiert, daß von dem versprochenen Roman nichts existierte. Er kannte seinen Freund nicht fein genug. Wenn er mit der prosaischen Selbstbeschreibung schon nicht zu Rande kam, wie sollte er mit einer metaphorischen reüssieren können? Man ist versucht zu sagen, Lichtenberg habe rasch vor seinem Tode noch den Romantikern einen Begriff geben wollen, wes Geistes Kind er war. Hoffmann wenigstens verstand es so. In der «Prinzessin Brambilla» findet man den doppelten Prinzen wieder, wenngleich mit Eigenem verbrämt. Und Jean Paul hat in seinen tragischen Humoristen jenen Dualismus gestaltet, den Lichtenberg lebte und so eben schriftlich skizzierte. Es ist seltsam, daß er in dem gleichen Jahr, beinahe um die Zeit, da er den Abriß gab, Jean Paul für sich entdeckte. Es war seine letzte durch und durch betreffende Bekanntschaft: *Ein Schriftsteller wie Jean Paul ist mir noch nicht vorgekommen, unter allem, was ich seit jeher gelesen habe. Eine solche Verbindung von Witz, Phantasie und Empfindung möchte auch wohl ungefähr das in der Schriftsteller-Welt sein, was die große Konjunktion dort oben am Planeten-Himmel ist. Einen allmächtigeren Gleichnis-Schöpfer kenne ich gar nicht. Es ist, als wenn in seinem Kopf sich jeder Gegenstand in dem Reiche der Natur- oder der Körperwelt sogleich mit der schönsten Seele aus dem Reich der Sitten, der Philosophie oder der Gnade vermählte und nun ihr in Liebe verbunden wieder hervorträte.*[400]

Jean Paul war der letzte große Zeitgenosse, den Lichtenberg, Physiognomist, der er ist, im Bild zu sehen wünschte; Jean Paul, man merkt es nur an dem, was ihn besticht, der Dichter, der er immer hatte werden wollen. Sein Brief ist wie ein Durchbruch von Erkenntnis: dahin war er unterwegs, aber ihm ermangelte die *große Konjunktion*, wie er schon 1776 einem Freund gestand.[401] Man sollte Lichtenberg nicht immer auf die Nachfolge Smolletts oder Sternes festlegen. Es ist ungereimt, daß Lichtenberg nicht das mit Leichtigkeit vermocht hätte, was bescheidenen Talenten gut gelang, Yorick nämlich zu kopieren: wenn es ihm darum zu tun gewesen wäre, Jean Pauls Urteil über Lichtenberg, den «Helden des Witzes», ist eines Lobredners ebenbürtige Würdigung und zugleich ein tiefsinniges Gericht. Lichtenberg, sagte er in der «Vorschule der Ästhetik», «hätte bei seiner astronomischen Ansicht des Welttreibens und bei seiner witzigen Überfülle vielleicht etwas Höheres der Welt zeigen können als zwei Flügel im Äther, welche sich zwar bewegen, aber mit zusammengeklebten Schwungfedern!». Die Frage, warum Lichtenberg auch den Roman vom *Doppelten Prinzen* und sein kommodes Thema lediglich verzettelt, aber nicht zu schreiben vermochte, ist an dieser Stelle und auch überhaupt nicht zu beantworten. So viel aber ließe sich sagen;

Jean Paul (1763–1825). Gemälde von Heinrich Pfenninger, 1798

nicht der Tod nahm Lichtenberg die Feder aus der Hand, sondern – Jean Paul.[402]

Es hat darum aller Einfalt zum Trotz eine rührende Richtigkeit, wenn sich Dieterich nach Lichtenbergs Tod an den «Gelehrten» Jean Paul wenden wird: «Ich erinnere mich, daß dieser Seel. Freund mir öfters von Ihnen erzählte und auch Ihr Freund war. – Da ich nun den Callender, auch den Hogarth fortzusetzen wünsche, so frage ich hiermit an, ob Ew. Wohlgeb. wohl so geneigt seyn wollten ... solche oder eins davon für die Zukunft zu übernehmen. – – –»

Jean Paul wäre allerdings der einzige gewesen, der mit Selbstbewußtsein dem Kalendermacher und Hogarth-Kommentator Lichtenberg hätte gegenübertreten können. Es ging ihm jedoch nicht um Fortsetzung einer Tradition. Die Nachfolge Lichtenbergs in der Herausgabe des Kalenders trat Christoph Girtanner an. Und für die Hogarth-Texte waren Bouterwerk, Böttiger, Le Petit, Lyser und Gutzkow klug und Schriftsteller genug.

146

Der Tote, der Postume

Unser Leben kann man mit einem Wintertag vergleichen, wir werden zwischen 12 und 1 des Nachts geboren, es wird 8 Uhr, ehe es Tag wird, und vor 4 des Nachmittags wird es wieder dunkel, und um 12 sterben.[403]

Ob das Jahrhundert 1799 ende oder erst im Jahre 1800, hatte Lichtenberg noch Zeit und Laune zu fragen.[404] Aber nie mehr löste er das seinen Lesern 1793 gegebene Versprechen ein, in dem Kalender auf das Jahr des Zeitenwechsels klären zu wollen, warum *das Jahr 1800, auch das 1900, kein Schaltjahr sein wird, sondern erst das 2000 wieder (vorausgesetzt, daß sonst alles beim alten bleibt)*[405]. Für Lichtenberg, so wollte es sein elender Körper, war sein Jahrhundert 1799 zu Ende. Die ihn kannten, auch nur zu kennen meinten, hatten dann das Wort, Leser, Schüler und Kästner. Am Sonntag Oculi, dem 24. Februar 1799, morgens um acht Uhr, «verließ der große Geist die sterbliche, zerbrechliche Hülle, mit der er umgeben war, und ging zu den Wohnungen des ewigen Friedens über, wo weder Krankheit noch Schmerzen mehr seyn werden», berichtet in dem Galastil der Zeit ein Schüler.[406] *Es geht ans Leben dieses Jahr. Mutter wird helfen*[407], hatte Lichtenberg zum neuen Jahr ins Tagebuch geschrieben und wenig mehr als einen Monat vor seinem Tod einem Bekannten brieflich ein genaueres Bulletin gegeben: *Mit meiner Gesundheit war es sehr herunter. Ich habe einen Husten gehabt, der mich wenig schlafen ließ. Jetzt gottlob ist es wieder so so.*[408] Nachdem man um seinen nahen Tod weiß, mögen die Schlußworte seines zuletzt geschriebenen Briefes – ein jähes Adieu, Adieu – wie «eine Art von weissagender Ahnung» (Schlichtegroll)[409] stimmen. Aber da sind Hinweise, daß Lichtenberg nun, dem oft erwarteten Tode nah, den Tod nicht durchschaute.

Fünfzehn Nächte vor seinem Ende hat er einen Traum. Seine Niederschrift gehört zu den letzten Aufzeichnungen des letzten *Sudelbuchs. In der Nacht vom 9ten auf den 10ten Februar 99 träumte mir, ich speiste auf einer Reise in einem Wirtshause; eigentlich auf einer Straße in einer Bude, worin zugleich gewürfelt wurde. Gegen mir über saß ein junger gut angekleideter, etwas windig aussehender Mann, der, ohne auf die Umhersitzenden und -stehenden zu achten, seine Suppe aß, aber immer den 2ten oder dritten Löffel voll in die Höhe warf, wieder mit dem Löffel fing und dann verschluckte. Was mir diesen Traum besonders merkwürdig macht, ist, daß ich dabei meine gewöhnliche Bemerkung machte, daß solche Dinge nicht könnten erfunden werden, man müsse sie sehen (nämlich kein Romanschreiber würde darauf verfallen), und dennoch hatte ich dieses doch in dem Augenblick erfunden. Bei dem Würfelspiel saß eine lange hagere Frau und strickte. Ich fragte, was man da gewinnen könnte; sie sagte: nichts; und als ich fragte, ob man was verlieren könne, sagte sie: nein! Dieses hielt ich für ein wichtiges Spiel.*[410] Der letzte notierte Traum Lichtenbergs sagt eigentlich nichts über Krankheit und Todesnähe aus, man müßte denn die Strickende als eine Norne und die Würfel schicksalhaft nehmen. Béguin sprach von der beklommenen Drolligkeit des Traums.[411] Sein Interesse liegt vielmehr in der Bemerkung, die den Traum begleitet, ihn über-, nicht durchschaut. Wiederum ist es der Autor, der von Lichtenbergs eigentlichem Ich zuerst zu sich kommt und abermals ein Kapital aus Träumen zu schlagen versucht, das dem Schriftsteller zugute käme oder einer Theorie von neuem Schreiben überhaupt.

Der Professor hat im «Staatskalender auf das Jahr 1799» schon die Namen von sechzehn Studenten für das kommende, das Sommersemester eingetragen. Die Notizen reichen durch den Januar und enden am 18. Februar. Zum 7. Februar erscheint ihm wichtig genug zu vermerken: *Jahrmarkt!* Man weiß aus Briefen, wie überschwenglich dieser spielerischste Leichtfuß des deutschen Rationalismus solche *Markttäge*[412] liebte. Am 14. Februar erwähnt das Tagebuch zum letztenmal Dollys: *...viel Satan den Abend.*[413] Das Datum des 18. Februars trägt jener umfängliche Brief an seinen Bruder in Gotha, den Schlichtegroll einen «Beweis seines innig teilnehmenden Gefühls an den Zeitumständen und der Literatur» nannte. Man könnte ihn auch den Lichtenberg in einer Nuß nennen. Auf einen launigen Wetterbericht folgt eine Klage um das Heimatland, ein politisches Räsonnement schließt sich an, ein Kurzreferat über Antikantianismus und Fichte, ein geistliches Bekenntnis, ein Satz wie eine druckreife Maxime: *Alles was also der eigentlich weise Mensch tun kann, ist, alles zu einem guten Zweck zu leiten und dennoch die Menschen zu nehmen, wie sie sind.*[414] «Meines guten Bruders letzter Brief», hat Ludwig Christian an den Rand geschrieben. Gleich nach dem Tag, wo Lichtenberg diesen Brief abgehen ließ, befiel ihn «eine Brust-Entzündung mit Seitenstechen und Blutauswurf», der er fünf Tag darauf erlag.

Es gibt keine letzten Worte von ihm auf dem Sterbebett. Überliefert ist aber seine «letzte Willensverordnung»[415]. Sie hat, von fremder, akkurater Hand aufgesetzt, diesen Wortlaut: «Zu Erben meines sämmtlichen Nachlasses ernenne ich und setze ich ein meine sechs Kinder: Georg, Louise, Wilhelm, Agnese, Friederike, und Heinrich, und zugleich meine liebe Ehegattin, Elisabeth, gebohrene Kellner; dergestalt, daß solche meinen Nachlaß unter sich zu gleichen Theilen theilen sollen. Zugleich verordne ich, daß nach meinem Ableben weder irgend eine Versiegelung noch In-

ventirung meines Nachlasses vorgenommen werden soll. Meine liebe
Ehefrau soll Vormünderin über meine Kinder, dabey aber so wenig einen
Eid abzuleisten, als einige Rechnung abzulegen verbunden seyn. Sollten
wider Verhoffen meine Kinder, oder eines und andere derselben, mit dieser meiner Verordnung nicht zufrieden seyn, so verordne ich hiermit daß
dieselben oder dasselbe mehr nicht als den Pflichttheil von meinem Vermögen erben sollen. Göttingen den 24. Februar 1799.» Darunter steht der
Name Lichtenbergs: in den bekannten Schriftzügen, und dennoch nicht
vertraut. Der Todkranke, schon Sterbende setzt einmal an und verwischt
das Initial bis fast zur Unleserlichkeit der ganzen Unterschrift; er setzt,
etwas tiefer und ebenso schief, zum zweitenmal an: unendlich zitterig und
sich schon nicht mehr ähnlich.

Von dem Schüler dem Schüler mitgeteilt, gibt es diese Schilderung seines Todestages: «Lichtenberg sprach am letzten Morgen seines Lebens
irre und sprach viel von den Dämpfen, von den Sternschnuppen und Gotha, von der Bestimmung der Deklination der Magnetnadel usw. – – Ich
habe ihm noch etwas von seinen Haaren abgeschnitten – ich schenke Dir
etwas davon – ich weiß niemand, der größere Ansprüche darauf hätte als
Du. Auch nehme ich die Feder mit, mit der er zum letzten Mal geschrie-

*Das Grab Lichtenbergs und seiner Frau
auf dem Bartholomäus-Friedhof in Göttingen*

ben hatte. Am Hogarth waren folgende Worte die letzten, die er an ihm schrieb: Hier schließt Hogarth und ich lege die Feder nieder und mache einen Strich.»[416] Wollte man von diesem Satz aufs Ganze schließen, so erschiene der Bericht als eine Mischung aus Dichtung und stilisierter Wahrheit. Der letzte Satz des für den Druck verarbeiteten Manuskripts vom sechsten Blatt der Folge «Fleiß und Faulheit» lautet tatsächlich:

Hogarth hat den halben Löwen angegeben, dazu paßt am besten eine halbe Erklärung, und so schneide ich die Note, so wie er den Text, hiermit mitten durch[417], eine offenbar hübsch sinnliche Anspielung – und das hieße ganz lichtenbergisch die Bücher geschlossen.

Auf dem Bartholomäus-Friedhof an der Weender Landstraße wurde er begraben, nahe seines Gartens, vor den Mauern der Stadt: Nach dem Zeugnis Johann Heinrich Moritz von Poppes folgten über fünfhundert Studenten dem Sarg Lichtenbergs, erwies selbst die Natur «ihrem großen Forscher die letzte Ehre. Man sah während des Leichenzuges, Vormittags nach neun Uhr, außer der wahren Sonne noch mehrere glänzende Nebensonnen.»[418] Die bei Poppe genannte Zahl von Studenten ist, wenn sie zutrifft, ein bewegendes Zeugnis für die Verehrung, die Lichtenberg bei der akademischen Jugend genoß: am 30. Mai 1799 waren insgesamt 693 Studenten an der Universität eingeschrieben. Unter den Studenten, die der Leiche folgten, möchte man sich Samuel Taylor Coleridge denken. Seinen Einführungsbrief vom 19. Februar hat Lichtenberg wohl, schwerlich aber den jungen englischen Romatiker selbst noch empfangen. Das rührendste Dokument von Schülerhand sind zweifellos «Einige Blumen auf Lichtenbergs Grab»: Nachruf Johann Georg Ludolf Blumhofs, den das «Hannöversche Magazin» im Mai 1799 veröffentlichte, launig genug von zwei Aufsätzen gerahmt, die nicht leicht prosaischer zu denken waren. «Vorschlag zur Benutzung eines Brennmaterials» lautete der eine Titel und der andere gar «Über den Kalkdünger auf Kleeäckern». Aber Blumhofs Emphase versetzte den ersten «Liebling der Grazien und Musen» der Georgia Augusta endlich in die seligen Gefilde aller Geistesgrößen: «Und als Dein großer Geist zu den Vätern überging, da war es, wie einst Gellert bei Kleistens Grabe sang: Die Erde weinte, der Himmel freute sich.»[419]

Wollte man aber Daniel Jenisch glauben, war die Teilnahme so beschaffen, daß er 1799 die folgende «Apostrophe an Lichtenberg, wegen eines von ihm noch nicht erklärten Hogarthschen Kupferstichs» über das Grab hinaus richtete: «Fünf Professoren nur begleiteten Lichtenbergs Leiche: vierhundert Studenten wollten mitfolgen, aber hundert und fünfzig nur konnten's: weil alle anderen Professoren an dem Nachmittag der Begräbnisfeyer, wie gewöhnlich, lasen.»[420] Den größeren Gehalt an Wahrheit scheint zwar Poppes Bericht zu besitzen. Es ist aber bemerkenswert, daß er von dem Begräbnis zwei Darstellungen gab.[421] 1812 erwähnte er noch nichts von einem Sonnenphänomen und sprach unbestimmt von mehreren hundert Studenten. Erst als Sechsundsiebzigjähriger rund vierzig Jahre später wußte er genaue Zahl und Nebensonnen. Es wäre also der seltene Fall, daß das Unwahrscheinliche Tatsache und das Glaubwürdige bloß gut erfunden ist. Immerhin hatte Lichtenberg 1794 gespottet, *daß, wenn ein hiesiger Gelehrter stirbt, man es fast über ganz Deutschland schon aus den politischen Blättern weiß, ehe die tiefgebeugte alma Mater in Per-*

son ihre Klagen ausschüttet[422]. Am 25. Februar 1799 vermeldet der derzeitige Prorektor Christoph Friedrich Ammon «pflichtschuldigst» den Herren Geheimräten in Hannover, daß der Kollege Lichtenberg «aus dieser Zeitlichkeit zum ewigen Leben übergegangen ist». Dieser kurzen und bündigen Todesanzeige folgt am 20. April 1799 noch die Anweisung an die Universitätskasse, «der Witwe des Hofraths Lichtenbergs zu Göttingen für sich und ihre Kinder das Gnaden-Quartal von dem Gehalte des verstorbenen Hofraths Lichtenberg mit 115 Rtr» auszuzahlen. Damit ist Lichtenbergs Personalakte endgültig geschlossen.[423]

Und legt man Kästner als Maßstab für die Anteilnahme der Kollegen zugrunde, kann man füglich sagen, daß die Professorenschaft den Verlust in ihren Reihen mit wunderbarer Fassung zu tragen wußte.

Wahrhaft als ein *Erzvater* – so Lichtenberg vormals zu Heyne[424] – hielt Kästner am 20. April 1799 vor der Sozietät in lateinischer Sprache die «Rede zum Andenken weiland Herrn Hofraths G. C. Lichtenbergs», nachdem er knapp über das Ableben am 9. März in den «Anzeigen von gelehrten Sachen» berichtet hatte.[425] Das ist der abwägende Rückblick des berühmten Lehrers auf seinen vielversprechenden Schüler, ein Elogium, in dem der Lobredner selbst sich nie aus den Augen verlor. Man hat den bestürzend lakonischen Ton Kästners mit seiner schlecht verhohlenen Eifersucht auf den erfolgreichen Jüngeren zu erklären versucht; man könnte ihn einen Stil des winterlichen Alters nennen; am nächsten kommt dem wohl dieser Satz von Kästner selbst: «Mein Loos war von meiner frühesten Jugend an das Loos einer Cypresse, andere zu betrauren und traurende zu trösten.» Kästner ist der eine Überlebende der deutschen Aufklärung. Es sind nicht nur die Mitglieder der Göttinger, es sind die Begabungen in den mehreren Generationen der Aufklärer-Sozietät, denen er das Nachwort sprechen muß. Kästner hat sie alle gekannt, von Gottsched und Wolff und Gellert über Haller, Lessing, Mendelssohn bis hin zu Lichtenberg. Ein schwarzer Humorist, warnt sie schließlich vor seiner «tötlichen Freundschaft»[426].

Hatte Kästner immerhin von dem Verlust für die Universität gesprochen, so stand das gebildete Deutschland nicht an, den Tod Lichtenbergs als einen Nationalverlust zu betrauern. Friedrich Benjamin Osiander schrieb 1814 folgenden epigrammatischen Nekrolog[427]:

> Naturam excutiens explanat physica mira,
> Et salibus gratis scripta replere solet.

Und schon 1802 hatte der Astronom Johann Hieronymus Schröter mitgeteilt, er habe einen kleinen Mondkrater «mit dem unvergeßlichen Namen unseres viel zu früh verewigten großen Naturforschers Lichtenberg bezeichnet»[428]. Lichtenberg hätte sich, so er es vermocht, gewiß mit sanftem Spott dagegen verwahrt, ein Mann im Mond zu werden. Gleichwohl erscheint nun seiner kleineren Unsterblichkeit als Wissenschaftlier ein Montikelchen im Mond nicht unangemessen. In der allgemeinen Wertschätzung stand schon bald nach seinem Tod der Schriftsteller über dem Forscher. Die von dem Prediger Samuel Baur 1806 herausgegebene «Gallerie historischer Gemählde aus dem achtzehnten Jahrhundert» stellt Lichtenberg bemerkenswerter Weise nicht in dem Kapitel «Naturforscher und Physiker», sondern unter der Überschrift «Dichter und schöne Geister» dar: in der Gesellschaft von Herder, Addison und Crébillon! Dieser Wandel in der Auffassung Lichtenbergs läßt sich ebenso an den Herausgebern seiner Werke verfolgen. Von der zwischen 1800 und 1806 veranstalteten Ausgabe enthielten vier von insgesamt neun Bänden seine physikalischen und mathematischen Schriften. Die Herausgeber waren sein Bruder, der physikalische Dilettant, und der gothaische Gymnasialprofessor Friedrich Christian Kries, ein Lichtenberg durch gleiche Wissenschaft verbundener Freund und ehemaliger Schüler. An die Stelle jener Schriften traten zwei Bände Briefe, als 1844 die Söhne Lichtenbergs eine neue Originalausgabe unternahmen. Sie gingen dabei von der Ansicht aus, daß die rein wissenschaftlichen Schriften «für ein größeres Publikum überall nicht und, bei dem jetzigen Stande der Wissenschaften, auch für die Männer von Fach im Ganzen nicht mehr von bedeutendem Interesse sein dürften». Ihr Vater wäre der erste gewesen, der das Gegründete ihres Schrittes anerkannt hätte: *Meine Fragen über die Physik könnten vielleicht den Titel bekommen: Vermächtnisse. Man vermacht ja auch Kleinigkeiten.*[429]

Um so leichter fiel es den Zeitgenossen Lichtenbergs, ihn gänzlich als Schriftsteller zu rühmen. Einstimmig war das Urteil, das Jenisch 1799 in dem Satz zusammenfaßte: «Sein früher Tod ist die frischeste und tiefste Wunde der teutschen Literatur.»[430] Man hielt ihn für wert, in einer Sammlung «ausgezeichneter Teutschen des achtzehnten Jahrhunderts» zu stehen, wie es Salzmann 1802, in der frühesten Gesamtwürdigung Lichtenbergs, tat. Was sein Name bei den Zeitgenossen galt, beweist unter anderem auch diese Art von Nachruf, wie ihn 1802 die «Beleuchtungen des weisenärrischen und närrischweisen Menschengeschlechts» veranstalteten. Ein Anonymus fingierte in diesem beliebten Spiel der Zeit «Gespräche aus dem Reiche der Toten» etwa zwischen Lessing und Lichtenberg einerseits, zwischen Lichtenberg und Lavater andererseits. Lichtenberg ist, muß es schon durch Schlagworte geschehen, gar nicht schlecht zwischen Lessing und Lavater angesiedelt, sozusagen zwischen der Kritik und Metaphysik, zwischen Ahnung und Gegenwart des Geistes. Als er starb, kannte man noch nur den satirischen Händelschlichter, den Kalendermacher, den Dolmetscher Hogarths. Es verwundert darum nicht, daß alsbald nach seinem Ableben allerart Karikaturen-Büchlein apokryph erschienen, die fälschlicherweise die Angabe «Aus Lichtenbergs Nachlaß» auf dem Titelblatt führten und mit «Hogarthischen illuminirten Kupfern» lockten wie zum Beispiel ein «Allmanach der Liebe auf 1801» – in Wirklichkeit war nicht einmal der Hogarth echt! Es mag diese pfiffige Art der Teilnahme an Lichtenbergs Tod immerhin als ein skurriles Zeugnis von seiner Wertschätzung passieren; die Trauer des Verlegers hat ja stets ein sonderbares Odium: Dieterich rüstete die Ausgabe aller Schriften seines Herzensfreundes. Aber ein Verleger in Bayreuth hatte ähnliche Projekte. Dieterich verschloß sich aber dessen Argumentation und schalt im «Reichsanzeiger» 1800 seine Ausgabe von Lichtenbergs auserlesenen Schriften dreist eine «Freibeuterspeculation». Wenn er schon kein gutes Recht hatte, so zu schelten, gute Gründe hatte er immer: seine Ausgabe war nicht zuletzt eine Möglichkeit, der Familie des Toten zu geringem Gelde zu verhelfen! Man versteht nun Lichtenbergs Bemerkung, daß es wohl keinen Gelehrten gebe, der nicht einmal davon geträumt habe, sich reich zu schreiben.[431] Wenn er Furcht vor dem Tode gehabt haben sollte, so aus Sorge um das Wohl und Wehe seiner Angehörigen: er hat sich nicht reich geschrieben.

Im übrigen hat sich Lichtenberg in der finanziellen und ideellen Tatkraft seines Bruders getäuscht. Der Junggeselle dachte nicht daran, konnte – glaubt man seinem Brief an Dieterich vom 2. März 1799 – gar nicht daran denken, aus Eigenem zu helfen. Darum ordnete er an, daß «alles den Kindern zu nichts Taugende», wie zum Beispiel die väterliche Bibliothek, zu Geld gemacht wird! Tatsächlich wurden Anfang November 1799 die Bücher Lichtenbergs, rund 3000 Bände, versteigert. Er verlangt das Alter der Kinder zu wissen, überlegt den Werdegang des Ältesten und rät, aus der Entfernung das Schlimmste fürchtend, in vollendet drittpersönlichem Kanzleideutsch seiner Schwägerin, «dem unmäßigen Trauren aus allen Kräften entgegenzuarbeiten». Er hat ihre Robustheit unterschätzt. Margarethe Elisabeth Lichtenberg überlebte den Schwager um Jahrzehnte und sah fast alle ihre Kinder vor sich sterben. Sie erlebte noch die zweite Ausgabe der Schriften ihres Mannes, dessen Andenken durch Erinnerungsfeiern, die man ihm zu Ehren am 1. Juli 1842 und 1843 in seinem Geburtsort veranstaltete, von neuem geweckt wurde. Sie starb 1848. Neben ihrem Mann liegt sie begraben.

Zum Schluß seines Briefes war Ludwig Christian auf den schriftlichen Nachlaß des berühmten Bruder zu sprechen gekommen. «Was seine sämtlichen Schreibereien [!] betrifft, es seien Briefe oder Ausarbeitungen, deren gewiß keine ungeheure Last vorhanden sein wird, so müssen diese keinem Menschen zu Gesichte gebracht werden. Sie allein werden die Güte haben, alle diese Papiere mit meiner Schwägerin zusammenzubringen, wohl einzupacken und sie wohlverwahrt, durch den sichersten Weg, an mich zu senden. Diese Vorsicht ist unumgänglich notwendig. Sie werden mich schon verstehen.»[432] Das war unmißverständlich genug. Im mindesten die Ehrlichkeit des braven Gothaer Bürgers gegen jene Aufrichtigkeit von Lebens- und Buchführung eines dezidierten Menschen, der frisch vom Leben weg gedacht und geschrieben hatte. Wegen der Scham seiner Zeitgenossen hatte Lichtenberg seine Selbstbiographie erst nach dem Tode veröffentlichen wollen. Die Mitscham seiner Verwandten hielt zum Teil selbst das zurück, was nur an Anmerkungen dazu geblieben war. Und am Ende des Jahrhunderts war verschollen, was noch nach der Söhne Ausgabe in Familienbesitz gewesen sein muß. Dieterich, des Bruders Forderung und den Gesichtspunkt des Verlegers bedenkend, schlug am 18. März 1799 behutsam vor, nur «das Witzige, das Nutzbare, was wir wissen, was wir schon haben und etwa noch unter seinen Schriften finden»[433] immerhin herauszugeben. Er reduzierte sozusagen Lichtenberg zum artigen Aufklärer. Mit Sicherheit hat Ludwig Christian von dem, was er als Schreibereien abfertigte, noch zu jenem Zeitpunkt nichts gekannt. Und er mußte bei der Sichtung des Nachlasses wohl sein Urteil berichtigen. Dennoch enthalten die ersten Bände aus dem Nachlaß nicht durchaus den reinen, sondern einen da und dort gereinigten Lichtenberg: anfechtbar, wo jene Glättung der Sprache galt, ist sie einfach ärgerlich, wo sie an den Gedanken tastet.

Aber ungeachtet solcher Mängel ist es eine Tatsache, daß erst auf die Bekanntschaft mit dem postumen Lichtenberg sich eine höhere und gleichmäßige Schätzung seines Ranges gründete. Bis dahin war er zwar nicht ein verkanntes, aber jedenfalls ein beinah unbekanntes Genie. Schlichtegroll zufolge hat das ganze zeitgenössische Deutschland die gesammelten Schriften mit Interesse gelesen.

Als 1842 der 100. Geburtstag Lichtenbergs ansteht, entnimmt man einem Korrespondentenbericht der Darmstädter Presse zu diesem Datum: «Der Reisende, welcher vorgestern auf der neuen Kunststraße in das zwei Stunden von der Residenz entfernte, ansehnliche Pfarrdorf Oberramstadt gekommen wäre, würde durch den Anblick eines Festes überrascht worden seyn, welches das stille Thal belebte. Noch mehr würde er überrascht worden seyn, wenn er vernommen hätte, daß das Andenken eines in diesem bescheidenen Thal Gebornen so hoch gefeiert werde; er würde aber die ganze Erscheinung sehr erklärlich gefunden haben, wenn ihm das Wort L i c h t e n b e r g genannt worden wäre; er hätte sich dessen sogleich erinnert, daß dieser Mann, ausgezeichnet durch so viele Gaben des Geistes, des Humors, des Witzes, ausgerüstet durch tiefes Wissen und die reichsten und umfassendsten Kenntnisse, in einem Dorfe des romantischen Odenwaldes geboren worden sey, und würde nun erfahren haben, daß diese ehemalige Zierde der Georgia Augusta gerade vor hundert Jahren, am 1. Juli 1742, in dem Pfarrhaus in Oberramstadt das Licht der Welt erblickte. Nehmen wir an, der Reisende, gefesselt von dem Zauber des ihm genannten Namens und des glücklichen Zufalls, der ihn geführt, habe den Wunsch geäußert, Zeuge des Festes seyn zu können, er sey freundlichst eingeladen und in den kleinen Saal des bescheidenen Gasthauses zum goldenen Löwen, der kaum die Zahl der herbeiströmenden Gäste fasste eingeführt worden, und lassen wir ihn erzählen: – – – – – Zuerst fiel mir das bekränzte Bild des Mannes ins Auge, dessen Andenken ich mit dem vollsten Ausdruck der Pietät gefeiert sah. Ich betrachtete es mit der Aufmerksamkeit, die ein Antlitz voll Geistes, Gemüths und Humors fesselt, und wendete dann den Blick der Versammlung zu. Vernommen hatte ich, daß der Sohn des Gefeierten, Geh. Legationsrath Lichtenberg in Hannover, dessen Mutter, die Witwe des bereits im Jahre 1799 Dahingegangenen noch als würdigste Matrone in Göttingen lebt und den Tag in wehmütiger Rückerinnerung feiert, hierher gereist sey, um die Stätte zu besuchen, wo einst die Wiege seines Vaters stand und, der Pietät genügend, zugleich durch seine Anwesenheit die Bedeutung des Festes zu erhöhen; ich fand ihn in der Nähe seiner nahen Verwandten, des Regierungspräsidenten Frhrn. v. Lichtenberg in Mainz und des würdigen Pfarrers Kirchenraths Lichtenberg von Pfungstadt, welche mit ihren Söhnen gekommen waren, um der gleichen Pflicht Genüge zu thun. Diese Familienglieder bildeten gleichsam den Mittelpunkt, den der Kreis der übrigen, auch zwei Schüler Lichtenbergs den Geheimrath Kröncke und Oberappellationsraht Höpfner zählenden, Gäste aus allen Ständen umgab. Einer von dem Geheimen Staatsrath Jaup vorgetragenen Skizze des Lebens und Wesens des seltenen Mannes schloß sich ein, seinem Andenken gebrachtes donnerndes Lebehoch! an... Der Vorschlag, durch eine Gedächtnißtafel das Haus zu schmücken, worin dieser Mann das Licht der Welt erblickte, wurde durch Zuruf genehmigt; auch der Vorschlag, die Befestigung dieser Tafel zum Mittelpunkt eines Festes am 1. Juli 1843, welches gewiß in noch weit größerem Kreise gefeiert werden wird, zu machen, ward mit Acclamation empfangen. Die vorgerückte Tageszeit mahnte, sich zu trennen; das Wiedersehen am gleichen Ort, an gleichem Jahrestag, für das gleiche Werk der Pietät ward als Trost hingenommen. – Zwei wohlgelungene Gedichte von Nodnagel und Buchner, welche zum Rundgesang dienten, trugen wesentlich zur Erhöhung der geselligen Freude bei; beide Gäste ernteten den lebhaftesten Dank der Gesellschaft.»

In dem Bremer Haus der Enkel Lichtenbergs entdeckte Leitzmann 1896 endlich acht von elf verschollenen *Sudelbüchern*. Ihre Herausgabe nach dem 100. Todestag bildete über Jahrzehnte die Grundlage für jede wissenschaftliche Beschäftigung mit Lichtenberg, auch wenn es sich herausstellte, daß Leitzmann aus den *Sudelbüchern* beinahe nur den schöngeistigen, nicht den wissenschaftlichen Lichtenberg ediert hatte. Seit 1971 liegen Lichtenbergs *Sudelbücher* erstmals in einer vollständigen Ausgabe, ergänzt durch Tagebücher und Måterialhefte, vor. Das rege Interesse an Gestalt, Werk und Wirkung Lichtenbergs dokumentiert nicht nur die 3507 Titel umfassende «Lichtenberg-Bibliographie», die 1972 erschien. Die wachsende Anteilnahme der Öffentlichkeit bezeugen vielmehr die in seinem Geburtsort regelmäßig stattfindenden «Lichtenberg-

Gespräche», die von der Stadt, der Universität und Akademie in Göttingen veranstalteten Ausstellungen, Vorträge und Theateraufführungen zu Lichtenbergs 175. Todestag 1974 und schließlich die am 2. Oktober 1977 erfolgte Gründung der «Lichtenberg-Gesellschaft e. V.» in Ober-Ramstadt, die sich die «Erforschung seiner Werke, seiner Wirkung und Nachwirkung im Rahmen der Kultur- und Wissenschaftsgeschichte der zweiten Hälfte des 18. Jahrhunderts» zum Ziel gesetzt hat und durch Jahrestagungen und die Herausgabe der Zeitschrift «Photorin», an deren Stelle 1989 das «Lichtenberg-Jahrbuch» getreten ist, dieses Ziel zu verwirklichen trachtet.

Aus Anlaß des 250. Geburtstags von Lichtenberg am 1. Juli 1992 hat das Land Hessen in Zusammenarbeit mit der Stadt Darmstadt und der Lichtenberg-Gesellschaft unter dem Titel «Georg Christoph Lichtenberg – Wagnis der Aufklärung» in Darmstadt eine repräsentative Ausstellung realisiert.

Ein Transparentbild
des Spätrationalisten

Ordnung führet zu allen Tugenden! aber was führet zur Ordnung?[434]

Heute Lichtenbergs Leben nachzuschreiben, heißt nicht, einen großen Unbekannten in das kurzfristige Gedächtnis rufen. Wer ihn kennen wollte, kennt ihn längst. Er hat immer seine 130 Zuhörer, das ist Leser, gefunden. Man könnte ihn jedoch benutzen, jene ganze weit vergessene Zeit des Spätrationalismus zu beschwören. *Es ist nicht der Geist, sondern das Fleisch, was mich zum Nonkonformisten macht*, schrieb 1795 der nervenleidende, zum Einsiedler gewordene Lichtenberg an einen Bekannten.[435] Das ist gewiß mehr witzig als wahr gewesen. Dennoch ist in dem bitteren Scherzwort etwas enthalten, was zugleich als ein Schlüssel zum Verständnis der Epoche dienen kann. Was Lichtenberg erlitt war eine krankhafte Individuation, die sich der Kontrolle seines Verstandes entzog. Er stand mit dieser Erfahrung seinerzeit durchaus nicht allein. Das Studium der Biographien von Zeitgenossen fördert einen Menschen zutage, der dazu angeregt hat, von einem pathologischen Zeittyp zu sprechen.[436] Das ist der ein Tagebuch seiner selbst führende Hypochondrist. Die Schriften, die der Rationalist der Öffentlichkeit vorlegte, haben die Epoche in den Ruf der Trivialität, der heiteren Gemütlichkeit gebracht. Es empfiehlt sich aber, die Schriften der Epoche zugleich mit den Biographien, den geheimen Tagebüchern zu lesen. Derselbe Zimmermann, der in seinem berühmten Buch über die Einsamkeit vor der Fliegsamkeit der Phantasie warnte, ist in seinem Leben dieser Fliegsamkeit Opfer geworden, in «partiellen Wahnsinn» (Goethe) verfallend. Der mephistophelische Merck verübt 1791 Selbstmord, «in affectu melancholico», wie der ärztliche Rapport sagte. Der auf dem Papier so harmonische, anmutige Sturz endet in geistiger Trübung. Das ist nicht das Merkmal des darmstädtischen Geistes im 18. Jahrhundert, wie man behauptet hat: dann wäre die ganze Generation der um 1740 Geborenen, wäre der Spätrationalismus eine Art Darmstädter Akademie. Man findet aber durchgehend dieses Merkmal: den heiteren Gesellschafter, ja Weltmann und annihilierenden Sonderling, den scharfen kritischen Geist und die Ohnmacht vor dem irgend Irrationalen. Das «Magazin der Seelenerfahrungskunde» war vielmehr ein Sammelsurium der Seelenkrankheitskunde. Die Psychologie, liebstes Kind des Rationalismus, gut gemeint als Führerin zur Ordnung im Seelischen, legte Unordnungen bloß, die zu meistern der Rationalismus die Souveränität nicht besaß. In der Bejahung des Individuellen und in der Beschreibung des Individuellen, in der Bedrängnis durch das Individuelle ist er stehengeblieben, einigermaßen auf verlorenem Posten. So wenig der Spätrationalist noch mit Gottscheds selbstsicherem Vernunftdenken zu tun hatte, so wenig konnte er sich mit den Bewegungen befreunden, die das Irrationale schlechterdings bejahten. Man hat zumal Lichtenberg um gewisser Züge willen gern einen Vorläufer der Romantik genannt. Es sei demgegenüber an das obige Wort erinnert. Es handelt sich bei ihm so gut wie bei dem Typ des Spätrationalisten überhaupt um einen Subjektivismus, der als Krankheit erlebt wurde, erlitten und nicht gemeistert. Ihre Körper waren sozusagen genial. Sie selbst kamen mit ihrer Feder bloß zur Deskription. Ohne Übertreibung kann man sagen, daß der späte Rationalismus mehr Wahnsinnige, Sonderlinge, Nervenkranke im Leben gesehen hat, als die Romantik auf dem Papier vorstellte. So betrachtet ist es Jean Pauls Leistung, die Dämonen jener ihm wohlbekannten Epoche aus den vier Wänden in den bizarr-organisierten Körper seiner Kunstgestalten gebannt zu haben. Einer schöpferischen Objektivierung ist der Spätrationalismus fast nicht fähig gewesen. Wo Selbstveredelung der Traum war, wurde Selbstzerklärung die Fratze. Was herauskam war der Gebildete, das ist: das gebrechlichste aller Wesen. Stil erscheint dann wie ein Ausweis eigentlicher Bildung. Die Festigkeit, die Vollendung Lichtenbergs und Forsters und Sturz' liegt in ihrem Stil. Der Mensch blieb weit dahinter zurück: in einem unaufgeräumten Gemach und Ungemach. Die Biographie Lichtenbergs heißt nebenbei den Lebenslauf des späten Rationalismus schreiben. Seine Anthropologie hat Lichtenberg in Worte gefaßt: *Der Mensch als Natur-Produkt; als Produkt seines Geschlechtes (der Gesellschaft); das Produkt seiner selbst, der gebildete, gesittete, wissende Mensch.*[437]

Nach der Richtung ihres Geistes sollte man Epochen wägen, nicht nach dem, was sie erreichten. Da man eher von den Grenzen jener Zeit zu sprechen pflegt, schien es angebracht, einmal auch von ihrer Größe zu reden.

Anmerkungen

Die Lichtenberg-Zitate im Text erfolgen, falls nicht ausdrücklich vermerkt, nach der von mir herausgegebenen Ausgabe der «Schriften und Briefe» von Georg Christoph Lichtenberg, München (Hanser) 1967 f.

1 Ernst von Feuchtersleben: «Zur Diätetik der Seele. Nebst ausgewählten Aphorismen». Deutsche Bibliothek in Berlin o. J. S. 187
2 Lichtenberg, Schriften und Briefe I: F 1217. In Meusels «Gelehrtem Teutschland» steht 1744 als Geburtsjahr.
3 Geburtsfeststellung: Universitäts- und Staatsbibliothek Göttingen, Lichtenberg-Nachlaß IV 1 c 280. Die schriftliche Bitte Ludwig Christian Lichtenbergs ist vom 9. Dezember 1799 datiert.
4 Schriften und Briefe I: D 177
5 Schriften und Briefe IV, S. 725: an Georg Heinrich Hollenberg, 18. Februar 1788
6 Schriften und Briefe I: B 81
7 Schriften und Briefe I: E 93
8 Schriften und Briefe IV, S. 375–376: an Daniel Chodowiecki, 13. November 1799
9 So Jean Pauls Jugendfreund und Johann Bernhard Hermann, der in Göttingen Medizin studierte, in einem März 1789 geschriebenen Brief; s. Eduard Berend: «Eine Charakteristik Lichtenbergs». In: «Zeitschrift für Bücherfreunde» NFV (1914), S. 392
10 Schriften und Briefe I: F 901. 705; IV, S. 765: an Johann Georg Forster, 19. Mai 1789
11 Hermann, zit. n. Berend, a. a. O., S. 392
12 Schriften und Briefe I: F 811
13 Schriften und Briefe II: G 83
14 Schriften und Briefe IV, S. 799: an Johann Georg Forster, 1. Juli 1791
15 Schriften und Briefe IV, S. 827: an Georg August Ebell, 18. Oktober 1792;
Schriften und Briefe III, S. 513: Dienbare Betrachtungen für junge Gelehrte in Deutschland, hauptsächlich auf Universitäten.
16 Siehe dazu Otto Deneke: «Lichtenbergs Ahnen». München 1950, und Dietrich Kurze: «Johannes Lichtenberger». In: «Historische Studien» H. 379, Lübeck–Hamburg 1960
17 Schriften und Briefe IV, S. 696: an Friedrich Wilhelm Strieder, 1. Januar 1787
18 Schriften und Briefe I: J 855
19 Schriften und Briefe IV, S. 538: an Franz Ferdinand Wolff, 11. Dezember 1783
20 Schriften und Briefe I: F 1217
21 Schriften und Briefe IV, S. 519: an Franz Ferdinand Wolff, 21. Juli 1783
22 Lichtenberg, Nachlaß (Vorlesungs-Manuskript), Universitäts- und Staatsbibliothek Göttingen
23 Schriften und Briefe IV, S. 523: an Franz Ferdinand Wolff, 8. September 1783
24 Schriften und Briefe II: K 41
25 Schriften und Briefe IV, S. 523: an Franz Ferdinand Wolff, 8. September 1783
26 Schriften und Briefe I: F 486; IV,

S. 932: an Ludwig Christian Lichtenberg15. Juni 1795; II: SK 193
27 Schriften und Briefe I: J 271
28 Schriften und Briefe I: J 12.51
29 Schriften und Briefe II: G 207
30 Schriften und Briefe I: J 1227
31 Schriften und Briefe IV, S. 506: an Johann Andreas Schernhagen, 17. April 1783
32 Schriften und Briefe IV, S. 812: an Friedrich August Lichtenberg, 1. Februar 1792
33 Schriften und Briefe I: J 1165
34 Schriften und Briefe I: F 1220, geschrieben 1779
35 Schriften und Briefe IV, S. 949: an Jeremias David Reuß, 25. Juni 1796
36 Schriften und Briefe I: A 126; II: TB 17
37 Schriften und Briefe IV, S. 372: an Johann Andreas Schernhagen, 1. November 1779
38 Schriften und Briefe IV, S. 893: an Johann Arnold Ebert, 31. Juli 1794
39 Schriften und Briefe I: B 132. 204
40 Schriften und Briefe I: B 127
41 Schriften und Briefe I: B 132; auch IV, S. 507
42 Schriften und Briefe I: B 110*
43 Lichtenberg, Nachlaß IV 1 a 282 (aus dem Mund von Nachfahren Bährs), Universitäts- und Staatsbibliothek Göttingen
44 Schriften und Briefe I: B 257
45 Schriften und Briefe IV, S. 576: an Gottfried Hieronymus Amelung, 12. September 1784
46 Schriften und Briefe IV, S. 437.552: an Gottfried Hieronymus Amelung, 3. Juni 1782; 5. März 1784
47 Schriften und Briefe III, S. 260
48 Schriften und Briefe I: D 448
49 Schriften und Briefe I: L 165
50 Schriften und Briefe II: J 1666
51 Schriften und Briefe IV, S. 940: an Samuel Thomas Sömmerring, 14. März 1796
52 Schriften und Briefe IV, S. 858: an Johann Wolfgang von Goethe, 7. Oktober 1793
53 Schriften und Briefe IV, S. 648:

an Friedrich Wilhelm Herschel, 20. Oktober 1785
54 Schriften und Briefe I: E 284; II: G 60
55 Schriften und Briefe I: L 683
56 Schriften und Briefe I: D 101
57 Schriften und Briefe II: L 833
58 Schriften und Briefe IV, S. 396: an Heinrich Wilhelm von Gerstenberg, Sommer 1780
59 Friedrich Schlichtegroll: «Nekrolog auf das Jahr 1799». Gotha 1805. Bd. 2
60 Schriften und Briefe IV, S. 782: an Friedrich August Lichtenberg, 4. Oktober 1790
61 Schriften und Briefe IV, S. 506: an Johann Andreas Schernhagen, 17. April 1783
62 Schriften und Briefe I: B 176
63 Götz von Selle: «Die Georg-August-Universität zu Göttingen». Göttingen 1937. S. 14; Johann Stephan Pütter: «Versuch einer academischen Gelehrten-Geschichte von der Georg-Augustus-Universität zu Göttingen». Göttingen 1765. Bd. 1, S. 2, 316
64 Schriften und Briefe IV, S. 800: an Johann Georg Forster, 1. Juli 1791
65 Schriften und Briefe I: B 239
66 Schriften und Briefe III, S. 261
67 Schriften und Briefe I: B 407
68 Lessing: Rezension von Kästners Schriften. In: Berlin. privilegirte Zeitung 1755, 21. Juni
69 Siehe Friedrich Voit: «Georg Christoph Lichtenberg: Versuch einer natürlichen Geschichte der schlechten Dichter, hauptsächlich der Deutschen (1766). Das Hausbuch (1768)». Mit einem Nachwort von Friedrich Voit. In: «kleine texte» 2, Siegen 1977
70 Zit. n. Otto Deneke: «Lichtenbergs Leben». München 1944, S. 45
71 Schriften und Briefe IV, S. 610: an Franz Ferdinand Wolff, 3. Februar 1785
72 Schriften und Briefe III, S. 651–652
73 Schriften und Briefe IV, S. 9: an

Johann Christian Kestner, 30. März 1766

74 Schriften und Briefe IV, S. 747: an Gottfried Hieronymus Amelung, 15. Oktober 1788

75 Schriften und Briefe I: B 56 (S. 62)

76 Schriften und Briefe II: K 107

77 Schriften und Briefe I: B 79

78 Schriften und Briefe I: B 81 (S. 67)

79 Schriften und Briefe I: B 253 (S. 110)

80 Schriften und Briefe IV, S. 187: an Joel Paul Kaltenhofer, 17. Oktober 1773

81 Schriften und Briefe I: E 46

82 Schriften und Briefe I: F 1219

83 Schriften und Briefe I: J 26

84 Von *Aphorismen* spricht Lichtenberg H 175. J 1647; den Begriff *Sudelbücher* gebraucht Lichtenberg für seine eigenen Aufzeichnungen und Notizen erstmals E 46.150.

85 Schriften und Briefe I: F 191

86 Schriften und Briefe I: L 3186

87 Schriften und Briefe IV, S. 10: an Hermann Freiherrn von Riedesel, 18. Juli 1767

88 Schriften und Briefe I: B 253

89 Zit. n. Deneke, a. a. O., S. 76

90 Schriften und Briefe I: B 81 (S. 68)

91 Schriften und Briefe I: B 81

92 Schriften und Briefe I: B 82 (Fußnote)

93 Schriften und Briefe I: B 209, 349

94 Schriften und Briefe I: A 126 (S. 37)

95 Schriften und Briefe I: B 263 (S. 114–115)

96 Schriften und Briefe I: B 343

97 Schriften und Briefe III, S. 512

98 Schriften und Briefe I: F 38

99 Schriften und Briefe IV, S. 12: an Christian Gottlob Heyne, 17. April 1770

100 Schriften und Briefe IV, S. 20

101 Siehe dazu Hans-Ludwig Gumbert: «Lichtenberg in England». Wiesbaden 1977. Bd. 1, S. XLI

102 Die Vorlesung ist wiederabgedruckt in: Schriften und Briefe III, S. 9–23

103 Schriften und Briefe IV, S. 509: an Georg Heinrich Hollenberg, 25. Mai 1783

104 Eduard Grisebach: «Lichtenbergs Briefe an Dieterich» 1770–1788 (Einleitung). Leipzig 1898. S. V

105 Schriften und Briefe IV, S. 105: an Johann Christian Dieterich, 25. November 1772

106 Schriften und Briefe IV, S. 80: an Johann Christian Dieterich, 17. Juli 1772

107 Schriften und Briefe IV, S. 182

108 Schriften und Briefe IV, S. 142: an Christiane Dieterich, 28. Juni 1773

109 Schriften und Briefe IV, S. 64: an Johann Christian Dieterich, 8. April 1772

110 Schriften und Briefe IV, S. 145: an Johann Christian Dieterich, 8. Juli 1773

111 Schriften und Briefe IV, S. 143, 144: an Christiane Dieterich, 28. Juni 1773

112 Schriften und Briefe IV, S. 50: an Christiane Dieterich, 15. März 1772

113 Schriften und Briefe IV, S. 150: an Johann Andreas Schernhagen, 19. Juli 1773

114 Schriften und Briefe I: E 144

115 Siehe das Silhouettenbuch des stud. jur. Carl Schubert (heute Universitäts- und Staatsbibliothek Göttingen), der dem Schattenriß Lichtenbergs u. a. folgende Charakteristik beigegeben hat: «Trägt einen Puckel und soll ein Sohn G. II. seyn. Hat Aufsicht über viele Engländer, und beym Könige sehr gut angeschrieben, der ihn auch persönlich kennt» (zit. n. H. Kroeber: «Silhouetten aus Lichtenbergs Nachlaß von Chodowiecki». Wiesbaden 1920. S. 126; s. auch den Katalog: «Lichtenbergs Bildnisse». Ober-Ramstadt 1976. S. 6)

116 Schriften und Briefe IV, S. 247: an Johann Andreas Schernhagen, 16. Oktober 1775

117 Schriften und Briefe IV, S. 210–212; an Ernst Gottfried Baldinger, 10. Januar 1775

118 Siehe Wolfgang Kayser: «Das sprachliche Kunstwerk». 2. Aufl. Bern 1951. S. 211

119 Schriften und Briefe III, S. 333
120 Schriften und Briefe II: RT 25
121 Schriften und Briefe IV, S. 251: an Johann Andreas Schernhagen, 16. Oktober 1775
122 Schriften und Briefe IV, S. 524
123 Schriften und Briefe III, S. 335: Briefe aus England
124 Schriften und Briefe IV, S. 263: an Johann Christian Dieterich, 1. Dezember 1775
125 Den Begriff *Superklugheit* gebraucht Lichtenberg etwa D 445, 477; F 321: J 248
126 Schriften und Briefe I: D 474
127 Schriften und Briefe IV, S. 181
128 Schriften und Briefe IV, S. 258: an Johann Christian Dieterich, 31. Oktober 1775
129 Abraham Gottlob Kästner: «Briefe aus sechs Jahrzehnten». Berlin 1912. S. 618
130 Schriften und Briefe IV, S. 350
131 Schriften und Briefe IV, S. 279; s. auch LB I, S. 266
132 An Herschel, 13. April 1786: Lichtenbergs Briefe (LB) II, Nr. 479, S. 266
133 Schriften und Briefe IV, S. 265
134 Schriften und Briefe IV, S. 949
135 Schriften und Briefe IV, S. 328: an Christiane Dieterich, 6. Juni 1778
136 Schriften und Briefe IV, S. 670: an Amelung, 21. April 1786
137 Schriften und Briefe IV, S. 663–664
138 Schriften und Briefe IV, S. 778
139 Schriften und Briefe III, S. 25
140 Schriften und Briefe III, S. 27
141 Siehe LB II, S. 86: an Franz Ferdinand Wolff, 13. Juli 1783
142 LB II, S. 86; Schriften und Briefe IV, S. 313
143 Schriften und Briefe I: F 1039
144 Schriften und Briefe IV, S. 385
145 Physikalische und mathematische Schriften IX, S. 82
146 Siehe Schriften und Briefe I: F 40
147 Schriften und Briefe IV, S. 315–316
148 Schriften und Briefe I: J 860
149 Schriften und Briefe IV, S. 733
150 Abraham Gotthelf Kästner: «Elogium G. C. Lichtenbergii». In:
«Neues Hannöversches Magazin», 78. Stück, September 1799
151 Schriften und Briefe F 498; IV, S. 466
152 Schriften und Briefe IV, S. 618
153 Schriften und Briefe IV, S. 540
154 Schriften und Briefe IV, S. 613
155 Schriften und Briefe IV, S. 585, 586
156 Schriften und Briefe IV, S. 668
157 Schriften und Briefe IV, S. 438
158 Johann Bernhard Hermann, im März 1789 an Jean Paul: s. Eduard Berend, «Eine Charakteristik Lichtenbergs». In: «Zeitschrift für Bücherfreunde» NF V (1914), S. 392
159 Schriften und Briefe I: B 101
160 Schriften und Briefe IV, S. 438–439
161 Schriften und Briefe II: K 186
162 Schriften und Briefe IV, S. 663–664
163 «Briefe Alexander von Humboldts aus seiner Frühzeit an Lichtenberg». Hg. von Rudolf Zaunick. In: «Sudhoffs Archiv für Geschichte der Medizin und der Naturwissenschaften», Bd. 32/1940, S. 400–401
164 Johann Heinrich Merck an Luise von Göchhausen: Reise Journal (13.–20. Juli 779) in: Merck, «Briefe». Hg. von Herbert Kraft. Frankfurt a. M. 1968. S. 224
165 LB II, Nr. 448, S. 222
166 Schriften und Briefe IV, S. 538
167 LB II, Nr. 320, S. 33: an Franz Ferdinand Wolff, 30. Juni 1782
168 Schriften und Briefe IV, S. 619
169 Schriften und Briefe III, S. 60
170 Schriften und Briefe IV, S. 570–571
171 LB II, S. 39
172 Ebd., S. 342
173 Schriften und Briefe IV, S. 566
174 Schriften und Briefe IV, S. 804, 974
175 Kästner, «Elogium G. C. Lichtenbergii», a. a. O.
176 Schriften und Briefe IV, S. 310
177 Schriften und Briefe IV, S. 412
178 Vorrede zu dem «Göttingischen Magazin der Wissenschaften und

Litteratur», Ersten Jahrgangs Erstes Stück, 1780, zit. n. Friedrich Lauchert: «G. C. Lichtenberg's schriftstellerische Thätigkeit». Göttingen 1893. S. 45

179 Siehe Schriften und Briefe III, S. 427–439

180 Siehe Schriften und Briefe II, S. 205–236

181 Schriften und Briefe IV, S. 301: an Johann Daniel Ramberg, 25. Dezember 1777

182 Gemeint sind die «Epistel an Tobias Göbhard in Bamberg über eine auf Johann Christian Dieterich in Göttingen bekannt gemachte Schmähschrift», Göttingen 1776: Schriften und Briefe III, S. 237–252; «Friedrich Eckardt an den Verfasser der Bemerkungen zu seiner Epistel an Tobias Göbhardt», Göttingen 1776

183 Gemeint ist der «Anschlag-Zeddel im Namen von Philadelphia», Göttingen 1777: Schriften und Briefe III, S. 253–255. Schriften und Briefe IV, S. 292: an Johann Andreas Schernhagen, 16. Januar 1777, nennt Lichtenberg die Satire «das Komplement der Gesetze».

184 Gemeint ist Lichtenbergs Satire «Über die Pronunciation der Schöpse des alten Griechenlands verglichen mit der Pronunciation ihrer neuern Brüder an der Elbe: oder über Beh, Beh und Bäh, Bäh, eine literarische Untersuchung» in: Schriften und Briefe III, S. 296–308. November 1782 veröffentlichte Lichtenberg im «Göttingischen Magazin» eine zweite Streitschrift unter dem Titel «Über Hrn. Vossens Vertheidigung gegen mich im März/Lenzmonat des deutschen Museums 1782».

185 Schriften und Briefe III, S. 564

186 Schriften und Briefe I: F 88

187 Siehe Schriften und Briefe IV, S. 657–658, 682–683

188 Über die Nachtwächter vgl. Schriften und Briefe I: E 377; F 819

189 Schriften und Briefe I: F 665

190 Schriften und Briefe II: G 50

191 Schriften und Briefe III, S. 533–538

192 Siehe Schriften und Briefe IV, S. 680: an Johann Daniel Ramberg, 6. August 1786

193 Gleims Epigramm auf Chodowiecki erschien im «Göttinger Musenalmanach» für 1802

194 Schriften und Briefe IV, S. 434; I: F 37

195 Erklärung Hogarthischer Kupferstiche. Southwark-Fair. Der Jahrmarkt von Southwark. In: Göttinger Taschen Calender 1793. S. 194–195

196 Schriften und Briefe I: D 243

197 Schriften und Briefe I: E 245 (S. 400–401)

198 Siehe Schriften und Briefe III, S. 376–405, 414–426

199 Schriften und Briefe I: F 684; E 494; F 743

200 Schriften und Briefe I: J 249 (S. 690)

201 Schriften und Briefe I: J 715

202 Schriften und Briefe IV, S. 450

203 Schriften und Briefe IV, S. 481–482: an Christian Garve, 3. November 1782

204 Schriften und Briefe IV, S. 481

205 Schriften und Briefe IV, S. 489

206 Schriften und Briefe I: F 1220

207 Schriften und Briefe IV, S. 489

208 Schriften und Briefe IV, S. 944

209 Schriften und Briefe IV, S. 488

210 Schriften und Briefe III, S. 519

211 Schriften und Briefe IV, S. 489

212 Siehe Herbert Schöffler: «Lichtenberg und die Frauen». In: Schöffler, «Lichtenberg. Studien zu seinem Wesen und Geist». Göttingen 1956. S. 12

213 Schriften und Briefe IV, S. 489

214 Schriften und Briefe IV, S. 297: an Luise Dieterich, 7. Juni 1777; IV, S. 1021; III, S. 640–642

215 Bürger an Boie, 22. Oktober 1778, zit. n. Erich Ebstein: «Lichtenbergs Mädchen». München 1907

216 Schriften und Briefe IV, S. 489–490

217 Schriften und Briefe IV, S. 481, 490

218 Schriften und Briefe IV, S. 490, 482
219 Schriften und Briefe IV, S. 456
220 Schriften und Briefe IV, S. 481
221 Schriften und Briefe IV, S. 458, 457
222 Schriften und Briefe IV, S. 460, 459, 461
223 Schriften und Briefe II: SK 358
224 Schriften und Briefe IV, S. 460
225 Schriften und Briefe IV, S. 539
226 Lichtenbergs Briefe (LB), Nr. 309, Bd. II, S. 11
227 Kästner in: «Göttinger Anzeigen von gelehrten Sachen», 112. Stück, 1790
228 LB Bd. II, S. 115; Schriften und Briefe IV, S. 607
229 Schriften und Briefe III, S. 74; IV, S. 550
230 Schriften und Briefe I: D 525
231 Schriften und Briefe IV, S. 530
232 Schriften und Briefe IV, S. 549
233 Schriften und Briefe IV, S. 500–501
234 Schriften und Briefe III, S. 74; IV, S. 988
235 Schriften und Briefe IV, S. 524–525
236 Schriften und Briefe IV, S. 637: an Gottfried Hieronymus Amelung, 11. April 1785
237 Schriften und Briefe IV, S. 377
238 Schriften und Briefe IV, S. 581
239 Schriften und Briefe IV, S. 592–593
240 Schriften und Briefe IV, S. 622
241 Schriften und Briefe IV, S. 669
242 Schriften und Briefe IV, S. 114, 725
243 Bruno Crome: «Ein Besuch bei A. G. Kästner und G. C. Lichtenberg im Jahre 1788». In: «Göttinger Blätter». Göttingen 1914, 1. Stück, S. 161 f; s. Erich Ebstein: «Ein neuer Beitrag zu Lichtenbergs Krankengeschichte». In: «Zeitschrift für Bücherfreunde» NF VI, April 1914, S. 38
244 Gemeint ist Georg Tatter; s. «Aus Karolinens Lebenskreisen. Dokumente und Briefe». Hg. von Albert Leitzmann. In: «Zeitschrift für Bücherfreunde» NF V (1913), S. 124
245 Schriften und Briefe IV, S. 98: «es ist ein Gewitter in der Luft»
246 Schriften und Briefe IV, S. 831, 365
247 Lichtenberg-Nachlaß Kasten VII b, Universitäts- und Staatsbibliothek Göttingen.
248 Zit. n. Reinhard Trachsler: «Lichtenbergs Aphorismen. Ursprünge und Größe wirklicher Freiheit». Zürich 1956. S. 121
249 Schriften und Briefe IV, S. 418
250 Schriften und Briefe IV, S. 516
251 Schriften und Briefe IV, S. 419
252 Schriften und Briefe IV, S. 364, 365
253 Schriften und Briefe IV, S. 364
254 Schriften und Briefe IV, S. 435
255 Schriften und Briefe IV, S. 830–831
256 Schriften und Briefe IV, S. 360
257 Schriften und Briefe IV, S. 366, 418, 419
258 Schriften und Briefe IV, S. 419
259 Der Briefwechsel erschien im «Göttingischen Magazin» 3 (1782), 5. Stück, S. 735–768
260 Schriften und Briefe IV, S. 366
261 Schriften und Briefe IV, S. 726
262 Schriften und Briefe IV, S. 393
263 Schriften und Briefe IV, S. 761
264 Schriften und Briefe IV, S. 775
265 Schriften und Briefe IV, S. 831
266 Schriften und Briefe IV, S. 889
267 Siehe Otto Weber: «Zu Lichtenbergs Bemerkungen über den Blitz und den Blitzableiter». In: «Das 1. Lichtenberg-Gespräch in Ober-Ramstadt 1972». S. 65–66
268 Schriften und Briefe IV, S. 834
269 Schriften und Briefe I: F 352
270 Schriften und Briefe IV, S. 889, 769
271 Übrigens äußerte sich Heinrich Heine ähnlich wie Lichtenberg: Parallel mit den «unmittelbaren tragikomischen Errungenschaften» und der «verwünschten Februarrevolution» und dem plötzlichen «Lähmungsunglück» war auch in seinen «religiösen Ansichten und Gedanken eine Februarrevolution eingetreten». Zit. n: «Geschichte der deutschen Literatur». Berlin 1975. Bd. 8.1, S. 454

272 Schriften und Briefe I: A 124
273 Schriften und Briefe IV, S. 842
274 Schriften und Briefe IV, S. 890
275 Anfälle notiert Lichtenberg
   Schriften und Briefe II: SK 20, 23,
   25, 28, 29; s. ferner IV, S. 769
   (an Friedrich August Lichtenberg); Lichtenbergs Briefe (LB)
   Bd. III, S. 183: an Woltman,
   6. April 1797
276 Schriften und Briefe IV, S. 1002
277 Schriften und Briefe IV, S. 710
278 Schriften und Briefe IV, S. 965:
   an Ludwig Anton Hüpeden, Mai
   1797
279 Schriften und Briefe IV, S. 964
280 Schriften und Briefe IV, S. 791:
   an Sömmerring, 20. April 1791
281 Schriften und Briefe II: SK 35; IV,
   S. 770; LB Bd. III. S. 2: an Ebell,
   29. März 1790
282 Schriften und Briefe IV, S. 774
283 Schriften und Briefe IV, S. 780
284 Schriften und Briefe IV, S. 902
285 Schriften und Briefe «III, S. 76–79
286 Albert Schneider: «G.-C. Lichtenberg, Précurseur du Romantisme. L'homme et l'œuvre». Nancy
   1954. S. 146–150
287 Schriften und Briefe II: K 29
288 «Göttinger Taschen Calender für
   1792», S. 212f
289 Schriften und Briefe III, S. 80
290 Schriften und Briefe III, S. 80
291 Schriften und Briefe II: SK 472
292 Schriften und Briefe IV, S. 937
293 Schriften und Briefe IV, S. 836
294 Schriften und Briefe IV, S. 787; I:
   J 252
295 Ernst von Feuchtersleben: «Zur
   Diätetik der Seele». Hg. von Rudolf Eisler. Berlin o. J. S. 168
296 Schriften und Briefe IV, S. 975
297 Schriften und Briefe II: SK 210
298 Schriften und Briefe I: J 501
299 Schriften und Briefe I: L 152
300 Schriften und Briefe IV, S. 843,
   1000
301 Schriften und Briefe II: SK 592
302 Schriften und Briefe IV, S. 842
303 Schriften und Briefe I: J 223
304 Schriften und Briefe II: SK 411
305 Schriften und Briefe II: SK 460; I:
   J 988; II: SK 411
306 Schriften und Briefe I: J 459; IV,
   S. 919, 921, 831
307 Schriften und Briefe I: J 996, L 26
308 Schriften und Briefe II: K 162,
   L 910
309 Schriften und Briefe IV, S. 812;
   das Brief-Fragment an Christian
   Heinrich Zimmermann ist abgedruckt bei Albert Leitzmann:
   «Neues von Lichtenberg». In:
   «Zeitschrift für Bücherfreunde»
   NF 4 (1912/13), S. 180
310 Schriften und Briefe I: L 26; IV,
   S. 937
311 Schriften und Briefe IV, S. 786
312 Schriften und Briefe II: SK 653
313 Schriften und Briefe II: SK 204
314 Schriften und Briefe I: L 79
315 Schriften und Briefe IV, S. 799
316 Schriften und Briefe I: J 639
317 Schriften und Briefe III, S. 487
318 Schriften und Briefe I: J 958
319 Schriften und Briefe I: L 474
320 Schriften und Briefe II: SK 903
321 Johann Heinrich Immanuel Lehmann an Kant. In: «Kants Briefwechsel», Bd. III, S. 267
322 Schriften und Briefe IV, S. 854
323 Schriften und Briefe IV, S. 747
324 Schriften und Briefe II: SK 738
325 Schriften und Briefe IV, S. 915,
   916. Das Schreiben der Regierung ist von Ebstein: «Aus Lichtenberg's Correspondenz», a. a.
   O., S. 94, mitgeteilt worden.
326 Die Details des Berufungsverfah-
   rens sind von Johann Peter Gumbert (Leiden) in PHOTORIN 3/80,
   S. 49–61 unter dem Titel «Lichtenbergs Ruf nach Leiden» veröffentlicht worden.
327 Schriften und Briefe IV, S. 933
328 Schriften und Briefe IV, S. 841
329 Schriften und Briefe II: K 163,
   164, 165; III, S. 828
330 Schriften und Briefe I: J 938
331 Schriften und Briefe I: J 1021, 569
332 Schriften und Briefe I: L 406
333 Schriften und Briefe IV, S. 843
334 Zit. n. Paul Hahn: «Georg Christoph Lichtenberg und die exakten Wissenschaften. Materialien
   zu seiner Biographie». Göttingen
   1927. S. 77

335 Schriften und Briefe III, S. 64, 654
336 Schriften und Briefe III, S. 138–188
337 Schriften und Briefe III, S. 96. Zu dem Thema s. Wolfgang Promies: «Der Deutschen Bade-Meister: Georg Christoph Lichtenberg. Wirkungen aufgeklärten Schreibens». In: «Das 2. Lichtenberg-Gespräch 1977». Ober-Ramstadt 1979
338 Schriften und Briefe III, S. 95
339 Schriften und Briefe III, S. 97
340 Schriften und Briefe III, S. 125
341 Schriften und Briefe III, S. 127
342 Schriften und Briefe III, S. 128
343 Schriften und Briefe IV, S. 825
344 Schriften und Briefe IV, S. 855
345 Goethe: Briefe 10, S. 344
346 Zit. n. Alexander Nicolaus Scherer in: «Allgemeines Journal der Chemie», Bd. III, H. 17, Leipzig 1799. Der zitierte Brief ist vom 11. Dezember 1796; Schriften und Briefe IV, S. 905
347 Schriften und Briefe IV, S. 912, 913
348 Schriften und Briefe IV, S. 971
349 Schriften und Briefe II: K 152; IV, S. 781
350 Schriften und Briefe I: L 322
351 «Göttinger Taschen Calender für 1791», S. 212
352 Schriften und Briefe I: L 283
353 Schriften und Briefe II: K 149; I: L 34
354 Schriften und Briefe I: L 403 (S. 910)
355 Schriften und Briefe II: K 149
356 Schriften und Briefe II: K 144
357 Schriften und Briefe IV, S. 839
358 Schriften und Briefe II: K 16
359 Beispiele für Lichtenbergs Sprachgebrauch finden sich Schriften und Briefe IV, S. 983, 887, 904, 916, 957; III, S. 488
360 Schriften und Briefe IV, S. 829; I: J 520
361 Schriften und Briefe IV, S. 884, 929
362 Schriften und Briefe II: SK 14, Nach den amtlichen Unterlagen war der Rufname von Lichtenbergs Ehefrau «Elisabeth».
363 Schriften und Briefe II: H 11
364 Vgl. dazu Schöffler, a. a. O., S. 13
365 Zit. n. Eduard Berend: «Eine Charakteristik Lichtenbergs». In: «Zeitschrift für Bücherfreunde» NFV (1914), S. 392; Schriften und Briefe I: B 165
366 Schriften und Briefe I: F 702
367 Schriften und Briefe IV, S. 931
368 Schriften und Briefe IV, S. 793
369 Schriften und Briefe IV, S. 901
370 Schriften und Briefe IV, S. 780, 889; Lichtenbergs Briefe (LB) Bd. 3, S. 29; Schriften und Briefe IV, S. 790, I: L 310; II: SK 215; IV, S. 982, 816, 1015
371 Schriften und Briefe IV, S. 901, 849
372 Schriften und Briefe III, S. 646–647
373 Schriften und Briefe II: SK 665
374 Schriften und Briefe IV, S. 950
375 Schriften und Briefe I: J 104; IV, S. 930
376 Schriften und Briefe II: SK 924, 111, 708, 969
377 Schriften und Briefe II: K 59
378 Schriften und Briefe II: K 290 (S. 450)
379 Schriften und Briefe II: SK 1044
380 Schriften und Briefe II: SK 621
381 Schriften und Briefe I: J 84
382 Schriften und Briefe I: J 775
383 Schriften und Briefe I: B 78
384 Schriften und Briefe II: TB 15, 21. Juli 1771
385 Über Lichtenbergs Stellung zum Judentum und seinen Antisemitismus bereitet der Verfasser eine gesonderte Veröffentlichung vor.
386 Schriften und Briefe I: F 410
387 Schriften und Briefe IV, S. 820
388 Schriften und Briefe IV, S. 976; die fünf Folgen der *Ausführlichen Erklärung der Hogarthischen Kupferstiche* sind neuerdings vollständig abgedruckt in: Schriften und Briefe III, S. 657–1060
389 Schriften und Briefe III, S. 667
390 Schriften und Briefe III, S. 661, 662
391 Schriften und Briefe I: F 37; IV, S. 284, 283; III, S. 1040; Goethe: Tag- und Jahreshefte 1795; zit. n. Schöffler, a. a. O., S. 85–86

392 Schriften und Briefe IV, S. 639
393 Schriften und Briefe II: G 83
394 «Göttinger Taschen Calender für 1791», S. 210
395 Schriften und Briefe III, S. 577
396 Schriften und Briefe I: L 366; III, S. 458–469
397 Schriften und Briefe I: L 548; III, S. 470–482
398 Schriften und Briefe III, S. 471–472
399 Schriften und Briefe II: H 136
400 Schriften und Briefe IV, S. 988
401 Schriften und Briefe IV, S. 273
402 Siehe zu diesem Thema zuletzt Helmut Heißenbüttel: «Georg Christoph Lichtenberg – der erste Autor des 20. Jahrhunderts». In: «Aufklärung über Lichtenberg». Göttingen 1974. S. 76–92
403 Schriften und Briefe I: E 212
404 *Rede der Ziffer 8 am jüngsten Tage des 1798ten Jahres im großen Rath der Ziffern gehalten.* In: «Göttinger Taschen Calender für 1799», S. 83–111: Schriften und Briefe III, S. 458–469
405 Siehe den Artikel *Trostgründe für die Unglücklichen, die am 29ten Februar geboren sind.* In: «Göttinger Taschen Calender für 1793», S. 119
406 Johann Georg Ludolf Blumhof: «Einige Blumen auf Lichtenbergs Grab». In: «Neues Hannöversches Magazin», 40. Stück, Mai 1799
407 Schriften und Briefe II: SK 1000
408 Schriften und Briefe IV, S. 1005
409 Friedrich Schlichtegroll: «Nekrolog auf das Jahr 1799». Bd. 2. Gotha 1805
410 Schriften und Briefe I: L 707
411 Albert Béguin: «La chandelle allumée». In: Béguin, «L'Âme romantique et le rêve». Marseille 1937. S. 20: «cocasserie angoissée»
412 Schriften und Briefe IV, S. 44
413 Schriften und Briefe II: SK 1044
414 Schriften und Briefe IV, S. 1012
415 Das Original befindet sich jetzt im Lichtenberg-Nachlaß der Universitäts- und Staatsbibliothek Göttingen.
416 So Benzenberg an H. W. Brandes. In: Otto Deneke, «Lichtenbergs Begräbnis». In: «Die Spinnstube» Nr. 9, Göttingen 1924
417 Schriften und Briefe III, S. 1048
418 Poppe, a. a. O., S. 455
419 Blumhof, a. a. O.
420 Daniel Jenisch: «Diogenes Laterne». Leipzig 1799
421 Johann Heinrich Poppe: «Einige Züge aus Lichtenbergs Leben». In: «Morgenblatt» 299 (1812)
422 Schriften und Briefe IV, S. 895
423 Siehe Kuratorialakte Lichtenberg, Universitäts-Archiv Göttingen
424 Schriften und Briefe IV, S. 732
425 «Göttingische Anzeigen von gelehrten Sachen», 38. Stück, Den 9. März 1799, S. 369
426 Kästner an Justi, 18. November 1792. In: A. G. Kästner, «Briefe aus sechs Jahrzehnten». Berlin 1912. S. 165
427 Zit. n. Erich Ebstein: «Friedrich Benjamin Osiander als Epigrammatiker und seine Necrologe für Girtanner, Lichtenberg und Pfeffel». In: «Zeitschrift für Bücherfreunde», Jan./Febr. 1921, Beiblatt S. 34
428 Johann Hieronymus Schröter: «Selenographische Fragmente». Göttingen 1802. Bd. II, S. 181
429 Siehe Vorrede zu: *George Christoph Lichtenberg. Vermischte Schriften.* Göttingen 1844. Bd. 1, S. III–IV; Schriften und Briefe I: L 166
430 Jenisch, a. a. O.
431 Schriften und Briefe II: H 58
432 LB Bd. III, S. 297–299
433 Ebd., S. 344
434 Schriften und Briefe I: J 1230
435 Schriften und Briefe IV, S. 911
436 Siehe Wolfgang Promies: «Die Bürger und der Narr». München 1966. S. 276f
437 Schriften und Briefe I: L 296

Zeittafel

1742	1. Juli: Georg Christoph Lichtenberg wird als siebzehntes und jüngstes Kind des Pfarrers Johann Conrad Lichtenberg und seiner Frau Henriette Catharina, geb. Eckhardt, in Ober-Ramstadt bei Darmstadt geboren.
1745	Juli: Die Familie zieht nach Darmstadt, wohin der Vater als Erster Stadtprediger und Definitor berufen wurde.
1750	29. März: Des Vaters Ernennung zum Superintendenten.
1751	17. Juli: Tod des Vaters im Alter von 62 Jahren (geb. 9. Dezember 1689).
1752–1761	Besuch des Darmstädter Pädagogiums unter Christoph Martin Wenck.
1763	6. Mai: Ankunft in Göttingen.
	21. Mai: Einschreibung an der Geogia-Augusta-Universität.
1763–1767	Studium der Mathematik, Astronomie, Naturgeschichte bei Kästner, Meister, Gatterer, Achenwall, Hollmann, Büttner. Freundschaft mit Ljungberg, Erxleben, Klotz.
1764	11. Juni: Tod der Mutter. Beginn der *Sudelbuch*-Führung. Sudelhefte A bis 1770.
1765	30. Januar: Vorlesung der Abhandlung *Von den Charakteren in der Geschichte* in Gatterers Historischer Akademie.
	26. Juni: Maria Dorothea Stechard geboren.
1765–1772	«Füllhornbuch» (KA)
1766	Im Frühjahr schwerkrank.
	17. Mai: In den «Gelehrten Beyträgen zu den Braunschweigischen Anzeigen» erscheint Lichtenbergs erste gedruckte Arbeit: *Versuch einer natürlichen Geschichte der schlechten Dichter, hauptsächlich der Deutschen.*
	4. August: Im «Hannoverischen Magazin» erscheint Lichtenbergs Aufsatz *Von dem Nutzen, den die Mathematik einem Bel Esprit bringen kann.*
1767	In den Osterferien Reise nach Clausthal.
	17. August: Vorläufige Ernennung zum 2. Professor der Mathematik und öffentlichen Lehrer der englischen Sprache in Gießen; Lichtenberg tritt die Stelle nicht an. Lichtenberg beginnt Kant zu lesen.
1767–1770	Präzeptor englischer Studenten (Irby und Swanton) in Göttingen.
1768–1771	*Sudelbuch* B (11. Juni 1768 – ca. 21. August 1771).
1768	31. August: Margarethe Elisabeth Kellner, Lichtenbergs spätere Frau, in Nikolausberg bei Göttingen geboren (gest. 17. September 1848).
1769	Januar: Bei seinem Bruder in Gotha; Lichtenberg steht am 13. Januar Gevatter bei der Taufe von Friedrich Peter Thomas Dieterich. *Schreiben an einen Freund. Charakter einer mir bekannten Person.*

Dienbare Betrachtungen für junge Gelehrte in Deutschland. Bekanntschaft mit Boie.

1770   25. März: Abreise von Göttingen über Utrecht, Den Haag, Scheveningen, Helvoetsluis (7. April) zur ersten England-Reise. Er bringt seine Schüler Irby und Swanton nach London zurück, wo er am 10. April eintrifft.

22. April: König Georg III. empfängt auf der Sternwarte in Richmond Lichtenberg: der «glücklichste Tag seines Lebens». Rückkehr nach Göttingen Mitte Mai. Tagebuch-Fragment 1770–1772.

31. Mai: Auf Vorschlag von Münchhausen zum ao. Professor für Philosophie in Göttingen ernannt, für 200 Taler Jahresgehalt: Am 30. Juni erhält er die amtliche Bestätigung, die Georg III. am 26. Juni unterzeichnete. Antrittsvorlesung: *Betrachtungen über einige Methoden, eine gewisse Schwierigkeit in der Berechnung der Wahrscheinlichkeit beym Spiel zu heben.*

1771   Januar: Reise nach Gotha.

21.–26. Mai: Komet-Beobachtungen.

28. Juni: Gleim besucht Lichtenberg. In den Hundstagen die «Komet»-Affäre (Marie Sachs).

Vom 26. Dezember bis 4. Januar 1772 zur Prüfung des Quadranten in Hannover.

1772–1773   Reisen zur astronomischen Ortsbestimmung von Hannover, Osnabrück, Stade im Auftrag des englischen Königs. Von September 1772 bis August 1773 *Sudelbuch* C.

1772   Februar-Reise nach Gotha über Langensalza, Wiegleben in Gesellschaft von Dietrich und Frau. Am 2. März Aufbruch nach Hannover. Freundschaft mit Schernhagen, Ramberg.

Am 31. August Abreise von Hannover über Stadthagen, Bückeburg – Bekanntschaft mit Herder – und Minden nach Osnabrück, wo er am 4. September eintrifft. Bekanntschaft mit Möser. Freundschaft mit Marie Tietermann.

1773   Am 13. Februar Abreise aus Osnabrück. Am 16. oder 17. Februar in Hannover, wo er bis zum 28. Februar Station macht.

Vom 1. März bis 25. April in Göttingen. Am 26. April Abreise nach Stade über Hannover. Lichtenberg sieht Charlotte und Dorothea Ackermann. Am 12. Mai Weiterfahrt nach Celle: «Besichtigung» der Königin Karoline Mathilde von Dänemark im Schloß. Vom 14. bis 18. Mai in Hamburg, auf dem Wasserwege nach Stade, wo Lichtenberg bis ca. 5. November bleibt. *Patriotischer Beitrag zur Methyologie der Deutschen, nebst einer Vorrede über das methyologische Studium überhaupt.* Der im August 1771 geschriebene *Timorus* in Königsberg gedruckt. Begegnung mit Sturz und Niebuhr.

Vom 9. bis 17. Juli Seereise nach Helgoland. Vom 1. bis 6. September und erneut Mitte Oktober in Hamburg. Begegnung mit Klopstock. Lichtenberg erhält den wissenschaftlichen Nachlaß Tobias Mayers zur Edition. Am 24. November wieder in Göttingen. Vom August des Jahres bis Mai 1775 *Sudelbuch* D (Wissenschaftliche Notizen 1772–1777).

1774   Januar: Reise nach Gotha zu seinem Bruder; Besuch am Hof.

15. April: Ernennung zum ao. Mitglied der Göttinger Sozietät der Wissenschaften. Am 29. August bricht er zur zweiten England-Reise auf. Am 25. September in England, seit dem 27. September in London. *Tobias Mayeri Opera inedita,* vol. I. *Parakletor oder Trostgründe für die Unglücklichen, die keine Originalgenies sind.*

1774–1775	Aufenthalt und Reisen in England. Verkehr mit Georg III. und der königlichen Familie in Kew. Bekanntschaft mit den Teilnehmern der zweiten Weltreise Cooks, u. a. Omai, die beiden Forster. Begegnungen mit Banks, Solander, Priestley, Watt. Besuch in Birmingham: Baskervilles Druckerei, Boltons Dampfmaschinenfabrik. Lichtenberg wird Garrick vorgestellt. Besuch in Bedlam. Freundschaft mit Deluc. Reise nach Bath und zu den Seebädern Margate und Brighton. Reise-Tagebuch (RT) 1774–1775.
1775	20. Januar: Ernennung zum ordentlichen Professor. Am 7. Dezember Abreise von London. Am 31. Dezember in Göttingen. *Reise-Anmerkungen* (RA) 1775. Vom Juli des Jahres bis 2. April 1776 *Sudelbuch* E.
1776	*Briefe aus England* als erste von ihm im «Deutschen Museum» Boies erscheinende literarische Arbeit. Beginn der Freundschaft mit Blumenbach. Ostern: Aufnahme seiner Lehrtätigkeit. Vom 13. bis 22. Oktober in Hannover. Deluc bei Lichtenberg. Anfang Dezember Ernennung zum ordentlichen Mitglied der Sozietät der Wissenschaften, vor der er am 14. Dezember über seine *Observationes astronomicae per annum 1772 et 1773 ad situm Hannoverae, Osnabrugi et Stadae determinandum institutae* liest. Vom 4. April des Jahres bis 28. Januar 1779 *Sudelbuch* F (1–1223). *Epistel an Tobias Göbhard in Bamberg über seine auf Johann Christian Dieterich in Göttingen bekanntgemachte Schmähschrift. Friedrich Eckard an den Verfasser der Bemerkungen zu seiner Epistel an Tobias Göbhard.*
1777	7. Januar: *Anschlag-Zeddel im Namen von Philadelphia.* Februar: Entdeckung der sogenannten Lichtenbergschen Figuren. Am 8. März besucht ihn Lessing. Mai: Begegnung mit dem Blumenmädchen Maria Dorothea Stechard. Zwei *Briefe über die Macht der Liebe.* Auseinandersetzung mit Lavater: *Über Physiognomik wider die Physiognomen,* zweite Auflage Februar 1778. *De nova methodo, commentatio prior.* Im Wintersemester 1777/78 liest Lichtenberg erstmals über Experimentalphysik.
1777–1799	Herausgeber des 1776 gegründeten «Göttinger Taschen Calenders» als Nachfolger Erxlebens.
1778–1783	Kalender-Erklärungen zu Kupfern Chodowieckis.
1778	21. Februar: Erste Sozietätssitzung über die elektrischen Figuren. Untersuchung der Luftelektrizität mit Hilfe von Drachen. *Briefe aus England.* In den Pfingstferien 6.–22. Juni mit Dieterich nach Hamburg, Wandsbek; Lichtenberg hört eine Predigt Goezes. Schiffsreise nach Helgoland. *Ein paar Neuigkeiten vom Monde.* 1781 mit Zusätzen wiederholt abgedruckt im «Göttingischen Magazin» unter dem Titel *Einige Betrachtungen über die Mondsflecken.* Im Dezember zum Magister ehrenhalber kreiert. Am 19. Dezember zweite Sozietätssitzung über die Figuren. *De nova methodo, commentatio posterior.* Am 27. Dezember trifft Johann Georg Forster in Göttingen ein und logiert für vierzehn Tage bei Lichtenberg.
1779	*Sudelbuch* G (verschollen) Februar 1779–1783. *Von ein paar alten Dramen.* Ende April Forster für ein paar Tage in Göttingen. Oktober: Petrus Camper bei Lichtenberg.
1780–1785	Mit Johann Georg Forster Herausgeber des «Göttingischen Magazins der Wissenschaften und Literatur».
1780	Von Ostern an nimmt Lichtenberg die Stechardin zu sich. *Gnädigstes Sendschreiben der Erde an den Mond. Vorschlag zu einem Orbis Pictus für deutsche dramatische Schriftsteller, Roman-Dichter und*

Schauspieler. Lichtenberg errichtet den ersten Blitzableiter in Göttingen. *Nachricht von dem ersten Blitz-Ableiter in Göttingen, nebst einigen Betrachtungen dabei.*

1781   19. März: Herzog Karl August von Weimar in Begleitung Mercks bei Lichtenberg. Im Juli Garve und Forster bei Lichtenberg. Beginn der Auseinandersetzung mit Voß: *Über die Pronunciation der Schöpse des alten Griechenlands verglichen mit der Pronunciation ihrer neuern Brüder an der Elbe.* Dezember: Reise zu den Glashütten in Schorbon und Grünenplan. Lichtenberg studiert Kant.

1782   2. Januar: Ernennung zum Mitglied der Naturforschenden Gesellschaft in Danzig. 19. Januar: Ernennung zum Mitglied der Naturforschenden Gesellschaft in Halle. Am 4. August stirbt die kleine Stechardin. Wissenschaftliche Beschäftigung mit den Gasen: *Kurze Geschichte einiger der merkwürdigsten Luftarten. Über Herrn Vossens Verteidigung gegen mich im März (Lenzmonat) des deutschen Museums 1782.*

1783–1784   Ballonversuche.

1783   27. September: Goethe bei Lichtenberg. Margarethe Elisabeth Kellner tritt vermutlich in den Dienst Lichtenbergs. Sonderkolleg *Über die Lehre von den mancherlei Gattungen der Luft.* Johann Gottwerth Müller bei Lichtenberg. Im September älteste ausführliche Nachricht seiner krankhaften Zustände. Im Oktober für vierzehn Tage einlogierter Besuch Forsters und Sömmerrings. *Fragment von Schwänzen*, geschrieben 1777, gedruckt. *Briefwechsel zwischen dem Ritter Michaelis und Professor Lichtenberg über die Absicht und Folgen der Spitzen auf Salomons Tempel. Über die neuerlich in Frankreich angestellten Versuche, große hohle Körper in der Luft aufsteigen zu machen und damit Leute auf eine große Höhe zu heben. Simple, jedoch authentische Relation von den curieusen schwimmenden Batterien.* Von diesem Jahr an (Taschenkalender für 1784) Hogarth-Erklärungen mit den Abbildungen der vorzüglichsten Köpfe.

1784   *Sudelbuch* H (verschollen) 1784–1788.
23. April: Forster auf der Reise nach Wilna von Kassel angekommen. Im Herbst zieht Bürger nach Göttingen in Dieterichs Gartenhaus. Im Dezember erscheint die von Lichtenberg überarbeitete dritte Auflage der «Anfangsgründe der Naturlehre. Entworfen von Johann Christian Polycarp Erxleben mit Zusätzen von G. C. Lichtenberg». Im Oktober Besuch Voltas und Scarpas bei Lichtenberg. *Bemerkungen über ein paar Stellen in der Berliner Monatsschrift für den Dezember 1783. Vermischte Gedanken über die aerostatischen Maschinen.* Drei aerostatische Rezensionen in den «Göttingischen gelehrten Anzeigen».

1785   Sommer: J. H. Campe, der bekannte Pädagoge und Lexikograph, bei Lichtenberg. Forster heiratet Therese Heyne im August, vierzehn Tage Aufenthalt in Göttingen. Beginn der Freundschaft mit Sömmerring. Endgültiges Scheitern der Pläne zu einer Italien-Reise mit Ljungberg. Lichtenberg konzipiert den Plan des Romans vom «Doppelten Prinzen».

1786   4. Februar: Geburt des Sohnes Georg (gen. Prinz von Wallis) Christoph-Eckhardt (gest. 19. Dezember 1845).
Juni: Lavater besucht Lichtenberg. Herschel, in Göttingen zum Mitglied der Sozietät ernannt, besucht Lichtenberg.
10. Juli: Immatrikulation der drei englischen Prinzen Ernst, August und Adolph, die bei Dieterich wohnen, von Lichtenberg unterrichtet

werden und Göttingen am 10. Januar 1791 verlassen. *Fortsetzung der Betrachtungen über das Weltgebäude.*

1787	20. August: Geburt des Sohnes Christian Friedrich Eckhardt (gest. 3. September 1789).

Die von Lichtenberg überarbeitete vierte Auflage von Erxlebens «Anfangsgründen der Naturlehre» erscheint.

1788   5. September: Ernennung zum Hofrat.

1789   Vom 1. Januar des Jahres bis 26. April 1793: *Sudelbuch* J. Beginn der fast täglichen Tagebuchführung (SK) bis zu seinem Tode.

24. Juni: Tochter Christine Luise Friederica (genannt Wiese) geboren (gest. 17. Dezember 1802). Ankauf der physikalischen Sammlung Lichtenbergs durch die Regierung.

15. August: Abraham Gottlob Werner besucht Lichtenberg.

5. Oktober: Beginn der Krankheit und Eheschließung mit Margarethe Elisabeth Kellner. *Etwas von Herrn Herschels neuesten Entdeckungen.*

Winter 1789: Goldpapier-Heft (GH).

1790   Anfang Mai: Wiederaufnahme der Vorlesungen. *Amintors Morgen-Andacht. Über einige wichtige Pflichten gegen die Augen.* Am 2., 3.,4. und 8. Oktober Franz von Baader bei Lichtenberg.

1791   22. Oktober: Wilhelm Christian (genannt Will) Thomas Lichtenberg geboren (gest. 30. Mai 1860). Krisis des Skeptizismus und Pessimismus. Die von Lichtenberg überarbeitete 5. Auflage von Erxlebens «Anfangsgründen der Naturlehre» erscheint.

1792   *Schreiben des Herrn Hofrat Lichtenberg an den Herausgeber des Hannöverschen Magazins. Warum hat Deutschland noch kein großes öffentliches Seebad?*

1793   Zwischen dem 25. Januar und 8. Februar Umgang mit Chladni.

1. März: Margarethe Elisabeth Agnese Wilhelmine (genannt Mimi) geboren (gest. 30. September 1820). *Ein Traum.*

11. April: Wahl zum Mitglied der königlichen Sozietät der Wissenschaften in London. Vom 27. April des Jahres bis ca. September 1796 *Sudelbuch* K (unvollständig). Beginn der Korrespondenz mit Goethe über die Farbenlehre. Dezember: Beginn der Dolly-‹Affaire›.

1794   Mai: Vorrede zur ersten Lieferung der *Ausführlichen Erklärung der Hogarthischen Kupferstiche* (5 Lieferungen; 1794–99). (Herumziehende Komödiantinnen, Die Punsch-Gesellschaft, Die vier Tags-Zeiten) Errichtung eines Blitzableiters auf seinem Gartenhaus vor der Stadt. *Das Luftbad. Über Gewitterfurcht und Blitzableitung. Ein Wort über das Alter der Guillotine.* Von Cotta zur Mitarbeit an den «Horen» aufgefordert. Die von Lichtenberg überarbeitete 6. Auflage von Erxlebens «Anfangsgründen der Naturlehre» erscheint. Auseinandersetzung mit Lavoisiers antiphlogistischer Chemie.

1795   13. Januar: Ruf an die Universität Leiden, den Heyne für Lichtenberg ausschlägt. Aufnahme in die Akademie der Wissenschaften in Petersburg. *Verteidigung des Hygrometers und der Delucschen Theorie vom Regen. Der Weg der Buhlerin. Nicolaus Copernicus,* erschienen 1800 im «Pantheon der Deutschen». *Von den Kriegs- und Fast-Schulen der Chinesen. Ein neuer Damen-Anzug, vermutlich in Indien.*

13. Juni: Auguste Friederike Henriette (genannt Fritze) geboren (gest. 15. Dezember 1837).

1796	19. Oktober bis Februar 1799: *Sudelbuch* L. *Der Weg des Liederlichen.*
1797	24. Juli: Friedrich Heinrich (genannt Henri) geboren (gest. 17. Januar 1839). *Das war mir einmal eine Wurst. Verzeichnis einer Sammlung von Gerätschaften...*
1798	*Rede der Ziffer 8 am jüngsten Tage des 1798ten Jahres im großen Rath der Ziffern gehalten. Daß du auf dem Blocksberge wärst.* Lichtenberg liest Jean Paul. *Die Heirat nach der Mode.*
1799	24. Februar: Tod Lichtenbergs. *Fleiß und Faulheit.*

Zeugnisse

Friedrich von Matthisson
Ich wüßte in der That, nach Lessing, keinen Deutschen mehr, der tiefe und gründlichere Kenntnisse (wiewohl in ganz verschiedenen Fächern) mit schärferem Witz und reinerem Geschmack vereinigte als Lichtenberg.

1802

August von Platen
Ein vorurteilsfreier Verstand, Witz, Laune, Satire ohne Gift, der feinste Beobachtungsgeist und ein leichter, durchaus angenehmer Stil geben diesen Büchern einen hohen Wert. Alles wird anziehend unter Lichtenbergs Feder. Wollte Gott, er lebte noch, um die Mystiker und Romantiker unter seine Geißel zu nehmen.

1816

Johann Wolfgang von Goethe
Lichtenbergs Schriften können wir uns als der wunderbarsten Wünschelrute bedienen: wo er einen Spaß macht, liegt ein Problem verborgen.

1829

Sören Kierkegaard
Dank, Lichtenberg, Dank! weil du sagst: daß es nichts Kraftloseres gibt, als mit einem Literaten der Wissenschaft zu reden, der selber nicht gedacht hat, aber tausend literarhistorische Umstände weiß. «Es ist fast wie die Vorlesung aus einem Kochbuch, wenn man Hunger hat.» O Dank für diese Stimme in der Wüste. Dank für diese Labung. Wie der Schrei eines wilden Vogels in der Stille der Nacht die ganze Phantasie in Bewegung setzt, stelle ich mir vor, daß es nach einem lang andauernden Geschwätz mit einem solchen gelehrten Umgangssüchtigen war, der ihn vielleicht eines glückseligen Augenblicks beraubte.

1837

Friedrich Hebbel
Ich habe in der letzten Zeit viel von Jean Paul gelesen und einiges von Lichtenberg. Welch ein herrlicher Kopf ist der letztere! Ich will lieber mit Lichtenberg vergessen werden als unsterblich sein mit Jean Paul.

1846

Arthur Schopenhauer
Man kann die Denker einteilen in solche, die zunächst für sich, und solche, die sogleich für andere denken. Jene sind die echten, sind die Selbstdenker, im zwiefachen Sinne des Wortes, sie sind die eigentlichen Philosophen. Denn ihnen allen ist es Ernst mit der Sache. Auch besteht der Genuß und das Glück ihres Daseins eben im Denken. Die anderen sind die Sophisten, sie wollen scheinen und suchen ihr Glück in dem, was sie dadurch von anderen zu erlangen hoffen, hierin liegt ihr Ernst. Lichtenberg ist ein Muster der ersten Art.

1851

Friedrich Nietzsche
Wenn man von Goethes Schriften absieht und namentlich von Goethes Unterhaltungen mit Eckermann, dem besten deutschen Buche, das es gibt: was bleibt eigentlich von der deutschen Prosa-Literatur übrig, das es verdiente, wieder und wieder gelesen zu werden? Lichtenbergs Aphorismen, das erste Buch von Jung-Stillings Lebensgeschichte, Adalbert Stifters Nachsommer und Gottfried Kellers Leute von Seldwyla, – und damit wird es einstweilen am Ende sein.

1879

Kurt Tucholsky
Aber wer Lichtenberg ist, das weiß ich.
Morgenstern plus Hebbels Tagebüchern plus französischer Klarheit plus englischer Groteske plus deutschem Herzen – das soll man sich noch einmal suchen.
Wer die Gewohnheit hat, in Büchern etwas anzustreichen, der wird seine Freude haben, wie sein Lichtenberg nach der Lektüre aussieht. Das beste ist: er macht gleich einen einzigen dicken Strich, denn mit Ausnahme der physikalischen und lokalen Eintragungen ist das alles springlebendig wie am ersten Tag...
Von dem, was in diesen «Sudelbüchern», wie er das genannt hat, an Witz heute verschüttet liegt, leben andere Leute ihr ganzes Leben.
Nein, die Welt ändert sich nicht, und dies ist ein sehr aktueller Schriftsteller; er ist niemals etwas anderes gewesen. Die Leute zitieren immer seine Beschreibungen zu Hogarths Bildern, die recht gut sind, und seine Schilderung des Garrickschen Hamlets, die besser ist – aber das Wesentliche dieses einzigartigen Geistes liegt in seinen Aphoris-

men. Und in seinen Briefen. Der Brief zum Beispiel, den er geschrieben, als ihm sein kleines Blumenmädchen, mit dem er zusammen lebte, starb, reicht an jenen Lessings heran, den er nach dem Tode seiner Frau schrieb. Lichtenberg hatte ein heißes Herz und einen kalten Verstand.

1931

Bibliographie

Für die weitergehende Beschäftigung mit Lichtenberg wird auf die «Lichtenberg-Bibliographie» von Rudolf Jung (Heidelberg 1972) und auf die fortlaufenden Bibliographien in der Zeitschrift der Lichtenberg-Gesellschaft Photorin H. 1/79; 2/80; 4/81; 6/83; 11/87 und seit 1989 «Lichtenberg-Jahrbuch» verwiesen. Unser Verzeichnis führt lediglich Werkausgaben, Einzelausgaben und Handschriften sowie Gesamtdarstellungen auf.

1. Werkausgaben

Auserlesene Schriften, Herausgegeben von Christian Siegmund Krause mit 24 Kupfern nach Chodowiecki. Bayreuth (Johann Andreas Lübecks Erben) 1800 [Dieselbe Ausgabe ohne Kuper erschien in Leipzig]

Vermischte Schriften. Herausgegeben von Ludwig Christian Lichtenberg und Friedrich Kries. 9 Bde. [Die Bde. 6–9 enthalten die physikalischen und mathematischen Schriften.] Göttingen (Dieterich) 1800–1806 – Fotomechan. Nachdruck: Bern 1967

   rez: Heyne in: Göttinger Anzeigen von gelehrten Sachen, 137. und 138. Stück, 28. August 1800

   Schleiermacher in: Erlanger Litteratur-Zeitung Nr. 206, 1801 Bd. II

Witzige und launige Schriften. Herausgegeben von J. Schwinghamer. 5 Bde. Wien 1810

Spiele des Witzes und der Laune, aus Lichtenbergs Schriften gezogen. Pest 1816

Ideen, Maximen und Einfälle von Lichtenberg nebst dessen Charakteristik. Herausgegeben von Gustav Jördens. 2 Tle. Leipzig 1827–1830

Vermischte Schriften. Nachdruck der Erstausgabe. Wien (Rudolf Sammer) 1837. Tle. 1–5

Vermischte Schriften. Neue vermehrte, von den Söhnen veranstaltete Originalausgabe. Bd. 1–14. Göttingen (Dieterich) 1844–1853

Vermischte Schriften. [Nachdruck der vorhergehenden Ausgabe nur ohne die Briefe.] 9 Bde. Wien (Ignaz Klang) 1844

Vermischte Schriften. Neue Originalausgabe Bd. 1–8. Göttingen 1867

Gedanken und Maximen. Lichtstrahlen aus seinen Werken. Mit einer biographischen Einleitung von Eduard Griesbach. Leipzig 1871

Gesammelte Werke. Herausgegeben von Wilhelm Grenzmann. 2 Bde. und Hogarth-Ergänzungsband. Frankfurt a. M. (Holle) 1949

Schriften und Briefe. Herausgegeben von Wolfgang Promies. Bd. 1: Sudelbücher. München (Hanser) 1968. Bd. 2: Sudelbücher II, Materialhefte, Tagebücher. München (Hanser) 1971. Bd. 3: Aufsätze, Entwürfe, Gedichte, Erklärung der Hogarthischen Kupferstiche. München (Hanser) 1972. Bd. 4: Briefe. München (Hanser) 1967. Kommentarband zu Bd. 3: München (Hanser) 1974. Kommentarband zu Bd. 1 und 2: München (Hanser) 1992

Werke. Ausgewählt und eingeleitet von Hans Friedrici. Berlin–Weimar 1974
Schriften und Briefe. Herausgegeben von Franz H. Mautner. 4 Bde. Frankfurt
   a. M. (Insel) 1983

2. Einzelausgaben und Manuskripte

Hogarths Werke mit verkleinerten aber vollständigen Kopien von E. Riepenhausen und Erklärungen von Georg Christoph Lichtenberg. 5 Lieferungen.
   Göttingen 1794–1799
   rez: Bibliothek der schönen Wissenschaften 63. Stck, 1798
       A. W. Schlegel: Athenäum, 2. Bd. 2. Stück, Berlin 1799
Weber, Otto (Hg.): Kalenderaufsätze zu Hogarth. Darmstadt 1974
Focke, Rudolf: Chodowiecki und Lichtenberg. Daniel Chodowieckis Monatskupfer zum Gött. Taschenkalender 1778–83 nebst Lichtenbergs Erklärungen.
   Mit einer kunst- und literargeschichtlichen Einleitung. Göttingen 1901
Sommer, Ingrid (Hg.): Der Fortgang der Tugend und des Lasters. Daniel Chodowieckis Monatskupfer zum Göttinger Taschenkalender mit Erklärungen Georg
   Christoph Lichtenbergs. Frankfurt a. M. 1975
Gamauf, Gottlieb: Lichtenbergs Vorlesungen über Erxlebens Anfangsgründe
   der Naturlehre. 3 Bde. Wien–Triest 1808–1811
Gamauf, Gottlieb: Erinnerungen aus Lichtenbergs Vorlesungen über Astronomie. Wien–Triest 1814
Gamauf, Gottlieb: Erinnerungen aus Lichtenbergs Vorlesungen über die physikalische Geographie. Wien–Triest 1818
Grisebach, Eduard: Gesammelte Studien. Die deutsche Literatur seit 1770.
   Wien 1876 [Enthält Reste eines verlorengegangenen Aphorismenheftes.]
Aus Lichtenbergs Nachlaß. Aufsätze, Gedichte, Tagebuchblätter, Briefe. Herausgegeben von Albert Leitzmann. Weimar 1899
   rez: Arthur Chuquet in: Revue critique Nr. 44, 1899
Georg Christoph Lichtenbergs Aphorismen. Nach den Handschriften herausgegeben von Albert Leitzmann. 5 Hefte. Berlin 1902–1908 in: Literaturdenkmale
   Nr. 123, 131, 136, 140, 141 – Nachdruck: Nendeln 1968
   rez: Lauchert in: Euphorion XV, 1908; XVII, 1910
Vermächtnisse. Herausgegeben von Wolfgang Promies. (Auswahl aus den Sudelbüchern. Über die Kopfzeuge. Ein neuer Damen-Anzug, vermuthlich in Indien.
   Der Harz. Einige Betrachtungen über die physischen Revolutionen auf unserer
   Erde. Geologisch-Meteorologische Phantasien). Rowohlts Klassiker der Literatur und Wissenschaft. Deutsche Literatur Bd. 41. Reinbek (Rowohlt) 1972
Aphorismen und Aufsätze. Herausgegeben von Gisela Bruckner. München 1972
Aphorismen. Schriften. Briefe. Herausgegeben von Wolfgang Promies in Zusammenarbeit mit Barbara Promies. München (Hanser) 1974, ²1991; Dortmund (Harenberg) 1982
Aphorismen. Ausgewählt und eingeleitet von Friedrich Sengle. Stuttgart 1974
Aphorismen. In einer Auswahl herausgegeben und mit einem Nachwort versehen
   von Kurt Batt. Frankfurt a. M. 1976
Deutsche Aphorismen. Herausgegeben von Gerhard Fieguth. Stuttgart 1978
   (darin: Georg Christoph Lichtenberg, Aus den Sudelbüchern, S. 3–19)
Leitzmann, Albert: Notizen über die englische Bühne aus Lichtenbergs Tagebüchern. In: Shakespearejahrbuch 42, 1906
Ebstein, Erich: Aus den ungedruckten Tagebüchern Lichtenbergs. In: Süddeutsche Monatshefte Jg. 9, 1911–1912
Ebstein, Erich: G. C. Lichtenberg als Naturforscher. In: Archiv für die Ge-

schichte der Naturwissenschaften und der Technik, Bd. 4, 1912 [Wiedergabe eines Merkheftes.]

MAGIN, E.-P.-H.: Über G. Chr. Lichtenberg und seine noch unveröffentlichten Handschriften. Beilage zum Jahresbericht über das Schuljahr 1912–13 der Oberrealschule in St. Georg zu Hamburg. Hamburg 1913

LEITZMANN, ALBERT: Aus Lichtenbergs Tagebüchern. In: Zeitschrift für deutsche Philologie 67, 1942

Verschiedene Arten von Gemüthsfarben. Fragment, herausgegeben von PAUL REQUADT in: Lichtenberg. Hameln 1948

Lichtenberg in England. Dokumente einer Begegnung. Herausgegeben und erläutert von HANS-LUDWIGA GUMBERT. [Enthält den vollständigen Abdruck des Tagebuchs (RT) der 2. England-Reise] 2 Bde. Wiesbaden (Harrassowitz) 1977

LEITZMANN, ALBERT: Ungedruckte Verse Lichtenbergs. In: Zeitschrift für Bücherfreunde NF 13, H. 6, 1921

STECK, MAX: Bibliographia Lambertiana. Ein Führer durch das gedruckte und ungedruckte Schrifttum und den wissenschaftlichen Briefwechsel von Johann Heinrich Lambert 1728–1777. Neudruck (mit der Lichtenberg fälschlich zugeschriebenen Biographie Lamberts) Hildesheim (Gerstenberg) 1970

Timorus. Herausgegeben von HERMANN MEYER. Mit einem Nachwort von MARTIN DOMKE. Berlin, 5. Dezember 1926

Timorus. Herausgegeben von GUNTER GRIMM. In: Satiren der Aufklärung. Stuttgart (Reclam) 1975 [Mit Nachwort und Anmerkungen]

Die Bibliogenie oder die Entstehung der Bücherwelt. Eingeleitet und bearbeitet von ERNST VOLKMANN. Weimar 1942 – Neudruck: München (Winkler) 1966

Aussprüche über die Entstehung der Bücherwelt. Mit einigen Bildern von WILFRIED BLECHER. In: Philobiblon, Jg. 17, H. 1, Hamburg 1973, S. 36–51

Kopernikus. Herausgegeben von GÖTZ VON SELLE. Königsberg 1943

Georg Christoph Lichtenberg. Über eine neue Methode, die Natur und die Bewegung der elektrischen Materie zu erforschen. Herausgegeben in neuer deutscher Übersetzung von HERBERT PUPKE. Schlußredaktion von RUDOLPH ZAUNICK. In: Ostwalds Klassiker der exakten Wissenschaften 246, Leipzig 1956

Cook der Entdecker. Schriften über James Cook von Georg Forster und Georg Christoph Lichtenberg (Einige Lebensumstände von Captain James Cook). Herausgegeben mit Nachwort und Anmerkungen von KLAUS-GEORG POPP. Leipzig (Reclam) 1976 – Frankfurt am Main (Röderberg) 1976

Göttingisches Magazin der Wissenschaften und Literatur. Herausgegeben von GEORG CHRISTOPH LICHTENBERG und GEORG FORSTER (Göttingen 1780–1785). 4 Bde. Osnabrück (Zeller) 1977

VOIT, FRIEDRICH (Hg.): Georg Christoph Lichtenberg: Versuch einer natürllichen Geschichte der schlechten Dichter, hauptsächlich der Deutschen (1766). Das Hausbuch (1768). Mit einem Nachwort von FRIEDRICH VOIT. kleine texte 2, Siegen 1977

Briefe. Herausgegeben von ALBERT LEITZMANN und CARL SCHÜDDEKOPF. 3 Bde. Leipzig 1901–1904 (Supplement: 12 Briefe Leipzig 1912) – Fotomechan. Nachdruck: Hildesheim 1966

Briefe XI. (Lichtenberg an G. H. Amelung) In: Frankfurter Zeitung und Handelsblatt vom 22. 8. 1931, Jg. 76, Nr. 621–623 (ein von WALTER BENJAMIN interpretierter Brief)

GRESKY, WOLFGANG: Zwei Briefe des Berner Professors Johann Georg Tralles an Georg Christoph Lichtenberg (1786). In: Gesnerus. Vierteljahresschrift hg. von der Schweizerischen Gesellschaft für Geschichte der Medizin und der Naturwissenschaften, Jg. 35 (1978), Heft 1/2, S. 87–106

FECHNER, JÖRG-ULRICH: Über die Ehe – Autorschaft und Autor. In: Wolfenbüt-

teler Notizen zur Buchgeschichte, Jg. III, Heft 2, Oktober 1978, S. 282 (Brief Lichtenbergs vom 29. Oktober 1776 an die Frankfurter Gelehrten Anzeigen)
Briefwechsel. Herausgegeben von ULRICH JOOST und ALBRECHT SCHÖNE. Bd. 1: 1765–1779. München (Beck) 1983; Bd. 2: 1780–1784. München (Beck) 1985; Bd. 3: 1785–1792. München (Beck) 1987; Bd. 4: 1793–1799. München (Beck) 1992. Registerband in Vorbereitung
Fragment von Schwänzen. Mit einer Bildertafel von HORST B. BARENZ. Frankfurt a. M. (Patio-Verlag) 1968
Bibliotheca Lichtenbergiana. Katalog der Bibliothek Georg Christoph Lichtenbergs. Herausgegeben von HANS LUDWIG GUMBERT. Wiesbaden (Harrassowitz) 1982
Noctes. Ein Notizbuch. Herausgegeben von ULRICH JOOST. Göttingen (Wallstein) 1992

3. Gesamtdarstellungen

BOUILLIER, VICTOR: G. C. Lichtenberg. Essai sur sa vie et ses œuvres littéraires, suivi d'un choix de ses aphorismes. Paris 1914
GRENZMANN, WILHELM: G. C. Lichtenberg. Salzburg–Leipzig 1939
  rez: UNGER in: Göttinger gelehrte Anzeigen Jg. 202, 1940
DENEKE, OTTO: Lichtenbergs Leben I (1742–1775). München 1944
  rez: ALBERT SCHNEIDER in: Langues Modernes, Paris 1952
REQUADT, PAUL: Lichtenberg. Zum Problem der deutschen Aphoristik. Hameln 1948 – 2. überarbeitete und erw. Aufl. Stuttgart 1963
  rez: ALBERT SCHNEIDER in: Langues Modernes, Paris 1951
    FRANZ HEINRICH MAUTNER in: Germanic Review 26, 1951
    WILHELM GRENZMANN in: Anzeiger 65, 1951–1952
SCHNEIDER, ALBERT: Lichtenberg. Précurseur du romantisme. Nancy 1954
Lichtenberg Penseur. Paris 1954
  rez: TH. C. VAN STOCKUM: Höhepunkt der Lichtenberg-Renaissance. In: Neophilologus XXXX, 1956
    FRANZ HEINRICH MAUTNER in: Journal of English and Germanic Philology 55, 1956
    R. PASCAL in: German Life and Letters NS 9, 1955–56
    H. W. REICHERT in: Modern Language Notes 71, 1956
    HEINRICH KÜNTZEL in: Orbis litterarum, Tome 15, Fasc. 1, 1960
BRINITZER, CARL: Lichtenberg. Die Geschichte eines gescheiten Mannes. Tübingen 1956; München 1979 (Heyne Biographien 59)
A reasonable rebel: Georg Christoph Lichtenberg. Transl. by BERNARD SMITH. London 1960
STERN, JOSEPH PETER: Lichtenberg. A doctrine of scattered occasions. Reconstructed from his aphorisms and reflections. Bloomington 1959
MAUTNER, FRANZ H.: Lichtenberg. Geschichte seines Geistes. Berlin 1968
MAUTNER, FRANZ HEINRICH: Georg Christoph Lichtenberg. In: Deutsche Dichter des 18. Jahrhunderts. Berlin 1977. S. 482–506

Namenregister

Die kursiv gesetzten Zahlen bezeichnen die Abbildungen

Über den Autor

Wolfgang Promies, geboren 1935, Professor für Literaturwissenschaft an der Technischen Hochschule Darmstadt, hervorgetreten unter anderem mit Studien zur Literatur des 18. Jahrhunderts, ist Herausgeber der zur Zeit maßgeblichen sechsbändigen Ausgabe der «Schriften und Briefe» Lichtenbergs, Vorsitzender der 1977 gegründeten Lichtenberg-Gesellschaft und Herausgeber der Zeitschrift «Photorin. Mitteilungen der Lichtenberg-Gesellschaft» und seit 1989 des «Lichtenberg-Jahrbuchs».

Quellenverzeichnis der Abbildungen

Archiv Preußischer Kulturbesitz, Berlin: Umschlagvorderseite, 24, 68 u. r., 68 u. l., 75, 99, 135, 140/141, 143
Privatbesitz: 6, 16, 46, 91, 130, 133
Universitäts-Bibliothek, München: 8
Arno Stanke, Göttingen: 9, 22, 27, 29, 108, 109, 150
Photo Immo Beyer, Darmstadt: 14
Photo Hauschild, Darmstadt: 19
Landesbibliothek, Hannover: 29
Foto H. Scheiter, Göttingen: 28, 65, 68 o. r., 68 o. l., 128/129
Staatsbibliothek, München: 33, 87, 106
Niedersächsische Staats- und Universitäts-Bibliothek, Göttingen: 34, 35, 43, 58, 69 u. l., 72, 74, 77, 81, 85, 101, 137, 149
Archiv für Kunst und Geschichte, Berlin: 69 u. r., 78, 101, 146
Bomann-Museum, Celle: 45
Ullstein-Bilderdienst, Berlin: 52, 80
The Hulton Picture Company, London: 49, 50, 97
Historia-Photo, Hamburg: 62, 68 o. l., 93, 124
Foto-Karl, München: 60
Niedersächsisches Heimatmuseum, Hannover: 69 o. l., 87
Stadtarchiv, Göttingen: 104, 105
Royal Society, London: 117
British Library, London: 122

Literatur

rororo bildmonographien

Ein Gesamtverzeichnis der
Reihe rororo *bildmono-
graphien* finden Sie in der
Rowohlt Revue. Jedes
Vierteljahr neu. Kostenlos.
In Ihrer Buchhandlung.

Rowohlts bildmonografien mit
Selbstzeugnissen und Bilddokumenten. Begründet von
Kurt Kusenberg, herausge-
geben von Wolfgang Müller.

Eine Auswahl:

Franz Kaffka
dargestellt von Klaus
Wagenbach
(091)

Heinar Kipphardt
dargestellt von Adolf Stock
(364)

David Herbert Lawrence
dargestellt von Richard
Aldington
(051)

Gotthold Ephraim Lessing
dargestellt von Wolfgang
Drews
(075)

Jack London
dargestellt von Thomas Ayck
(244)

Molière
dargestellt von Friedrich
Hartau
(245)

Marcel Proust
dargestellt von Claude
Mauriac
(015)

Ernst Rowohlt
dargestellt von Paul Mayer
(139)

Sappho
dargestellt von Marion Giebel
(291)

Friedrich Schlegel
dargestellt von Ernst Behler
(014)

Arno Schmidt
WOLFGANG MARTYNKEWICZ

Arno Schmidt
dargestellt von Wolfgang
Martynkewicz
(484)

Theodor Storm
dargestellt von Hartmut
Vinçon
(186)

Jules Verne
dargestellt von Volker Dehs
(358)

Oscar Wilde
dargestellt von Peter Funke
(148)

Émile Zola
dargestellt von Marc Bernard
(024)

Stefan Zweig
dargestellt von Hartmut
Müller
(413))

Ein Gesamtverzeichnis der
Reihe rororo *bildmono-
graphien* finden Sie in der
Rowohlt Revue. Jedes
Vierteljahr neu. Kostenlos.
In Ihrer Buchhandlung.

rororo bildmonographien

rororo bildmonographien

Ein Gesamtverzeichnis der
Reihe rororo *bildmono-
graphien* finden Sie in der
Rowohlt Revue. Jedes
Vierteljahr neu. Kostenlos.
In Ihrer Buchhandlung.

Rowohlts bildmonografien mit Selbstzeugnissen und Bilddokumenten. Begründet von Kurt Kusenberg, herausgegeben von Wolfgang Müller.

Eine Auswahl:

Louis Armstrong
dargestellt von Ilse Storb
(443)

Johann Sebastian Bach
dargestellt von Luc-André Marcel
(083)

Ludwig van Beethoven
dargestellt von Fritz Zobeley
(103)

George Bizet
dargestellt von Christoph Scwandt
(375)

Frédéric Chopin
dargestellt von Camille Bourniquel
(025)

Hanns Eisler
dargestellt von Fritz Hennenberg
(370)

Joseph Haydn
dargestellt von Pierre Barbaud
(049)

Felix Mendelssohn Bartholdy
dargestellt von Hans Christoph Worbs
(215)

Wolfgang Amadeus Mozart
dargestellt von Fritz Hennenberg
(523)

Giacomo Puccini
dargestellt von Clemens Höslinger
(325)

Arnold Schönberg
dargestellt von Eberhard Freitag
(202)

Johann Strauß
dargestellt von Norbert Linke
(304)

Richard Strauss
dargestellt von Walter Deppisch
(146)

Antonio Vivaldi
dargestellt von Michael Stegemann
(338)

Ein Gesamtverzeichnis der Reihe *rororo bildmonographien* finden Sie in der *Rowohlt Revue*. Jedes Vierteljahr neu. Kostenlos. In Ihrer Buchhandlung.

rororo bildmonographien

Georg Christoph Lichtenberg

»Was Wunder, wenn man erbaut zur Hanser-Ausgabe greift: weil die schandbare Vernachlässigung Lichtenbergs nun ein Ende hat und weil die Edition eine Freude für den Bücherfreund und eine leicht zugängliche, verläßliche Quelle für das Studium ist.«
Ernst Stein in ›Die Zeit‹

BAND I: Sudelbücher 1 · 3. überarbeitete Auflage 1980

BAND II: Sudelbücher 2 · 3. überarbeitete Auflage 1988

KOMMENTARBAND ZU BAND I UND II · 1. Auflage 1992

BAND III: Aufsätze, Entwürfe, Gedichte · 1. Auflage 1972

KOMMENTARBAND ZU BAND III · 1. Auflage 1974

BAND IV: Briefe · 1. Auflage 1967

Georg Christoph Lichtenberg
Schriften und Briefe
Herausgegeben von Wolfgang Promies
Sechs Dünndruckbände. Feinleinen

bei Hanser